# 社会个案工作的理论与实务

（第二版）

[美] 汉密尔顿 ◎ 著
洪姗姗 ◎ 译

THEORY AND PRACTICE OF SOCIAL CASE WORK

吉林大学出版社
·长春·

图书在版编目（CIP）数据

社会个案工作的理论与实务 /（美）汉密尔顿著；
洪姗姗译 . -- 长春：吉林大学出版社，2024.7.
ISBN 978-7-5768-3410-9
Ⅰ . C916.2
中国国家版本馆 CIP 数据核字第 2024XJ7111 号

书　　名：社会个案工作的理论与实务
SHEHUI GE'AN GONGZUO DE LILUN YU SHIWU

作　　者：（美）汉密尔顿　著　洪姗姗　译
策划编辑：李伟华
责任编辑：李伟华
责任校对：田　娜
装帧设计：中北传媒
出版发行：吉林大学出版社
社　　址：长春市人民大街 4059 号
邮政编码：130021
发行电话：0431-89580036/58
网　　址：http://www.jlup.com.cn
电子邮箱：jldxcbs@sina.com
印　　刷：三河市龙大印装有限公司
开　　本：787mm×1092mm　　1/16
印　　张：17.75
字　　数：230 千字
版　　次：2025 年 4 月　第 1 版
印　　次：2025 年 4 月　第 1 次
书　　号：ISBN 978-7-5768-3410-9
定　　价：95.00 元

版权所有　翻印必究

# 前 言

《社会个案工作的理论与实务》一书最早于1940年由哥伦比亚大学出版社出版。当时，经济大萧条的余波未平，社会安全法案对社会福利的大力推动，以及二战的历史变迁，为本书的诞生提供了时代背景。然而，由于世界正经历着前所未有的巨大变革，该书的全面修订因此被长期搁置。随着病理学和社会科学的不断进步，心理社会案例中的相关概念逐渐明晰。环境性因素与情感性力量及冲突之间的相互作用，促使我们更加迫切地将科学知识与价值观相融合。社会工作者不仅需要以传统方式关注环境，还需深入关注并理解人格的结构和动力，并开始重新探索环境和社会治疗的应用。相较于物理科学和医学领域的探索，社会工作在深化与启蒙阶段需要进一步整合社会科学和社会工作的理论与实践，而在人类专业相关主题的所有科学分支中，都迫切需要加强多学科合作。

直到20世纪30年代，由于"自我心理学"源自"精神分析学"，且精神疗法尚未完全从精神分析的框架中脱离出来，因此当时的个案工作尚未充分认识到精神疗法的重要影响。在本书中，笔者对"治疗"的内容进行了大量重写，因为在前一版中，笔者曾错误地将精神分析和精神疗法混为一谈。尽管精神分析的原理可应用于多个不同学科，但这并不意味着个案工作需要超越心理学、教育学等学科，通过调整或削弱精神分析的形式来将其强行纳入自己的工作体系。社会工作总能与心理社会事件的相关概念产生共鸣，通常能够帮助个体摆脱自身生活经历中的传统角色束缚，发现新的视角和治疗机会。这也对相关从业者提出了严格的专业教育背景和相关资历要求。

在本书初版时，"功能个案工作"这一概念尚未形成明确的思想流派，其发展路径也充满不确定性。笔者清楚地认识到，尽管早期我对功能性实践的贡献表示赞赏，但笔者的观点仍主要基于"诊断性"方法。至于人格和行为的精神动力理论部分，笔者的参考框架主要源自弗洛伊德学说，该学说为此体系提供了一系列不断发展的原理和方法。

本书第一部分旨在综合不同个案工作领域的定义和典型方法，展现基本的个案工作流程。第二部分则通过将系统性研究和诊断作为治疗的基础，详细描述了治疗的具体流程。而在这一版中，相较于前一版，个案资料的呈现将有所减少，因为用于教学的个案资料现在已能便捷地从美国社会工作学校、协会等渠道获取。为了更清晰地阐明理论中的具体观点，笔者将提炼一些短篇案例来加以阐述。

再次感谢为原版本和此版本提供案例资料的机构或部门，也衷心感谢那些一直慷慨相助的社会工作者和精神病学家们，以及阅读并指正此书的纽约社会工作学院的同仁们。特别感谢安娜·肯普歇尔（Anna Kempshall），社区服务协会家庭服务部的理事，她以当前实践为背景，对全书文本进行了细致审阅。同时，也感谢卡罗尔·怀特（Carol White）在书稿准备过程中给予的充分且周到的帮助。

洪姗姗

2025 年 3 月 21 日

CONTENTS

# 目 录

## 壹

第一章　社会个案工作的基本假设和方法 // 003

第二章　关系的运用 // 023

第三章　面谈过程 // 044

第四章　运用社会资源与生活经历 // 071

## 贰

第五章　机构实践与机构间的实践 // 101

第六章　申请和接案流程 // 125

第七章　个案研究方法 // 156

第八章　诊断和评估流程 // 182

第九章　治疗方法 // 203

第十章　初级环境和次级环境 // 232

参考文献 // 262

壹

# 第一章 社会个案工作的基本假设和方法

社会工作的基本假设（Hamilton，1949）虽然在本质上无法被直接验证，但它们是方法和目标得以确立的基石，若无这些假设，社会工作将失去其意义。这些假设包括：人类幸福是任何社会的终极追求；随着经济和文化资源的增长，人们的生活水平会逐步提升；应积极推动生理健康、心理健康与福利相关的教育事业；人与人之间的社会联系有助于实现人们长久以来渴望的亲密关系。这些基于相似假设的伦理准则，构成了两个核心观点，使社会工作作为一门人文专业与其他学科相区分。第一个观点是，人类活动由个体与情境构成，即主观世界与客观世界，二者长期相互作用。第二个观点是，社会工作的典型方法是在实践中融合科学知识与社会价值，以达到其最终目的。

## 一、心理社会过程

人类是生物与社会的复合体。社会工作者通常将"个案"的问题和治疗视为心理社会性发展过程的一部分。社会个案的性质并非由案主的类型（如儿童、青少年、中年人、老年人）或问题的种类（如经济困难、行为异常）所决定。社会个案是"生活事件"（Dollard，1935），往往涉及多种经济、生理、心理、情感和社会因素。社会个案由内在、外在或环境因素共同构成。处理社会个案时，社会工作者不仅要关注案主个人或环境在生理层面的问题，还需将个体置于其社会经验中，同时关注他们对自己经历的感受。因此，在考虑社会个案时，必须考虑其内外交互影响因素。有时人们可能认为精神病治疗诊所和公共救助机构的社会个案截然不同，但这并不准确。所有社会个案都具备"内"和"外"的特性，既包含个体也包含情境，既有客观现实也有个体对客观现实的主观解读。社会个案工作的功能不仅限于修正"外部"情境，因为案主的问题通常具有人际性和社会性。若局限于外部情境，社会工作者既无法有效区分环境因素和情感因素，也无法利用案主的心理洞察力来应对真实情境。

人与人之间的理解和相知并非易事。人是复杂的，当他们来到社会工作机构时，往往已拥有丰富的生活经历，其中大部分是我们无法完全知晓的。人的性情受到遗传和环境的影响，天生的要素和童年的环境会在一定程度上决定他们对各种情境的反应。这类概念并非旨在帮助人们实现"自我评估"。例如，两个同样低收入的人，尽管用同样的物质评估方式测量出的贫困程度相同，但他们对问题的感知和采取的行动可能大相径庭。两个未婚妈妈可能面临相同的经济困难和社会困境，但她们的应对方式也会截然不同。在未能充分理解来访者内在观念的情况下，准确评估其外在社会情境是相当困难的。在社会工作实践中，当面临难以理解又复杂的人际关系时，社会工作者学会倾听尤为重要，因为人们对于自身关系有着强烈的感知。社会工作者可以运用社会资源和心理学的关键知识为案主提供实质性帮助；或者在案主愿意的情况下，提供如帮助案主澄清问题和确定处理方式等非实质性帮助。焦虑、悲伤和挫败感通常是个体化的体验，通过个体化的方式可以更好地理解这些体验。任何有效的帮助关系都必须基于个体化原则。

人类学和精神病学都揭示了适当个体调适所涉及的因素。本尼迪克特（Benedict，1934）指出："由于那些最接近典型化社会行为方式的群体受到偏爱，其行为与自身文化不相容的群体便难以产生共鸣。"那些在自身文化中无法实现"共鸣驱动"的人将陷入困境。如果他们的期望遭到社会的强烈反对，那么他们的处境将更加糟糕。个体能在"封闭的"文化中良好适应，是因为传统和教条作为集体性"超我"或良知起到了约束作用。人们完全服从或融入其生活的意识形态，似乎创造了个体的稳定状态。而在开放的文化环境中，当个体处于多种文化力量交织的情境下，将外在压力调适到内在生活中，有助于实现整体人格更和谐的平衡状态。无论如何，从实用主义的角度来看，儿童、成人、无家可归者、城乡移民、第二代移民、迁徙的劳动者或士兵等，若其与文化根源和习俗脱节，那么这种混乱与错位将使他们感到紧张、不安和焦虑。若不考虑案主自身文化所决定的价值判断，就无法预设有效的治疗目标。

## 二、科学的方法论及其价值

在应用社会科学及更广泛的科学领域中，对目的和道德目标的关注日益凸显。在纯粹的自然科学中，这种意识并不影响对真实规律的测量和理解方法。然而，在人文科学中，方法和目标始终紧密相连。人文科学强调满足人类需求，尊重个体的独特性和重要性，并认为这是基本的价值所在。个体与社会的相互依存，让不同文化和性格的人们意识到相互尊重和积极生活的重要性。因此，实现人文科学目标中的价值观，已成为其学科和方法不可分割的一部分。

为了有效地帮助他人，我们必须尊重每个人的人格——人们有权掌控自己的生活，享受个体和公民的自由，并能以自己的方式追求幸福和精神目标。这些原则的贯彻意味着，社会工作者不能将自己的目标、行为准则、解决方式和道德准则强加给案主，而应更注重认可案主的自身权利并实现其自决。具体服务和实务协助并非简单依附于行为的遵守，而是基于案主需求来提供，如现代医疗服务的提供。同时，社会工作鼓励自我导向和自强自立，人权宪章则倡导通过民主方式实施权利，人类的本质在于成为能够融入社会并承担责任的成员。

从美国历史的角度看，慈善活动总是与宗教、教育、人格塑造和贫困救济等紧密相连。医院、孤儿院、照护中心、残疾救助机构以及群体保护或发展组织等所有的"救援"工作，都源于意识层面的建构性推动力。这些动力可能源于对外界不和谐因素的内在反应所产生的内疚感，但这并不削弱它们的社会价值。社会工作与减轻负担的特定关联长期存在。要理解这些发展趋势，就不能忽视美国的文化和经济状况，也不能忽视特定人群如贫困、外来移民和依赖政府补贴的居民，他们同样具有与富裕和独立公民同等的价值。

当前，世界经济生活和文化关系正在经历深刻变革，需要不断重新定义和调整各种概念[①]。在实践中，"慈善"和"关爱"的目的常被实务所掩盖，人们更关注提供者而非接受者，重视拥有方而非受赠方。然而，"慈善"的本质在于互惠，即在拥有资产的基础上实现共同目标并转化为新资本。民主首先从政治机制层面展开，然后依据现有的经济和文化机制，在社会运行的基础上推崇高质量的人类行为，包括自我决定、自我实现、尊重权力、承担责任和合作。

经过上百年的发展，慈善通常聚焦于个体为个体提供的服务或照料。然而，"慈善"的真正意义并非寻求内在难以激发的基本部分，而是探寻善良、友善和坚忍的要素，这些要素能够将个体与他人，特别是与困境中的群体，建构性地联系起来。这种联系不可或缺的基本部分是"接纳"的品质。

---

[①] 沃勒（Waller）教授在《社会问题和习俗》（*Social Problems and the Mores*）一文中，对"组织性"习俗和"人道主义"习俗进行了有趣的区分。他对后者解释道："虽然人道主义驱动力可能始终存在，但显而易见的是，人们对它的广泛关注和表达都处于相对较晚的历史时期，这与初级群体社会的崩塌相伴而生。当初级群体各自关注自身的无助和不幸时，现代意义上的社会问题便不复存在。社会问题，如我们所理解的，是在初级群体不再愿意或无法为其成员提供帮助时，于次级群体社会中出现的现象。"

美国文化高度重视人类精神的价值和社会中个体的意义。西方文明建立在社会公平、科学追求真理或知识、社会安全感以及责任和义务的思想之上，同时也强调人格的重要性。许多重要文化，如希伯来文明和古典文明，都强调社会公平的理想和体系，如古希腊对真理的热爱、对思想和表达的解放，以及基督教对邻里关爱和心灵价值的强调。尽管没有一种文化能涵盖所有要点，但民主社会已同化了许多重要部分。在此背景下理解社会工作变得尤为重要。社会公平（如法律公平、经济公平或跨文化公平）在现实中的实现和发展虽不完善，但仍是文明发展的主要目标之一。在民主意义上，它带来的独特要素主要是对个体需求、权利和自由的关注。关于个体内在价值层面的信念构成了一些核心原则：机会平等的权利、少数群体的权利以及自由表达的权利。民主的本质在于自治，而自治的基础在于承认个体是自身利益的最佳决策者，能够自由集会和开展集体商讨，并参与以社会目标为导向的群体活动。只有当个体获得尊重并通过教育、科学和自由机制实现自我发展时，社会工作者才能在他们的生活中创造条件。个案工作的中心假设在于个体能够积极参与自身的社会化过程。

评估社会工作的关注点并不容易。每个个体在家庭、生活、工作、娱乐和教育等方面都有独特经历。然而，拥有这些经历并不意味着需要关注所有由此产生的影响，也不必将它们都作为社会项目的基础。个体的情境是不断变化的，因此我们需要深入了解每个个体的具体情况（Hamilton，1928）。在个案工作的情境中，我们可以逐一挖掘完整教育过程的不同要素。然而，在社会工作的核心领域，关于病人的变化和精准个体观察的讨论相对较少。个体是家庭的试金石，家庭则是社区的试金石，它们甚至能向外影响国家和国际的团结。因此，如果社会能真正铭记个体和家庭的重要性，就不会轻易发动战争。就像原子蕴含的能量能满足所有工业生产的需求一样，个体"人格"也具备使社区实现社会化的能量，因为高质量的社会成就最终依赖于个体人格的发展水平。所以，个案工作自然而然地关注寄宿儿童、困境中的青少年、外来移民、残疾群体和家庭主妇的利益。同时，我们也必须意识到，在逐一治疗个案时，直接替换或改变环境系统可能会导致案主根本上的不适应。个案工作经常强调，在形成和改变范式时，需要考虑个体差异。与国家行政部门共事的人都知道，有些官员非常缺乏耐心。虽然每个城市和区县都不希望自己与其他区域存在差别，但事实往往并非如此。如果所有城市都一模一样，那么所有事务将会简化且便利；同样地，如果认为每个个体都是相同的，那么处理他们的事务会更加简单和便捷，但这样他们就无法获得真正的帮助。

社会改革者曾批评道，早期个案工作者对通过大型预防贫困项目或改变社会环境来实现社会秩序重塑持悲观态度。他们认为个案工作的观点过于狭隘，仅将其与减轻负担相关联，并未关注其更广泛的应用层面。如今，一些领导者满足于将所有社会困扰归咎于经济结构，却仍认为社会工作者将所有问题都归因于个体缺陷。这就像在无谓地争论遗传因素和环境因素哪个是决定性因素，或者自我决定与社会控制哪个更重要。有时个案工作过于强调个体无法适应社会的内在原因，但工作者需要了解的是一系列关系不仅会导致个体与家庭的疏离，也可能会将其带回到家庭之中。社会工作者知道，成长首先应基于保证生计的维持，然后是寻找晋升机会，最后是面对现实承担责任。人们不仅要与限制抗争，更要在限制中生活并与之共事。

我们对贫困问题的理解不能与人类行为的认知脱节。要真正解决人类行为问题，需要参考当时的经济和社会结构。社会工作面临批判和抵制是意料之中的事情，因为它目标是从根本上挑战人们最高级别的控制以及最深的偏见。无论社会工作是被称作"福利"还是传统术语上的"慈善"，其目标本质上都是激进的。在当前情况下，仅通过口头表达对他人的爱并无法满足服务对象的需求。社会工作者需要在民主、发达的社会以及不歧视的文化中提供服务，否则将会引发抵触情绪。通往社会福利的道路没有捷径可走，人们必须为了自己的权利和自由而奋斗。如果仅仅将福利看作是基于朋友和陌生人温和仁慈的思想或社会治理的工具，那么无论在经济还是社会层面它都不会激起过多的反对；但只要将其视为自由个体对创造自身福利条件的意愿表达，那么福利事业的每一次前进与发展都会伴随着许多争议、冲突和不愉快的事件发生。

总之，每个人都需要福利，它清晰地解释了社会化的内在驱动和真实需求的含义，并阐明了接纳我们自己的重要性——这不仅包括我们身边的人，还包括由不同国家、种族和阶层组成的"外部群体"。社会工作者面临众多指责，有时这些指责是合理的，这取决于指责者的立场、态度以及他们对慈善的看法。事实上，人们致力于追求一个处于社会和经济安全稳定状态的世界，其社会关系尽可能完善并令人满意。社会工作关注实务中亲密个体间所表达的剥夺、依附、焦虑、侵略和对抗状态，因此在进程中出现缓慢、迟疑、优柔寡断和阻碍的情况也不足为奇。毫无疑问，如果广义上的福利目标如高收入水平、全面生产、创新教育、娱乐和公共卫生没有逐步实现，那么文明将会与它们一同消亡。

我们无法脱离文化背景或经济和个体的压力，去理解依赖关系或不良行为。人们生来就处于组织化的社会群体中，并形成了特定的行为方式。外在世界将规则和规定强加于人之上，而个体又对此作出了近似统一而又独特的反应。人们不仅在心理层面有所区别，在对事物的满意度上也存在差异。所有生理和环境上的缺陷和压力——无论是经济或文化方面的还是来源于疾病、战争或灾难的——都必须想方设法加以缓解，并且可以通过个体间的治疗努力实现一定程度的文明进步。

## 三、社会问题和项目

哪些问题和需求属于社会工作的范畴？社会工作又该如何介入并有效解决这些问题呢？考虑到每个专业都需要构建系统且专业的培养方案，那么，对于想要成为合格社会工作者的人来说，他们需要学习哪些内容呢？

如果我们翻阅过去十年间召开的全国社会工作会议的规划，或是每两年更新一次的社会工作年鉴，就会发现社会工作关注的主题具有周期性，这些主题包括贫穷、失业、疾病、家庭破裂与失调、心理障碍与生理残疾、住房短缺以及反社会行为等。为了满足这些需求，我们提供的服务主要围绕家庭与儿童福利、公共救助、社会保险、健康与法律咨询、职业康复、流动人口援助、残障人士服务、犯罪预防计划、儿童监护以及住房保障等方面展开。

简而言之，这些服务领域主要聚焦于社会工作的两大核心领域和目标。首先是经济与生理福祉，即追求"健康且体面"的生活标准；其次是通过建构理想的关系与经历，提供个体社会成长的机会。尽管许多专业都致力于追求这些目标，但社会工作在这两方面显得尤为贴切，因为它致力于实现经济与文化稳定因素与个体行为的深度融合。这种融合不仅塑造了社会工作的独特专业特性，使其超越简单的模式范畴，还为社会工作带来了更多的挑战与复杂性，同时赋予了它独特的魅力。

这种融合建立在差异化功能的基础之上。社会工作者通过多样化的方式来影响现实，而并非仅仅局限于解决具体的人类问题。实际上，我们除了深入了解每个个体的具体需求之外，别无他法，因为每个人都生活在他们自己构想的现实世界中。如果所有人都只从个体或群体的角度出发，那么社会的进步将会变得异常艰难。例如，在福利机构中，"商业"管理者经常强调成本控制的重要性，但这可能导致我们忽视了项目中服务对象的实际利益。特别是在大型机构的日常运营过程中，个体的需求很容易被完全忽视。因此，无论是在联邦、国家还是地方层面，抑或是在单一部门的管理过程中，"灵活"的原则都比"刻板执行"管理更为重要。最有效的项目应该建立在充分理解服务对象需求和工作者专业技能的基础之上，而非简单地通过自上而下的方式传达指令。我们主要通过与人类的直接互动来了解真相，而非依赖其他途径。然而，当多个项目同时推进时，我们很容易忽视个体的反应和反馈。

在助人的过程中，如果受助者能够积极、认真地参与进来，那么助人的效果将会达到最佳状态。人们通常不愿意接受"施舍",尤其是那些长期接受资助的人群更是如此。资助者与受助者之间的关系并不总是和谐完美的。有些人可能并没有做好准备去理智地利用这些帮助,就像有些人还没有做好准备去学习一样。然而,这种准备状态是可以通过激发和引导来培养的。从长远的角度来看,无论是在个体、群体还是国家层面上,人们最感激的是拥有能够实现自我帮助的机会——即能够找到自己的解决方案,并至少能够参与到自我命运的塑造过程中去。贫困和不幸的群体往往并不像行业巨头那样拥有强烈的愿望和动力,因为他们在资源、能力和机会方面都处于劣势地位。受助者的满足感直接与其期望得到认可的程度,以及他们能否努力实现自我复原的方式相关联。许多个体问题都可以通过经济、政治或文化因素得到部分解释,例如工作表现不佳、强烈的无力感、与同事关系紧张、对儿童的忽视以及犯罪行为等。但这些问题也与个体自身的人格特质有关。除非个体能够主动参与到解决问题的过程中去,否则任何治疗方法都难以发挥其应有的作用。从实用主义的角度来看,个案工作者已经深刻认识到自助在康复和复原过程中的重要性。

尽管社会工作议题纷繁复杂,但它并非无序的混乱状态。社会工作者需要时刻保持对新趋势和问题的警觉性和敏感性,并能够对社会生活的各个阶段做出及时有效的回应。然而,社会工作者并不能随着政策的每一次微小变化而立刻做出相应的调整。他们必须在自己的专业领域内深入研究相关问题,从而不断充实自己的知识库。同时,他们还需要归纳和制定出相应的原则来指导实践工作,因为纯粹的实用主义和权宜之计远远无法满足工作的实际需求。此外,他们还必须充分考虑那些源自社会价值和科学研究大量数据的假设,并将深入思考那些仅仅缓解了社会问题,却未能完全解决的社会工作政策和实践。

## 四、方法和过程

社会工作涵盖众多需求和解决路径，例如社区、群体及个体的不同需求与对应方法。在努力达成健康且体面的生活标准，以及满足人们关系建立的目标时，社会工作发挥着不可或缺的专业角色，并明确提出了四种主要方法："社会福利计划""社区组织""社会团体工作"以及"社会个案工作"。而"社会变革"——或近年来更常提及的"社会行动"，其核心目标在于解决福利领域中的大部分问题。

### （一）社会行动

值得注意的是，社会行动并非社会工作的独有领域。它基于所有公民的参与，通过公共教育、公共宣传、社会立法，以及合作性和集体性企业的技巧来展开活动（Fitch，1939）。社会行动被定义为社会工作者在策略上的转变，即不再单纯依赖个体的积极性或自愿团体的努力，而是转向通过社区和政府的力量来实现目标的过程。社会工作者长期以来致力于改善居住环境，改革刑罚系统，以及优化机制和福利管理社会化的路径。同时，管理者通过为受抚养儿童、老年人和盲人提供援助，以及推进公共健康和建设性劳动关系的方式，不断助力社会保障工作的发展。社会工作者认为社会行动的重要性与健康、劳动、工业、公共救助、娱乐、社会教育、犯罪预防及文化适应等方面等量齐观。

在社会计划的构建上，存在着两种截然不同的观点：一种是将社会视为一个整体来考量，另一种则是以个体为基础进行考量。社会机制必须建立在相互联结的关系之上，这意味着我们必须深入理解事物本身的内在属性。因此，那种认为可以通过个案方法来解决社会秩序问题，或者认为可以通过群体方案来解决个体问题的观点，都是片面的。个案方法确实强调对个体的调适和解决，但将众多个案综合起来考量时，其所蕴含的意义可能远超出我们的想象。

卡丁纳（Kardiner，1937）对"转换成经济行动的压力"类型进行了深入且有趣的分析。他指出，这些压力主要涉及对满足本能需求的外部资源的指令、控制或利用，而这些需求无法通过替代方式而得到满足。他进一步强调，这需要以理性的方式来控制外部环境。每种文化都有其独特的价值观、必然性和防御机制，而其他类型的压力则可能激发我们进行更具个体化的探索和行动。社会工作者开始区分不同个案工作的需求类型，思考是否应以理性的方式使环境控制成为必要的经济需求，或者在经济系统中是否需要一种更个性化或所谓"个案"方式。这并不意味着我们可以将个案严格地划分为"工作"和"人格"两类，但可以通过对广义上经济不适应原因的分类处理，来采取恰当的长期行动。同时，那些可能引发"更个体化的探索和行动"的压力，无论是否涉及经济性因素，都应被视为个案工作的关注焦点。

当环境中存在不可控的因素，且个案工作方法无法有效处理时，我们只能通过更广泛的重组来帮助案主接受现实。人权意味着定义、分类和统一处理，而人类的需求不仅限于需要简单的保障性项目，更是需要在更广泛的分类中进行个体化和区别化处理。然而，令人欣慰的是，现在对个案工作的关注不仅超越了单纯对负担的缓解，而且可以将其运用于任何个体处理事务能力受损，或对日常社会关系不满的情况。社会由个体组成，与个体密不可分。只有个体发展出更多的能力，我们才能更真实地感知这些能力在社会中的表达。

在现今社会，我们通常采取两种基本方法来解决社会问题：一是通过外部的结构性重组来改变环境，二是通过教育过程来实现个体和群体的社会化。我们认可个案工作和小组工作发展类似的概念，因为个体和社会是相互依赖的。同时，我们也认识到个体的自我激励活动和群体的聚集都会对社会行动力产生重要影响。社会工作，尤其是个案工作，需要更多的统一性。这不仅要求案主在追求个体成长时积极解决自身问题，也要求社会工作者找出一种民主的方法，以释放自己和同伴的积极性。如果自爱和自尊是正常的个体激励，那么同伴之间的爱也应该是群体行为中的正常激励。在公共活动中，人们通常认为强烈抗议的高声发言是社会行动的表现。但专业的社会行动必须建立在坚实的专业知识、实践经验和学科结构之上，使人们能够清楚地了解事物之间的关系，且最终应该以更平和的方式实现个体能量的释放，以及促进更多合作性社会实践的开展。

### （二）社区组织

直到近十年来，人们才逐渐认识到社区组织与私立机构或民办服务机构之间的联系。这些机构的核心目标是不断发展社会工作的技术，如加强合作、深入调查研究、优化工作方式以更贴切地满足社会需求或开创新资源，以及通过有效的诠释机制达成社会教育目的等。由于民办服务和合作机制日益重要，社区组织与公众之间的互动也愈发紧密。社区组织必须深入研究并洞察不断拓展的人类需求领域，同时预测并解读这些需求的变化趋势。

经济救助和休闲活动项目对社会产生了深远的影响。目前，经济救助主要由负责公众事务的机构来承担，而休闲活动项目，如大型公园和游乐场等，则主要由公共委员会委员负责管理。在住房供应方面，尽管需要多个专业领域的共同协作来实现目标，但它仍然属于广义的"社会福利"范畴。即使在研究具有相似背景的公民时，我们会采用分配优先权等方式来激发他们的参与热情，他们在获益和付费方面本质上是相同的。然而，我们仍需通过多样化的发展策略来不断调整和完善社区组织的相关技术。

某些特定功能，如救助和预防，主要依赖于税收支持的公共机构来发挥作用，并在一定程度上得到民办服务机构的辅助。而其他功能则可能更多地依赖于民办机构来组织相关活动，公共机构仅起到辅助作用。在某些情况下，还会有合作企业共同参与其中。在所有机构中，公民的认同和参与对于福利事业的发展至关重要。在很大程度上，通过社区组织的积极努力，社会机构能够确保公民的广泛参与。然而，需要强调的是，在社会福利规划中，如果理解和支持的基础是能够真实反映整个社区的需求，那么就必须逐步扩大这些基础的覆盖范围。这不仅仅包括富人阶层，还应涵盖工会、特殊利益群体以及客户组织等，共同参与到合作中来，形成合力。

我们可以合理地推断出，如果社会工作能够得到持续稳健的发展，那么大量的测量方法、技术手段和社会控制策略将会从那些专业学科中衍生出来，并主要应用于对人类需求和社会关系的深入研究与治疗之中。社会工作者对于积极的福利计划充满热情，就像现代医疗领域对于积极的健康项目充满兴趣一样。每个社区都承担着长期的支持责任，以及专业需求评估的任务，并在创造资源的同时指导公民合理利用这些资源。由于社会需求之间相互关联，因此服务也需要以高效且适当的方式建立相互之间的联系。

尽管我们已经针对成本问题开展了大量的研究工作，但仍然无法一次性准确地核算所有相关成本。然而从实际应用的角度来看，所有专家都达成了一致意见：即缺乏明确目标的长期项目往往会带来最高的成本负担。精神病院、医院、监狱以及针对疾病和失业的项目所需的花费通常远远超出那些健全且经过精心设计的福利项目。正如某些地方潜藏的致命细菌一样，对于整个社会而言，歧视和种族偏见也是一种严重的社会疾病。个体不仅需要对自己的行为负责，更需要对所生活的社会承担起责任来。同样地，社会不仅需要为个体提供创造性发展和成功的机会，还需要致力于保护所有成员的生命安全和利益权益。

社会工作者的职责之一就是帮助服务对象对自己所居住的社区产生更加现实和深刻的责任感，并鼓励他们在努力改进自身行为的同时更加清晰地认识到自己在家庭以及社会中所扮演的角色。那些习惯于以临床实践和具体问题具体分析为工作方式的专业人士往往拒绝将问题进行简单的归类处理，他们深知每个案例都具有其独特性,并且对于他们而言,寻找共同特征需要具备丰富的专业知识和实践经验作为支撑。相反地,那些长期致力于社会改革运动的人士则常常对由于过分关注个体差异而导致的工作进度缓慢表示不满。然而一个合理有效的社会组织,既需要在健康、工作或福利项目中进行归纳总结,又需要充分考虑个体差异因素。

社会工作是一个从个案和小组工作中提炼核心技术并逐步发展起来的项目领域;它具备前瞻性并意识到采用激进方式取代人类学习过程,或试图掌握所有人类可学习知识,可能并无法像综合规划、社会控制、科学研究以及特定情境下的普通智力调查等相关项目那样,能够找到自身合适的定位并稳定推动文化进步发展。

### (三)社会团体工作

社会团体工作,作为一种心理社会层面的实践,既聚焦于领导力和合作能力的培养,也着眼于建构基于群体共同利益的社会目标。在民间组织的运营中,民主参与被视为一种关键手段,它不仅有效释放了社区潜能,还进一步激发了政府和劳动部门的效能。这种群体性的社会化过程,激活了地方社区的意见表达和活动参与度,进而有助于减少可能滋生的官僚习气。

从民主生活方式的角度出发,个体作为人和公民的双重身份至关重要。这不仅要求满足其基本需求、保障其合法权益,还强调个体在与其所处文化和政治结构的互动中承担责任。每个人都通过多样的文化机制、生理状态及经济情境与其他个体和群体进行交流。因此,为了缓解来自经济、文化和心理环境的多重压力,我们必须与各类群体和个体共同努力,推进广泛的项目合作,帮助人们在最直接的情境中达成并维持一种令人满意的平衡。

此外,团体工作的影响并不仅限于基础层面,其技术方法对其他领域同样具有深远影响。例如,在社区组织层面,通过团体工作的专业训练,可以显著提升委员会和会议的教育成效。同时,许多创新性的社区项目都源于富有创造性的团体协作。更重要的是，高效的社会行动往往依赖于群体的广泛参与，而非仅仅基于个别领导者的力量。在社会化群体的互惠协作中，多数群体的决策主导地位得到尊重，同时少数群体的声音也受到重视。最理想的状态是能够融合多方观点，共同推动进步教育的发展。社会团体工作与社会个案工作相辅相成，连同社会研究一起，构成了社区组织技术的基本支柱，共同推动了福利计划和社会行动的开展。

社会生产力对文化发展的推动作用不言而喻，而可靠的团体协作则是提升其效能的关键。在团体过程中，个体贡献的有效释放能够显著增强其满足感。群体之间的互动不仅为个体的努力提供了展示平台，更通过个体对群体共同计划的全身心投入，转化为推动群体发展的强大动力。只有当群体意识到行动、个体间及群体间沟通的重要性，并愿意以群体利益为导向调整目标、强化角色定位、发展共同行动路径时，才能达成具有建设性的解决方案。

然而，人们往往对社会团体工作存在误解，认为其仅关注"正常"人群，而将个案工作与服务"异常"人群画等号。这种观点的根源在于对社会关系的片面理解。例如，一个在社会关系中遇到困难的儿童，在组织化的群体中也可能面临相似的挑战。尽管他可能会被个案工作所拒绝，无法成为服务的"案主"或"患者"（后者通常用于医疗情境中的社会工作者术语）。同样地，这个儿童在家庭或学校中也可能遭遇困境，但相较于民间组织，学校更难以拒绝这些异常个体。家庭作为最基本的社会单位，在极端情况之外几乎不会对成员产生排斥，正如俗语所说，"家庭的力量在于包容。"如今，团体工作所发展的技术方法不仅适用于经历相对简单的个体，也同样适用于那些愿意接受指导的人群。即使对于那些不太典型的个体而言，他们仍然可以通过团队协作的方式实现自我增能和重塑。近年来，团体工作者在拓展和区分不同路径的团体组成过程中取得了显著进展，开始将行政、教育和治疗元素融入团体治疗的特定实践中[①]。

尊重他人意味着同时尊重他们的差异。社会工作者的目标并非使案主遵从特定观点，或在行为文化抑或个体范式上达成一致。相反，帮助是在不歧视的前提下提供的（符合联邦社会保障法规的合法框架）。这种帮助以文化差异的丰富性为基础，试图通过积极的方式认可文化差异的存在，并尝试打破无意义的标签和贬损的刻板印象。恐惧和厌恶的情绪循环往往源于各种挫折体验，其中偏狭是最具破坏力的副作用之一。在培养儿童社会情怀的众多实验中已经证明，仅凭纯粹的意识形态方法在消除儿童偏见态度方面的作用十分有限。然而，如果能够提供一种温暖而友好的交往方式以跨越文化界限，那么结合强调宽容理念的并行教育方法将会产生实质性的效果。当儿童在友好宽容的环境中共享生活经验，并能够意识到这些经验的意义时，他们就有可能将宽容的态度永久地融入自己的人格中。正如人们认为已故的约翰·怀南特（John Winant）的伟大之处，在于他确信"人类之间能够建立更伟大的情谊"。

### （四）社会个案工作[②]

在阐述个案工作流程时，许多学者反复强调和解释的核心概念是个人适应与个体和社会共同进步的紧密联系。其中，玛丽·里士满（Mary Richmond）在1922年和1930年的定义被广泛引用。她提出，"个案工作是在个体与社会环境之间进行有意识的个别化调整，以促进人格发展的过程"，以及"社会个案工作是学会与不同人群合作、处理各种事务的艺术手段，旨在实现个体、群体和社会的共同改善"。后续的定义进一步明确了这一过程的方法和目标，着重强调问题的本质是案主自身的，且案主应积极参与问题的解

---

① 对异常的定义总是比对正常区间的定义更容易。
② 圣斯圣斯威辛·鲍尔斯（Swithun Bowers）牧师根据年代顺序，汇编了1915年至1947年间的重要陈述。

决。然而，尽管有多种阐述，但尚未有定义能更精准地阐述个案工作的目标。

在大家普遍接受的定义中，核心假设包括：个体与社会相互依存；社会因素不仅影响个体的行为和态度，还为个体提供自我发展的机会，并对我们生活的世界产生积极影响。此外，所有问题不仅涉及心理和社会层面——即内部与外部因素，而且多数个案工作问题还具有人际间性质。这意味着，不能仅将个体视为孤立的治疗对象，特别是在个案工作中，家庭单位的参与是常见的。在整个问题解决过程中，案主都作为责任主体参与其中。个案工作的核心在于有意识地控制和运用案主与治疗者之间的关系，以达到治疗目的。

对于个体而言，最好的馈赠是赋予他们实现个人改变和成长的能力。然而，工作者无法释放案主的这种能力，除非他们自己接受系统的培训，并能深刻理解动机的本质——即个体如何感受自己的情境、如何感受他人，以及如何感知社会工作者（无论是作为"咨询者"还是"治疗师"）。只有当社会工作者通过专业教育具备扎实的心理学基础时，他们才能有效地帮助案主调动自己的感觉，朝着改变、成长和适应现实的方向努力。在个案工作中，需要激励案主参与到对自身情境的研究中，共同制订计划，并利用自身资源和社区资源积极解决问题。

针对不同层次的案主状态，需要采取不同的方法来促进改变。对于那些更擅长自我引导的个体，如果受到外部压力的困扰或面临明显的困难，可以通过实务服务和其他必要的咨询服务来帮助他们改变自身情况，从而实现目标。我们应尽可能鼓励案主进行自我改变。对于状态不佳、虚弱或严重残疾的个体，社会工作者需要给予他们更多的支持。在适当的情况下，甚至可以积极干预他们的情境，以减少社会或个人施加的压力。有充分的证据表明，如果能够创造新情境来产生新经验和提升满足感，那么更可能实现态度或习惯的改变。

对社会问题的个别化处理通常与需要救助的人群相关。[①]从16世纪和17世纪圣文森特·德·保罗（St.Vincent de Paul）的作品以及19世纪奥扎拉姆（Ozanam）的作品中可以看出，当时社会问题的处理方法是通过友好访问的技术来满足人们在家中的个体化需求。尽管18世纪和19世纪的德国系统更关注对乞讨生活的控制而非个体调查，但仍收集了大量关于社会情境和行为的数据。以爱德华·丹尼森（Edward Denison）、查尔斯·洛赫（Charles Loch）和奥克塔维亚·希尔（Octavia Hill）等学界领袖为例，他们将个人服务、个人责任以及对案例的详细调查的理论和实践推向了新的高度。玛丽·埃伦·里士满创造了第一个系统的方法理论来分析个体的社会情境。加勒特（Garrett，1949）指出："尝试改变案主的人格并非个案工作者的新职责，而是从一开始就存在的进化性发展……因此，现在的普遍共识是需要激励案主有意愿进行改变，并影响他们积极参与到自身问题的解决中。"

个案工作的显著特点在于，它旨在通过管理实务服务和提供咨询，来唤醒和保护案主的心理能量，进而积极地激发案主参与服务运用并解决自身困境的意愿。个案工作在协助处理日常生活中的个人问题时，反映了现代社会日趋复杂化的趋势，并且是教导实践者实现此功能的唯一"人文"专业。这不仅因为所有问题都可归结为心理社会层面的问题，还因为个案工作治疗具有不可或缺的心理社会性。个案工作的最原始功能在于提供实务服务或调整环境，以帮助案主达到平衡，成功实现调适。然而，在认识到潜意识力量对人类行为的影响之前，个案工作者曾长期将人格和性格作为重建工作的核心。

---

[①] 在研究贫民救济和救助计划的历史背景时，学生们需要参考一些关键文献，例如韦布夫妇（Webbs）的《英国地方政府》(*English Local Government*)，以及华生（Watson）的《美国慈善组织运动》(*Charity Organization*)，后者探讨了国外慈善的先例，是极为重要的一个章节。同样值得参考的还有华纳（Warner）、奎因（Queen）和哈珀（Harper）合著的《美国慈善与社会工作》一书的第一部分；布鲁诺（Bruno）所著的《社会工作理论》(*The Theory of Social Work*)的第四部分；以及米尔斯波（Millspaugh）的《公共福利组织》一书的第七章。在分析个案工作的经济动机时，建议参阅雷诺兹（Reynolds）的著作《对社会工作的再思考》(*Rethinking Social Case Work*)。

他们通过与案主共同经历，结合心理理解和社会服务，来达到重新定位和建构的目的。

作为方法，社会个案工作通常并不试图彻底重构整体人格或整个环境，而是通过直接咨询或施加治疗性影响，来释放环境压力，调整案主的态度与行为。个案工作并不能将案主从失能的状态中完全解放，而更多的是帮助他们在社会优抚金的支持下，更好地应对困境。但在条件允许的情况下，个案工作可以缓和甚至预防贫困、病理性暴露和创伤事件的严重影响。

个性和环境的相互关联性，使得社会工作成为一个专注于在一系列特定情境中遇到问题的个人的专业学科。这包括了对困难情境原因等相关因素的考量。案主所处的现实及其对现实的感知，成为个案工作努力的方向。其中，家庭和其他个体间的因素经常影响并帮助修正诊断和治疗目标。治疗是帮助有问题的个人进行所有活动的综合概念。它关注于缓解或解决引起个案工作者注意的直接问题，并在案主认可和参与的条件下，修正基本的困难和复杂的难题。工作流程的内容会根据案主的需求和愿望、社区资源、机构功能以及社工技巧而有所不同。专业目标决定了治疗必须置于案主和社区的共同利益之中。

作为个案工作者，专业人员不仅有责任帮助案主以适当方式满足社会需求，还需激发和表达其建构社会生活的能力；作为社会工作者，他们更有责任持续推动，为人类创造更好的社会环境。这种预防性行动的责任不仅存在于创伤性个案的情境中，也贯穿于健康、精神卫生和福利的项目中。

案主的最终改变与其能力、环境机会和资源紧密相关。每种方法，无论是直接的还是环境性的，都是服务、咨询和治疗重叠的结合体。这些方法可能单独或按不同比例组合运用于不同案例中，而非仅使用一种方法或将一种方法简单叠加在另一种方法之上。在下一章中，我们将通过讨论四个典型程序来描述个案工作的方法：关系的运用、面谈过程、社会资源的运用以及机构实践的要求。

如果个体因希望获得满足感而产生改变的动力，那么工作者可以动员其尝试通过教育过程来改变自身情况，从而理清一系列行动方案，并提供令人满意的工具和资源。这些都可以通过理性层面的咨询过程来获得。然而，如果个体希望在实际层面改变其态度或生活方向，则不能仅仅依靠纯粹的智力激励来实现。感知的变化可以从重要经历中产生，如幸福的婚姻、巨大的生理或心理痛苦、与单独个体或多个个体的重要关系等。社会对医患关系的密切关注并非偶然。显然，只有深入感知关系中的经历，才能通过治疗影响个体对自身和同伴的态度。因此，我们可以根据个案工作关系的动力来探讨个案工作的过程。

# 第二章　关系的运用

我们高度重视人类关系的概念，包括其重要性、动力以及在治疗中的实际应用。个案工作、团体工作和社区组织，这三者都建立在相似的艺术和科学基础之上。每一个个体的行为，不仅是心理与生理因素的复杂交织，更蕴含着对价值的考虑，因为这些行为总是与其他个体的行为紧密相连。正如斯拉夫森（Slavson，1946）指出："面对面的交流能够激发个体在智力和情感层面的活力，进而塑造其态度并实现个体的社会化。"尽管关系的意义可以通过理性和反思来理解和领悟，但它最终还是要依赖于直接的亲身体验。

在职业领域，人们习惯于将那些主要从事手工操作的工作者称为"体力"劳动者，而将从事脑力劳动、在办公室环境中工作的人员归为"白领"工作者。在所有类型的工作中，雇主与雇员之间、从业者与大众之间的关系，对于公司的顺畅运作而言，正变得越来越重要。在那些特别关注人与人之间互动的职业中，从业者必须全身心地投入。在民主的框架下，专业的关系涉及共同承担责任的互动过程，包括对他人权利的尊重和对差异的接纳。而且，专业的目标并非为了隔离或区分，而是通过相互的交流与合作，提升社会化的态度和行为。佛洛伊德（Freud，1938）曾指出："生命体之间的关联行动，不仅在个体内部引发变化，还能在保持个体独特性的同时，提升他们的整体状态。"这一观点不仅适用于社交关系，同样也适用于身体层面的关系。

专业关系与大多数传统的交往方式相比，存在显著的差异，这些差异主要体现在以下几个方面：首先，专业关系必须以他人的利益为导向，无论是个体还是群体的利益；其次，从业者需要具备自我觉察的能力，并能够有意识地掌握和运用各种技巧。在社会工作领域，许多专业关系不仅受个人实践的影响，还受到机构所处现实环境的制约。机构在项目、资源等方面都存在一定的限制——简而言之，即功能性的限制。因此，社会工作者与案主之间所建立的关系，必须与机构所能提供的实践条件相匹配，并参考社区中其他机构的实践经验。[1]社会工作者必须展现出真诚与温暖，同时拥有建立亲密关系的天赋。他们还必须愿意深入案主的经历，倾听案主对问题的看法，并耐心地陪伴案主共同探索解决问题的途径（Hamilton，1949）。

## 一、个案工作关系[2]

如何看待工作者与案主之间的关系，对于"助人自助"目标的实现至关重要。有一种观点认为，"非施舍而是朋友"这是个案工作中应遵循的古老原则。然而，在复杂的人类关系中，单纯的自我并不总是受到欢迎。为了适应工作、文化、婚姻等社会生活的需求，我们需要对自我进行规训和调整。专业关系并非仅仅是建立友好的同盟，接触也不应仅停留在表面。当案主开始与他人建立联系时，他们会将个案工作关系中的感受、态度和行为带入其中。家庭在文化层面扮演着举足轻重的角色，因为个体的世界观大多在家庭中塑造。此外，案主在回应个案工作或团体工作情境时，常常会采用在家庭或其他生活环境中习得的态度。对专业自我的掌控应以服务目标为导向，即深入

---

[1] 在下一章中，我们需要思考在访谈过程、"生活经验"以及机构情境中，如何运用"关系"。
[2] 在《社会个案工作中变化的心理学》（1930）一书中，维吉尼亚·罗宾逊（Virginia Robinson）对社会工作者与案主关系的运用和控制做出了极大贡献，这一理念后来被宾夕法尼亚学派在"功能性"个案工作中称为"助人过程"。费伦齐（Ferenczi）和莱奇（Reich）在早期的心理分析中提出了心理分析者与患者之间的互动理论，以及阻抗形式的典型模式，关注并作为动力过程的治疗关系。

理解和满足案主的心理社会需求。缺乏专业目的的技术运用，本质上是不道德的。当然，我们也应尊重他人的人格，不将自身凌驾于他人之上。

### （一）客体关系和移情

社会工作者经常面临的一个疑问是：个案工作是否总是基于治疗关系？当个体在初次接触时提及治疗，"接触"便被赋予了更深的含义。与某人见面或交谈，并不意味着建立了真正的关系。只有当双方建立起融洽、专业的关系，且"案主"角色得以明确时，才标志着关系的真正建立。案主对个案工作关系的运用程度，受其情感需求的种类、特征及其在人格中的地位影响。并非所有个案工作场景都需要同样紧密的工作者—案主关系。例如，寻求社会服务的申请者可能更关注实际需求，期待稳定的收入，这种情况下是否能建立治疗关系便值得商榷。

目前，个案工作者致力于创造一种舒适的环境，让案主感受到被接纳和认可。当案主感受到对自己事务的掌控权得到尊重，无须在辩解、挫败感或意愿挣扎中消耗精力时，他们便体验到了真正的"关系"。案主对关系的运用受限于其情感需求、治疗目标及机构功能。工作者的吸引力既体现在量化方面，也体现在质化层面。在所有直接的治疗、咨询过程中，强调工作者与案主之间的关系是不可或缺的。这种关系以积极感受为基础，有时也会经历负面或混合阶段，只要治疗持续进行，这种复杂的感受就会一直存在。这种关系经历了从客观到主观的转变。在客观关系中，案主基于工作者的技能、礼貌、效率和理解程度来形成客观评价。而在主观感受中，案主对治疗者的个人感受将影响其对工作者的整体看法。儿童和青少年通过认同来塑造理想典范，而成人则通过建设性关系来维持和激发改变。一个既有趣又友好的工作者能够倾听案主的问题，不轻视其困境，也不评判或提建议，而是让案主感受到友善和理解，从而实现深层次的联结。

心理成熟度不足的人可能对真实世界（客体关系）存在扭曲认知，他们对工作者的看法可能模糊不清。这类人的反应往往受到过去经验的影响，尤其是童年或当前关系的体验，这就是所谓的"移情"现象。从事家庭、儿童监护和医疗等领域工作的专业人员必须深刻理解这种复杂的移情现象，否则可能会陷入困境。"移情"表现可能是短暂的，例如急症患者在康复后可能对护士产生敬仰之情，因为护士的形象符合了他们心中完美的普通人形象。成熟人格的标志之一是能够客观地看待他人。然而，对"理想伴侣"和"英雄"等理想类型的期待也是婚姻等关系产生的动力。在不那么成熟的人群中，如幼稚或异常个体中，这种感知更为常见，特别是在他们被迫扮演依赖或被动角色时。本书第九章将深入探讨如何利用有限的洞察力提升社会适应能力，以及在关系中如何运用移情策略来实现自我支持和人格强化。总体而言，通过面对面地探讨案主的实际情况有助于减少移情现象的发生。在心理治疗中，移情是重要组成部分；但在个案工作中，更关注对现状的情感表达和特定情境下的情感调动。移情只是关系的一个层面。

在20世纪20年代，个案工作者开始认识到个体经验的客观意义与客体经验本身同样重要。因此，在治疗过程中他们减少了言语输出，更多地采用引导性语言如"你如何感知它"或"这对你来说一定很困难"等。这种被动倾听方式看似合理，但有时也会引发难以应对的情感反应。由于工作者提供的信息有限，治疗只有在案主情感需求非常强烈时才能持续推进。因此，情感的释放不仅需要适当的鼓励，还需要得到恰当的认可和处理。

## （二）作为访谈基础的关系

在社会个案工作中，"关系"的频繁涉及使得我们更需要深入了解个人经历。当个人面临多重困扰时，凭借稳固的关系，允许案主进行自我揭露就显得尤为重要。在讲述个人经历时，案主自己的故事、对发生事件的看法，以及对他们具有重要意义的事实和事件，都是不可或缺的信息。由于个人经历对于诊断和治疗具有关键作用，因此工作者会根据案主（或问题儿童的父母、精神障碍患者的亲属）提供相关历史信息的能力，来评估他们未来是否能承担更多责任。当需要一个详尽而全面的个人病史时，如果案主能理解提供信息的原因并积极参与其中，同时如果个案工作者能从案主的视角出发，不强行推动进程，而是敏锐地跟随感受，那么这将对关系产生积极影响。案主也将更加清晰地认识到自己真正的兴趣和关注点。在解释儿童的行为问题时，父母往往愿意迅速而全面地阐述明显的社会事实，但谈及自己对孩子的处理方式和态度时，他们可能会感到内疚并启动防御机制。此时，必须给予这些父母接纳、认可和积极的支持，让他们有足够的安全感继续表达。

人们通常认为自己的情感冲突是私密的，是一个他们不需要他人介入的自决领域。案主可能更容易因现实问题而非情感问题寻求帮助，除非他们能将困难归因于外部因素，如失业或问题儿童的现象。大多数情况下，我们对被拯救的感觉存在一种天生的抵触。溺水者对救援者忘恩负义的故事，背后有着深刻的心理学原因。个案工作者在访谈中的沉默，被误解为"被动"。这种沉默实际上是工作者在控制自己的好奇心和救助冲动，它可能会激发案主身上的自我治愈能力。我们明白，案主感到被理解并不会消除他们的困难，但会让他们更容易从单纯谈论事情转变为讨论感受。这些对自己和他人内在感受的探讨，甚至可能帮助他们处理自己的困境。

案主对工作者提出的个人问题可能表示他们对工作者感兴趣，这是一种关系意识的提升，但更可能代表的是对某一情感领域的关注，即将个人问题投射到工作者身上的一种方式。案主询问工作者的个人问题，可能暗示着他们对自己的不确定性。在这种情况下，他们可能期望得到简单、冷静的回应，但最佳的处理方式是深入探讨背后的问题，以便在询问时理解案主的真实想法。在治疗性聚焦的访谈中，这一点至关重要。关注这一点并不是为了真正协助或确保案主能更深入地了解那些能理解和帮助他们的工作者。工作者需要牢记的是他们的专业目标，并需要逐步引导案主进入适当的关系中——"我认为只要你继续分享真实的自己，我就能最大程度地帮助你"，或者类似的话语。缺乏经验的工作者经常在个人对话中将面谈方向引向寻求庇护，这会使专业目标偏离并让案主感到困惑。当然，这并不意味着在面谈开始或访视时不能通过"闲聊"方式进行友好对话，但需要像商业对话一样尽快推进进程。这同样适用于与儿童的对话。我们和案主都必须意识到，案主的来访并不是为了娱乐，而是为了让我们帮助他们解决真正的问题。另一方面，案主经常没有意识到，工作者已经通过关系对他们进行了帮助。即使他们可能会说，"和你聊天很愉快"，但案主可能只知道他们的感受有所改善，并希望保持这种状态，或者他们可能将这些改变和提升归因于一些明显但不相关的因素。

### （三）工作者—案主关系的相关案例

要简洁地介绍并呈现案主如何运用关系并不容易，因为这种运用方式是千变万化的。然而，指导案主的一个原则在于，案主往往更愿意从自己与他人的经历中，去考虑和选择如何与工作者互动。特别是在移情起主导作用时，他们会对照自己早期与家庭成员相处的经验。接下来，我将展示一个案例，在这个案例中，一位16岁患有精神分裂症的女孩在女性个案工作者的帮助下，实现了部分康复（Heyman, 1949）。这个女孩对她的母亲怀有强烈的不满，经常觉得自己做错了事，且从未得到过赞赏。她常常感到，在做了一些微不足道的行为和事情后，会引发意想不到的可怕后果。此外，她还有一种强烈的感觉，被双胞胎弟弟排斥在母亲（一位严厉的女性）的生活之外。以下是在病房中发生的一系列访谈的摘要。

负责该楼层的护士将我介绍给患者，当时她正在将毛毡贴在书夹的底部。护士一离开，患者就对她小卧室的凌乱表示歉意，并说她"很快就会整理好"。我说我并不想打扰她,这个小卧室对我来说,就像一个工作坊。她很快完成了书夹,对我微笑并摘掉了眼镜。她似乎很认真地观察我,并告诉我可以坐在床上,但她自己并不被允许这样做。我说,我愿意坐在暖气旁边。患者再次对我微笑,并开始告诉我该楼层的护士是如何"激怒"她,她希望这些护士能被调到另一个病区。我说有时候,我们都会被激怒,我疑惑的是,她会对什么事情特别感到困扰。她说是护士们在病房的行为,但并没有详细说明,我也没有再追问。

对她来说,所有的护士都象征着母亲的形象。我们知道,她对母亲心存不满。这个女孩表现出一定程度的智力衰退和抑郁症状。我们需要像对待孩子一样对待她,不能恐吓或采取侵略性行动。一个从未充分感受过被爱的孩子,无法建立满意的个人关系,她只能活在自己的内心世界里。如果要从自我关注和依附,转变为实现一定程度的独立,她需要大量的接纳,也需要学会信任。

我对她桌上的东西表示了兴趣,并对她使用的颜色发表了看法。这时,患者的眼睛似乎亮了起来,她充满活力地谈论着她的作品。患者只有周日可以离开医院,但那一天图书馆闭馆,所以她无法从书中寻找灵感。我说如果她知道自己需要的书目,只要她愿意,我可以帮她带一些过来。她对此感到惊讶,并表示她的母亲无法做到此事,因为她的母亲并不知道她在那些图片中能够看到什么。

患者对工作者的兴趣感到高兴,因为她立即将其与母亲的不感兴趣形成了对比。

患者询问我对她桌上两个娃娃的看法,我也对它们表示了兴趣。她说她本来是打算做给她的弟弟们的,但是因为"对它们过于迷恋",所以她无法忍受与它们分离。我对此淡淡微笑,她也笑了笑说:"对于你喜欢的东西,总是难以放弃。"我表示赞同,在某些时候确实如此。

她无法接受将自己心爱的娃娃作为礼物送给弟弟们，而工作者接纳了她对这件事的感受。

接着患者拿起一个信插，并告诉我她必须为它的底部上色。她上次拿回家给妈妈看时，才发现它并没有完成。"当你为一些特别的人做东西的时候，他们对每一个细节都认真检查并发现缺点，你就不得不非常认真。"她说话时带有敌意，然后问我是否见过她妈妈。此时，她站在我的旁边，拿着信插注视着我。她说她知道我可能见过她的母亲，而她并不介意。我并不确定她的说法是否属实，但我没有追问。我问患者当我见到她妈妈的时候，她是否有什么特别的事情想要告诉我，她回答没有。

她以为工作者会像她妈妈一样批评她，但最终得到的却是友善的回应而非批评。在面谈结束时，患者说："一直忙于做事情并不一定开心，有时候聊天更使人愉快。"

在接下来的面谈中，工作者给患者带去了一些点心和可爱的小玩意。这一幕再次揭示了患者对自我满足的需求，比如食物、金钱等。

我们在茶室停下，选了一张还未收拾的桌子坐下。桌上散落着一些硬币，患者带着探询的目光看向我。她做出要拿走零钱的动作。我微笑着询问她是否对这些钱有所顾虑。患者坦言，她总是在服务员看到小费之前，想要将其拿走。我追问原因，患者却表示自己也不清楚。她承认这样做不对，我也同意这些钱本应归服务员所有。

工作者始终保持非批判态度，但会帮助患者思考现实情况。在品尝巧克力苏打时，患者表达了对母亲的恐惧和对母亲某些行为的不满，她的弟弟们也有类似情绪。她尖锐地抱怨道，母亲总是催促她交朋友，如果母亲能停止这种催促，她会过得更自在。此外，她还表达了对之前一位工作者的不满，因为那位社会工作者与母亲见面的时间远多于与自己见面的时间。

患者告诉我，我是第一个让她有倾诉欲望的人。我表示希望她能乐于与我交谈。我鼓励她，一旦与我相处时能感到舒适，她也能更愉快地与他人相处，甚至结交一些朋友。患者坦言，与他人在一起时，她常感不安和焦虑。我理解她的感受，并指出与我在一起时，她似乎并未有这种感觉，希望她以后与他人相处时也能如此。患者表示这正是她所希望的，她"渴望拥有一个知心朋友"，一个可以共同分享、拥有相同兴趣爱好，并能在这段关系中畅所欲言的朋友。

对于这类患者而言，相比于关系内部的其他愉悦，他们更容易从口头交流中获得快乐。他们可能像孩童一样，害怕过分的热情和侵犯。患者在这里使用了"知心朋友"这一孩童般的隐喻，确实，她在情绪上也如同孩童一般。我向她保证，在医院里她可以每天见到我，但并未过多强调这一点。

关于女性或男性工作者是否更偏好特定类型的个案，这是一个复杂的治疗问题，我们不在此过多讨论。然而，值得注意的是，这个女孩在结交男性朋友方面遇到了特殊困难。在随后的会谈中，当工作者为离开做准备时，这个个案就需要处理此类问题。遗憾的是，在这类个案中，工作者需要频繁更换。接下来发生了这样的情况：

我安慰并鼓励患者，同时创造机会提出，当我离开医院时，会将她转介给另一位工作者。当我偶然建议她可能需要一位男性工作者时，患者的反应很强烈，她要求我"要有同情心"。她明确地表达了自己的负面感受，并不断累积负面情绪，说道："你怎么能这样对我。"我意识到她的感受，并告诉她我很高兴她能够自由地表达自己。我也向她保证，接下来的工作者会对她和她的问题保持同样的关注。患者对此表示接受，并未再提及我的离开。在谈话中，她开始讨论自己的艺术兴趣，以及对家庭日益增长的包容度。同时，她的抱怨也明显减少了。她注册入学后，经过五周的学习，询问我她是否已经拥有了"魅力"。

显然，这位患者希望通过表达自己的魅力来吸引社会工作者留下。然而，我采用常规方式处理这一问题，将话题引向对她下一个生活场所——学校现实的讨论。让患者知道我们察觉到他们的心理变化，并不总是明智之举。然而，后来我不理智地对自己的离开使患者情绪低落产生了负罪感，希望给她一个礼物来弥补。无论如何，这种失落感源于已经认识到患者的期待，并与患者坦诚地进行了讨论。通常，在工作者准备离开这类患者时，需要进行多次面谈。

我送给患者一个幸运手镯，她虽然欣然接受，但并未用言语表达感谢。她的面部表情告诉我，她知道我因为即将离开她，才会送给她这个手镯。她冷淡地向我告别，但保证会继续与新的工作者保持联系。我再次强调，新的工作者见到她会很高兴，并愿意提供帮助、宽慰和支持。此时，患者的表情流露出真实的感受，她说道："你不应该给我任何东西。"我安慰她，表示想在离开前留下一点心意，并希望她喜欢这个手镯。患者热情地回应道："哦，我确实很喜欢，这也是我为什么叫你不要给我任何东西的原因。"我解释道，我的礼物是最有力的证明，证明她确实很重要。即使我离开医院无法继续与她见面，她也应该能感受到新的工作者会接替我的位置。她看着我，匆忙地移开视线，说道："我不知道，再见"，然后转身离开。

这个女孩凭直觉感受到了我的愧疚情绪，并以真实的方式表达了抵触，因为她的好朋友即将离开她。她无法接受通过接受礼物来缓解这种失落感。

正如人们所预料的那样，接下来负责此个案的工作者感受到了来自患者的明显敌意。这种敌意无论是被患者明确表达还是隐藏起来，都是由于在结束对话时关系因素未得到充分处理所致。这些因素在精神疾病中尤为明显，并且经常发生。

## 二、道德考量

每位个案工作者都需对其案主、所属机构、社区以及自身承担一系列的伦理责任。个案工作的核心职责是将案主视为具有独特人格的个体，并予以尊重和接纳。换言之，案主并非单纯的"问题"，而是面临问题的真实个体。案主绝不应受到胁迫，其社会状况也绝不应被用于谋取个人利益。工作者必须基于深思熟虑的专业判断，与案主携手执行共同制订的计划。指导过程不应随意、冲动或仓促，而应着重于释放案主的潜能，推动其做出负责任的决策和行动。与案主的约定必须准时履行，且应严格遵守，确保面谈的私密性。对于保守秘密的承诺必须兑现，若因无法预见且不可避免的意外情况而无法履行承诺，则需郑重解释原因。然而，更为明智的做法可能是减少不必要的承诺，同时避免给予对方"错误"的希望，以免其误以为工作者能解决问题或"治愈"个人。

### （一）保密关系

在个案工作中，最重要的伦理考量是保护案主的隐私。案主的私人事务不应成为茶余饭后的谈资或公共、私人话题。现实中，人们普遍默认在面谈中可以谈论私密事宜，这实际上创建了一种关于隐私的道德契约。这是专业特性的一部分，凸显了保密关系的重要性。当案主坦露与敏感话题相关的事务时，他们实际上在冒着一定的风险。虽然在外部权威压力或起诉的情况下，个体无法被强迫自证其罪，但在法律和医疗领域，为了解决问题，个人通常需要完全信任法律顾问或医生。这一原则在社会工作中同样适用。随着面谈过程中工作者专业能力的提升，案主更倾向于完全地自我揭露，相信工作者的理解和技巧能够帮助他们。这就要求工作者和机构共同保护案主的隐私。社会工作的一个重要特点是需要在不同主体间互动，代表案主的利益。在此过程中，最大限度地保护隐私资料至关重要。若案主在保密面谈中透露了妨碍公共健康和福利的情况，个案工作者有责任协助案主向相关机关报告。在涉及多个案主（如家庭成员）的情境中，工作者需确保每位独立的"患者"都明白，面谈内容不会透露给其他成员或父母。一旦案主对此产生担忧或恐惧，工作者需及时处理。但案主也应理解，保密资料可能会在专业团队内部共享，以更好地为案主服务。

## （二）关系中的自我认知

我们常观察到，某些特定的人格类型在直观上显得有用，而其他如表现善意的人格类型，在亲密关系中却可能被证明是危险或有害的。初涉个案处理的学生可能会惊讶地发现，自己在家庭个案治疗中，常因个人的亲子关系和经历而对案主产生偏见。这些工作者，就像家中的孩子一样，可能会基于自己的亲子感受而带有负罪感，从而反对家庭分离计划，或倾向于表现出过度的孝顺和恭敬。无论他们隐藏了多少不满，他们仍然视奉献和自我牺牲为美德。然而，根据专业伦理，他们必须学会接受人们是不同的人格个体，拥有自我实现和自我决定的权利。

在能够真正接纳对他人的"负面"感受、敌意，甚至爱和感激之前，工作者首先需要理解自身的情感驱动力。这样才能在处理时避免过多的说教或持有强迫性态度。通过训练，个案工作者学会避免对不良行为的直接"反对"，并理解自己能够包容或无法容忍的事情。社会工作者不需对个体和社会的所有困难一视同仁，因为价值评判总是具有预设性的。但工作者不会以常规的称赞或责备方式对待被帮助的人。超然和接纳的态度是19世纪科学发展的产物之一，它并非精神病学的彻底革新，而是精神病学，尤其是精神分析学中的特定发现。例如，无意识动机，包括反移情，能帮助工作者理解他们的驱动力是拯救还是惩罚，是纵容还是剥夺。洞察力和自我意识是运用关系伦理的先决条件；了解自我从而接纳他人至关重要，同时，与自我或自我感觉共处的能力对于理解他人感受也同样重要。只有我们能在一定程度上理解自己的动机，才能让案主自由且安全地自我建构。

工作者只有真正对案主感兴趣、关心案主，才能发挥作用。但如果工作者通过表达好奇心、对管理的渴望，或想让案主因工作者的付出而爱慕他来表达兴趣，那么他将无法提供实质性帮助。如果我们必须抑制批评或否定的冲动，保持承认或赞同的态度，我们会发现，每个人想要拥有自己的解决方式非常困难。这种困难并不在于个体是自己命运和灵魂的主宰，以及对外部现实的鲁莽违抗，而在于他的目标和生活方向对于他来说是独一无二的。对于治疗关系中的情境"特点"，存在道德层面的合理解释。亨利·伯格森（Henri Bergson）虽不是首位指出者，却清晰地表达了认识现实的本质十分困难，甚至可能无法达到。社会工作者可能会称之为"现实情境"，但不直接体验这个情境，而是通过同理心去诠释它。当社会工作者完全依靠直觉去理解他人时，可能会被误导，这也可能高估了能够揭示生活真实意义的智力路径。事实是，当个案工作者尝试"治疗"另一个人时，需要把握时机。高度理智化的个体可能成为一名优秀的研究工作者，但很少能成为优秀的临床工作者，因为过度的智力素质本身会阻止他直接体验并真实触碰普通人在现实生活中的关系。

在任何助人的专业中，知识对于有意识的关系运用至关重要。如果个体正在进行自我运用，那么他必须意识到自我的运作机制。个案工作者不仅必须了解自己选择这个专业的动机，也必须通过认识自己的主观性来克服偏见障碍。学会诊断不仅要理解案主的感觉，也要区分自己的感受与案主的感受。在成长的过程中，许多儿童逐渐将自己与周围世界区分开来。相似地，初入门的个案工作者也可能会对自己和案主的感觉产生困惑，容易将自己的感受归因或投射到案主的恐惧、内疚、感激等情感上。但这并非因为他认为这是每个人在特定情境下的感受，而是因为他自己有这样的感受。在保持对自己的感觉和对他人的感觉方面需要明确的区分。逐渐地，他开始学会对案主的感受以及案主可能产生的感受保持敏感，从而理解个体如何在困境中保持平衡。他并不需要排斥所有的感受，否则将会陷入一种非建设性的过度区分或阻抗之中。他可能不会将自己完全置于案主的经验之中，但他能够理解案主的痛苦。

多数我们认为具有"临床"资质的人在情绪和感觉方面有着惊人的直接感悟能力，具备高质量的同理心。但是，所有个案工作者在同自己的情感体验达成一致之前，都应该能够在真实的心理社会感知中自由地理解情感因素。工作者无法完全摆脱偏见与刻板印象，也不具备对刺激性行为影响的完全免疫力，但他们可以发展对人类行为的真正包容。这种包容的基本要求是对人保持热情且自然的喜爱。除了缓慢发展的自我觉察品质外，工作者还应学会减少和停止对自我知识的阻抗。他们之所以能够做到这些，部分原因是在作为学生和学习者时感受到了老师和督导的积极接纳态度。在这样的氛围中，他们获得了安全感，从而能够完整地自我审查自身经历、学习模式，以及不断扩展的专业行为模式。

这并非要求抑制工作者的感受，而是将他们的感受（无论是负面的还是积极的）带到意识层面并加以控制，从而减少对他人的情感回应的影响。他们不需要放弃自己的价值观（个人和社会的道德准则），而是能够理解各种不同的情感、态度和行为，同时不对他人进行谴责。有时案主会隐晦或公开地表达负面情绪，给年轻的工作者带来困扰。但最终工作者需要意识到感受的表达在治疗中的重要性，并且问题的关键不仅在于感受到案主的反应，还包括自我控制。

工作者必须高度关注自己的实践内容，并观察自己的行为如何在专业实践中影响他人，因为这是学习知识和技巧的重要部分。换言之，如果他在个案工作、小组工作和社区组织的社会技巧中锻炼自我，那么他必须理解自我的动力。他需要在各种情境中，如面谈、小组进程、调查、社区委员会等，提升对自我角色的意识。在实训过程中，教师需要帮助学生注意和回应案主的感觉，并鼓励学生之间讨论错误、分析对案主和督导的反应，从而逐渐意识到交流的意义。因此，一旦他不再抗拒观察自己的行为模式，他就可以迅速采取行动以增强客观意识和控制力。如果工作者希望在个案工作中以治疗为导向，那么他就应该具备更全面的自我认识和更高的自我锻炼要求。[①]

## 三、变化中的案主参与

在帮助他人的过程中，智慧、技巧和勇气是个案工作者不可或缺的素质。通常，个案工作者无法为他人承担全部责任，因此，非必要情况下，应避免未经他人同意就擅自调查和安排事务，或采取诱导方式劝说他们做出决定。这是因为他们本身具备为自己负责和做决定的能力。我们期望社会能在更多保障、更紧密合作、更少竞争的基础上，为人们提供更广泛的自由，从而减少因焦虑和沮丧而做出的选择。然而，在个案工作中，拥有选择权与决定权的始终是案主，而非我们。

当然，并非所有案主都具备自我决定的能力，因此社会有责任保护他们，并在必要时进行适当控制。尽管社会承担着确保成员安全的责任，但只有当个体感受到足够的责任感时，事件才会取得进展，人们也才更愿意积极行动，为所生活的世界拼搏奋斗。自我决定可能是个体或群体的行为，这是一个积极的信号，表明案主群体有时能通过合适渠道参与到福利项目的建设中。集体性谈判对社会发展至关重要，它可以通过教育性过程将自我利益的常态性驱动转化为同样重要的社会责任常态假设，这一手段在福利政策和程序的某

---

① 本书未涉及为社会工作、个案工作以及行政、治疗等其他专业领域提供详细的专业准备内容。

些方面尤为适用。

案主有权从自身出发，自主做出决定，并运用自身能力和资源解决问题，这是个案工作信念中对于自助概念的延伸。在自助之前，明确的概念多与经济相关，如家庭角色。工作者在协助案主开展各类活动时，都是基于案主会尽最大努力调动自身资源、工作能力以及家庭和社区资源的假设。社会工作者所坚信的并非"坚韧的"个人主义，而是社会化的个人主义。自我觉察与将自己与社会相联结是同一过程的两种结果：若行为受到外在权力控制，则会屈服于群体理想；而单纯跟随自身不可控的推动力行事则会导致混乱。然而，若个体能充分利用各种机会实现自我发展，并养成尊重"差异性"的习惯，就为互惠创造关系奠定了坚实基础，从而在社会中相互扶持。

在糖尿病医疗过程中，我们始终鼓励患者积极参与治疗，不仅需遵循医嘱，还要学会如何在失能状态下生活。对于缺乏经验的工作者来说，他们可能难以相信这些案主能在不公平的经济秩序或恶劣的个人环境中采取行动解决自身问题。然而，公共福利管理的发展水平最终取决于申请者在资格确定中的参与程度以及投入康复训练的努力程度。正如心理学领域中个案工作很少采取强迫手段一样，我们更强调重视并谨慎理解那些重复出现的反馈。同样地，如果案主因疾病导致严重残疾，工作者虽无法助其从残疾中康复，但可以学会如何将自身与案主的人格力量相结合。最重要的是，为实现心理上的"健全"，我们要求个体不仅要有改进的意愿，还需以自己的方式采取行动。

在个案工作的初期阶段，我们会探究环境压力和紧张对个体的影响程度、个体的不安程度以及了解哪些介入将直接相关并有效。同时，我们必须持续关注这些互动。若案主出现严重精神异常现象，我们通常需要在可行的情况下第一时间削弱和减少这种异常。由于人格功能具有社会性和文化性特点，因此治疗的目标在于释放个体能力、寻求自我导向和社会调适，并在环境中获取资源和减少压力。当案主通过自身关系提升理解和接纳能力时，同时也会随之产生社会角色，有时在情境中直接治疗目标会发生变化，从而影响感觉和态度。案主可以借此机会与同伴成功建立联系，并更充分地发挥自身功能。换言之，心理社会构成的治疗流程可以从单独的一端开始，也可以在两端同时展开，只需基于适当的诊断确立清晰目标并采取适宜方式即可。

个案工作者不仅需要理解实务问题，考虑解决方式能够满足需求的程度，以及分析案主将其他问题投射到外部明显性需求的情况，还需要评估预期达到的自助水平。每个人的自助水平各不相同，且给予他人帮助的意愿往往与他们为自己所做的意愿相悖。相比能够自我导向的群体而言，年幼、年长、患病和低能的人群需要更多关照、保护、建议和积极干预。即便如此，个案工作者并不会预设案主在面对困难时是无助的或无法调动自身积极性。相反，我们会尝试激活案主的自我能力，让他们为自己的行动和思考做决定。在个案工作中，自助理念首先在经济和心理层面得到构建，就个人意愿而言，积极地寻求帮助并改变个体环境或态度至关重要。"自助"概念是激活个案工作者技能的关键，它使案主能够运用个人和社会资源解决自身困难并找到适合自己的解决方法。

## 四、权威的运用

虽然在某些情况下，权威会通过建议或提议等方式在维护案主利益的过程中得到运用，但在众多个案工作环境中，权威的主要来源是工作者的地位及其专业培训所赋予的威望，而非强制手段。然而，一些特定的公共机构确实能赋予社会工作者相当程度的权威。例如，法院通过制定义务教育条例等措施，便拥有了儿童保护服务及其相关机制和权威。当然，将权威仅限于保障项目、公共健康或法院等领域是片面的。

在未能充分理解个体成长和发展的情况下，"临床性"地运用权威是不可取的。在标准的训练中，我们需要整合性地运用限制手段，如批评或反对。

例如，当案主因父母缺乏恰当的处理方式而导致精神质性格偏差或其他童年创伤事件时，具备扎实心理学基础的工作者会在确认权威适用于个体和机制功能后，以积极的态度运用权威。许多保护性工作，如处理深度焦虑或神经过敏的父母问题，本质上可以视为简化版的个案工作。个案工作者必须像学习"权力"和"需求"准则一样，深入学习权威的相关知识。在很大程度上，"情绪释放"的临床运用已被理解，但个体对于"冲动抑制"的临床运用尚处于初步理解阶段。在处理基本行为障碍、精神障碍、性格障碍以及精神错乱的特定阶段，或面对所有表现出冲动行为的案主时，工作者必须施加内在或外在的限制。只有当案主无法妥善处理自身状况时，社会工作者才会根据情况运用限制或权威。对于儿童而言，限制应在关爱中实施，因为爱的关系有助于促进限制的内化。

一旦个体内化了对权威的反应，他们通常会受到自身内在约束力的引导。然而，对于那些未能形成这种内化的人来说，法庭的介入可能是解决他们问题（即使是微小的行为问题）的必要途径。他们可能需要权威部门或公共机构的协助。这种需求部分源于早期未得到妥善处理的父母经验，并受到其他社会和文化条件的影响。例如，在针对家庭生活轻微紊乱的个案中，治疗目标可能是帮助个体面对现实，并在现实与自身的内在权威或意识之间找到平衡。个案工作者和案主都在现实情境中行动，而权威则是这一框架的重要组成部分。

如今，大多数个体通过群体的认可、自尊和成就感的提升以及性格技能的发展来塑造自我。拥有更强大自我和合理超我的个体能够更好地感知现实。例如，认知尚不完善的偏差行为儿童有时会认为自己容易受到他人的伤害。然而，当他们与经验丰富的工作者建立关系后，他们会发现这种关系提供了一种不同的现实经历，从而有可能开始改变自我态度。

## 五、多重工作者关系

在某些情况下，基于综合考量，我们可能需要与多位工作者建立关系以共同处理问题。社会个案的复杂性往往导致一系列问题同时或短时间内相继出现。例如，一个家庭可能同时面临经济困难和健康问题，或者涉及多名患者，如夫妻、父母与子女。当治疗涉及多个领域和关注点时，采用团队方法的合作性个案处理方式将是最为高效和便捷的。例如，一个患有哮喘的男孩需要工作调适，而他的爷爷同时申请老年津贴，这个个案就同时涉及医疗社会和公共救助两个方面。尽管问题和案主各异，但团队中的工作者可以迅速协同解决。

然而，在婚姻或亲子冲突等情境中，角色功能的划分可能并不明确。与诉讼事件中原告和被告分别聘请律师相似，在社会工作中，也可能需要两名或更多工作者携手合作。在家庭咨询中，一名工作者可能会同时面谈夫妻双方以处理婚姻冲突，或者两名工作者共同参与集中治疗。在儿童监护方面，精神科医生和社会工作者常同时为父母和儿童提供服务。当然，针对年龄较小的儿童个案，仅对父母（尤其是母亲）进行治疗可能就足够了，而儿童只需接受次要或偶尔的观察。每个个案都必须根据其自身特点进行考虑。通常认为，社会工作者特别擅长处理家庭沟通问题，只要工作者聚焦于人际关系，就能发挥积极作用。

无论何时，当"案主"从社会资源和咨询情境中脱离成为"患者"时，他可能会寻求一位工作者的帮助。在夫妻或亲子间存在矛盾、情感分离成为治疗焦点，或者工作者发现自己更认同或关注父母中某一方（这种情况确实存在）时——例如对成年人而非儿童更感兴趣，或者相反——最好有两名或更多工作者紧密合作。① 在处理婚姻或亲子问题时，多位工作者应定期召开联合会诊和治疗会议。在儿童安置方面，有时由于两个机构共同负责一个案件，可能导致父母治疗和儿童治疗之间存在较大隔阂。需要纠正的一种错误观点是认为"家庭工作"和"儿童工作"可以完全分开。一个以"儿童为中心"的个案并不意味着将父母排斥在外，而是要求他们在治疗中积极参与。在治疗的任何阶段，协调家庭成员以达成不同但合理的目标至关重要。

多工作者方法的另一个应用场景源于机构管理个案的方式。考虑到机构情况、员工案件负荷量分布和分配，一个工作者可能无法独自承担整个案件。因此，我们需要通过面谈来控制"假定性资格"和初步诊断的决定性因素，从而营造一种指向机构而非单个工作者的良好氛围。当案主准备好接受第二个工作者时，这种安排尤为重要。虽然大多数人不喜欢被从一个工作者那里转介到另一个工作者处，但如果接案的工作者没有深度参与治疗过程或产生带有情感色彩的个案素材，或者能够谨慎了解机构流程，那么就可以部分减轻案主对这种变化的抗拒。在必须转介案主给另一个工作者时，应及时介绍新的工作者。机构应具备灵活性，将具有特定情感问题的个案交给最初的工作者负责，或让具有特定兴趣和天赋的工作者发挥其专业作用。然而，允许接案的工作者开展大量面谈实务工作并不总是令人满意的。这种做法倾向于将接收功能纳入自身机制，并在持续发展的个案中使关系更加复杂。

人员流动率是社会工作者实务中需要考虑的一部分。在长期治疗过程中，工作者的流动有时不可避免。如果每段关系中都存在基本的治疗态度和准则，那么工作者的变动就不会对案主造成过多伤害。工作者应为新的工作者做好充分准备，并意识到案主自然的愤怒和失望感。通常以常见的自我批评或对新工作者的夸奖作为过渡，可能足以减少这些变化带来的创伤性影响。然而，显然我们应尽量避免在非必要的情况下，将案主转介到另一个工作者那里。关系并非是一种秘密的结合，而是可以通过准备和允许表达对所有不可避免

---

① 更多关于精神病治疗和医学治疗情境中关于团队方法的讨论参见本书第十章。

的感受（包括对初始工作者和后续工作者的感受）来达到转介的目的。

　　成熟且务实的案主主要关注实用服务的获取，而不会过度投入情感到所建立的关系之中。他们意识到自己的问题将在知识层面得到解读，自尊得到保护，同时对机构的积极感受也随之得以激发。他们不会反对与其他对此事持积极观点的人共同前行（这是详尽记录接案记录的优势之一）。焦虑和心理异常的个体容易从一开始就过度投入，接案工作者必须警惕避免建立过于重要的关系。总体而言，关系需要得到控制，进而引导案主关注问题的现实层面和对自己情境的感受，而非聚焦于与工作者的关系。解释和讨论机构的方法也有助于淡化最初的关系，使案主与整个机构而非任何个体共同参与。这是面谈的基本技术之一，将在下一章中进行详细讨论。

# 第三章 面谈过程

面谈及建立专业关系中的技巧，与我们将在下一章节中探讨的生活经验和社区社会资源有着密切的联系。然而，为了简化本章的论述，笔者将基于个人理解，对某些概念进行区分。[①]

## 一、案主故事的叙述

由于人类具备思考、表达、感受和体验的能力，因此，个人的叙述成为一种主要的媒介，用于探索、讨论、解释以及建立积极的人际关系。在各种类型的人际交往中，无论是个人、家庭、种族还是国家之间，沟通都显得尤为重要。在社会工作的多个领域里，面谈技巧是工作者必须掌握的基本技能。以个案工作为例，工作者采用的特定技术取决于专业问题的性质以及想要达到的目标。这些目标包括但不限于获取信息、提供适当的服务、在咨询过程中澄清决策、为案主提供情感支持，以及激发案主在态度和行为上做出改变。工作者逐渐学习如何提供超越简单"商品"的社会服务，同时帮助案主积极且负责地利用这些服务。最终，工作者将在面对面的交流中，充分发挥自我，

---

① 在本章，笔者将首先概述一些普遍认可的原则，随后在第二部分中，将深入讨论在申请、社会调查和治疗过程中，面谈的目的及其相应的调整。

并培养出自我意识。无论工作者的动机是否包含实际利益，这都将增强面谈的效果。

面谈技巧（Garrett, 1943）的核心在于一种基本的专业态度——"接纳"。这意味着，无论在任何情况下，即使面对不愉快或志趣不合的案主，或者遇到攻击、抵触、依赖，甚至案主不坦诚的情况，工作者都需要无条件地接纳他们。这种接纳的态度，源自对他人的深度尊重以及真诚帮助困境中人们的意愿。其主要表现形式是礼貌且耐心地倾听，不对案主的抱怨、控诉或自我揭露做出批判或反对。面谈的首要条件是创造一个让案主感到受欢迎和舒适的氛围，同时工作者本身也需保持放松和友好。

案主最初可能对自己的问题的陈述存在阻抗，这可能源于个人或文化的抑制，或两者兼有。个体可能羞于承认自己在处理问题上的失败，特别是当这些问题带有文化污名时，如贫穷、失业、未婚妈妈、特定疾病（包括心理和精神疾病）、无法管教孩子以及犯罪等。作为少数群体的一员，他们可能对主流群体感到恐惧和抗拒。此外，所有不确定性和未知恐惧都可能导致案主在揭露自身环境信息时犹豫不决，因为他们担心倾听者的反应。

社会工作者需要学习如何识别和消除这些初始阻抗。通过礼貌地接待案主、直接关注他们的需求、对任何不可避免的延误进行解释、言语上确认个体的申请权利、使用预约系统（或关注危机情况）、筛选信息，以及引导案主自行决定是否满足其初始需求。工作者需要表达真诚的友善和对所有案主的关心，从电话接线到门房服务，都要给予案主最初的"接纳"感，这是整个案主经历中至关重要的部分。在治疗过程中，阻抗的调动是一种更复杂的反应现象。与认同和接纳同样重要的是分离与客观评价，以避免案主感觉工作者"过于善良"或"过于友好"，从而无法表达批评或对立意见。认识和处理由个性引发的阻抗需要良好的专业技巧，这在专业面谈中是必不可少的。这部分内容将在后续的不同关联中进行深入探讨。

## （一）认可与接纳

工作者应发现并强化案主的优势，同时理解并尊重其对不足的感受和需求，以此展现对案主的尊重。工作者的核心目标是通过有效运用各种服务，促使案主在态度和行为上发生积极改变。为实现这一目标，必须鼓励案主主动参与到治疗过程中，将社会事实与案主的个人感受相结合，进行有效沟通并努力改善自身行为。在面谈过程中，无论何时，对案主的正式认可和口头肯定都是至关重要的。

在提供社会保障或面对个人问题寻求帮助时，申请是一种权利，也是展现机智和自我尊重的行为。工作者应支持案主以真诚的态度努力合作，共同朝着解决问题的方向努力。在处理困难和痛苦细节时，工作者应提供充分的支持和援助，避免施加压力或表现出过度的好奇。然而，工作者也需注意，避免给予案主错误的希望或鼓励。每个人的参与能力因个体差异和时间变化而异，因此工作者必须接纳案主的依赖行为，并认可其潜能和真实优势。

年轻的工作者常犯的错误是过度安慰或不当安慰。他们可能会使用诸如"振作起来""兴奋起来""你很快就会好起来"或"情况并不像你想象的那么糟"等言辞。然而，真正的安慰应源于工作者对案主问题的关注，并愿意提供帮助。它应是对恐惧的释放，而非为追求短暂快乐而进行的抑制。缓解焦虑的最佳方式是通过适当的活动，工作者需精心规划具体且直接的措施，与案主共同行动。

在个案工作中，自我导向和自我帮助是常被强调的原则。为对抗收集个案史时的过度干预和活跃，案主可能会在一段时间内处于"被动"状态，减少对自己故事的探索。在此期间，工作者应允许案主保持这种状态，即便是在提供协助的情况下。若工作者中断面谈或长期暂停干预，可能会将特定压力转移至案主身上。此外，过早揭露案主的想法可能不仅无法提供足够的支持，还可能影响工作者对阻抗或"反对"区域的干预情况。当然，对案主的期待和需求应给予适当回应。这种消极技术（如过早解读）的另一个弊端是，它可能使案主在准备不足的情况下过度深入地进行自我探索。

沉默有时可作为一种有效甚至积极的方式，促使案主自我敞开心扉，并让工作者置身于充满情感的关系中。然而，长期的沉默很容易让双方感到不安，除非已建立了长久且坚固的联系。人们坐在沉默者身旁时，常常会感受到压迫感。个案工作者可能会发现，自己难以忍受打断反应迟钝或不善表达的案主。这种打断往往源于压力，而非出于协助案主促进自我表达的考虑。武断的猜测、对知识的演绎以及诱导性问题通常会阻碍理解。

要想成为一名优秀的面谈者，工作者必须从内心热爱人，关心并真诚地愿意帮助案主。然而，他们所接受的所有专业训练都强调回避、倾听和避免干预。若个案工作者希望积极有效地参与到案主需要表达的活动中，他们首先需要学会充分倾听和平静回应。可以说，没有人天生就擅长运用权威，工作者亦是如此。只有在摆脱冲动情绪后，工作者才能在面谈中进行积极有效的询问。一旦能够自由倾听，个案工作者便可通过多种方式激发案主分享其故事。尽管案主可能尚未准备好讨论某些特定内容，但工作者必须时刻记住为案主提供空间和机会。让案主讲述自己的故事并不意味着工作者必须针对合适的问题提供帮助，而是需要理解并据此提供援助。工作者应根据案主所呈现的问题和需求来探究相关历史事件和特定事实。

## （二）初始请求的处理

在案主向工作者寻求帮助时，工作者的作用至关重要，这构成了双方专业联结的起点。起初，申请者因工作者的接纳而感到宽慰，随后因工作者愿意伸出援手而感到心安。因此，工作者必须在初期就开始深入了解案主寻求帮助的动机。这包括案主是否自愿寻求帮助，是谁将他们转介给我们，以及转介的具体原因。

工作者需要协助案主明确表达他们求助的原因。这不仅有助于案主深化对自身困境的理解，而且案主对帮助的需求和看法是建立专业关系的关键。然而，案主往往对这些概念模糊不清，可能伴有羞耻感和缺乏安全感。年轻的工作者也可能因缺乏安全感而回避对请求进行简洁实际的讨论，这可能是因为工作者认为原因显而易见而担心产生误解，或者担心无法满足案主的请求，甚至是因为工作者自身的安全感和依靠欠缺而害怕案主提出要求。

尽管如此，只有明确案主的意图，我们才能更有效地利用资源并发挥作用。与其询问案主对帮助的期望，不如主动去发现这些期望。案主通常不了解我们的工作方法，且在很多情况下，我们未知的权力范围也可能让他们感到不安。当案主寻求帮助时，我们可以采取常规行动，解释机构或部门的角色，以简化介入过程。我们可以提供实务服务以及咨询服务等，并关注如何引导案主学习新技能或知识。将案主表面的请求与我们的服务相结合，可以让案主感到更加安全和被理解。

在首次面谈中，工作者应对情境、诊断、治疗目标和后续步骤进行初步规划。这样做可以让案主有意识地参与进来，共同寻找解决方案。如果案主在开始时就提出了实际的服务请求，随着工作者深入探讨其背后的含义，请求的真正意图会逐渐清晰。然而，仅仅满足直接需求并非真正的解决方案，还需要与案主一起探索其他可能的治疗途径。

工作者应避免在提供实务服务的幌子下，仅因"个人"问题对案主进行治疗，而忽视案主自身的知识、对治疗方式的认同和积极的参与意愿。随着对初始服务请求的处理和对其内容的深入讨论，工作者在理解个案中的情感因素时，对具体心理援助的需求可能会减少。在面谈中，我们需要讨论所有治疗目标中的改变。

之前我们已经讨论过如何通过礼貌和接纳来识别和处理最初的阻抗。当案主意识到他们的参与将有助于解决问题时，可能会出现进一步的阻抗。案主可能不希望自己符合服务或治疗所设定的资格条件，也可能并不打算改变对配偶或孩子的行为模式。例如，一些父母经常将期望寄托在孩子身上，一旦意识到自己需要参与治疗，他们可能会以孩子表现改善或其他借口为由迅速撤退。

在某些特殊案例中，单次或少数几次面谈就能完成治疗过程，其中没有出现阻抗，且双方已同意结束治疗。然而，通常情况下，案主提前终止治疗可能是一种不愿结束的信号，此时工作者对案主阻抗的口头认可可能有助于他们重新尝试继续前进。阻抗有时会逐渐减弱，有时会突然增加。难以判断寻求帮助是否合适，或者是否应该采取那些令人痛苦的措施，但这些选择通常会降低最初的阻抗。

在某些情况下，工作者需要放慢节奏，而不是急于将未实现的早期约定视为阻抗的表现。工作者应避免过于圆滑的言辞，如"来到这儿对你来说一定很难"或"是不是地铁迟到了，还是孩子突然生病了"，这样的话可能会让已经焦虑的案主感到更加不安。正如工作者在讨论案主请求时所尝试的那样，他们应该让案主了解所能提供的服务与内容。接下来，工作者可以引出案主的期望，对他们的计划表示兴趣，或者在案主的计划过于乐观时提出质疑，同时不排除考虑其他可能性。同时，工作者应合理表达积极的兴趣，如果案主不希望得到帮助，那么工作者也不应过度扮演帮助者的角色。

仅仅以案主的要求为出发点可能并不明智，但稍作妥协可能会让工作者更好地介入，并推动双方共同进步。如果案主倾向于接受治疗，那么最终说服他们的将是意识到自己的需求已获得理解，并且工作者掌握了真正能够帮助他们的心理和社会手段。

### （三）特定事实的获取与回应性询问

专业目标的实现，依赖于充分的事实基础，以确定服务资格，并确保对案主情境的深入理解。工作者只有勇于提问，才能更好地揭示问题的本质。尽管让案主自由叙述是可取的，工作者无须频繁打断对话，但在介入初期，有意识地获取关键事实至关重要。有些案主在谈及当前情境时可能表现出不满，然而，如果工作者展现出接纳与乐于助人的态度，那么多数案主会将此类问题视为工作者对他们的关心。在面谈过程中，应尽量避免使用"是"或"否"的简单问答方式，尽管这类问题在某些社会工作和心理领域的特定情境中至关重要。随着面谈的深入，更多细节的补充将变得愈加重要，如就业状况、健康史、收入情况以及其他身份信息，包括特殊行为和感受。

工作者的核心技能在于，能够开展"回应性"询问，而非机械地遵循问卷或提纲。面谈者应在心中设定常规范围（Dollard，1935），但同时要从案主的视角出发，运用他们的语言和表达方式来处理问题。例如，当案主表示"我无法解决，因为一切成本都太高，租金也贵得离谱"时，工作者可以轻声询问："那么你现在的租金是多少？"随后，根据案主的回答，进一步探讨相关问题，如孩子的行为问题以及行为诱因等。

常规方式与"回应式"方法在收集个案史记录上存在显著差异。例如，在讨论女性的家庭情况时，如果她提及与丈夫的婚姻很幸福且有许多计划，逻辑思维型的工作者可能会询问其婚姻的具体日期和相识过程。案主的回应方式可能会是，他们在1940年结婚，之前彼此已经认识了7年，他们在工作时相识于饭店等。而另一类工作者可能会以更富情感的语气询问她们的计划内容，从而引出案主因未能拥有孩子而产生的沮丧情绪；或者男方可能会生气地回应道，他的妻子经常会挑起事端或者激怒他，这时候面谈者将继续同他探讨她的行为原因，并继续了解关于态度、行为或感受等重要事件。

所有个案工作者都认识到，理解弦外之音并作出回应是一项艰巨的挑战。人们的本能反应可能是通过自己的思考或进行理智探讨来应对。然而，在社会性对话中，大多数人更习惯于思考接下来要说什么，而非真正倾听。因此，工作者收集个案史的技巧取决于他们将问题与案主故事主题相关联的能力。学会从当前情境到其背景进行介入是一种自上而下的路径，但每个个案中材料的数量、节奏和质量都会有所不同。

社会个案史的释放与收集是一个互惠的过程，关系的运用使之更加有效和易于实现。更确切地说，收集社会个案史的技巧是建立关系的重要因素之一。在任何阶段，帮助案主坦露特定事实和感受都具有双重作用：既有助于工作者理解案主，又能帮助案主更清晰地认识自己在情境中的角色。但这仅在案主开始愿意敞开心扉的敏感领域发生，且时机的掌握完全取决于案主自己。

在收集信息和释放个案史时，都是对情感经历的再体验，可能在一个单独的面谈中都会遇到。然而，前者在接触的初始阶段更容易出现。案主往往更倾向于笼统地表达，而工作者的任务是帮助他们在情境方面以及当前或过去应对问题的方式上变得更加明确具体。这样做的好处是显而易见的：首先，工作者可以更快地理解问题；其次，在讲述自己的故事时，案主可以更清楚地注意到正在发生的事件以及他们现在所希望的进展。

直接展开询问问题通常是有益的，例如询问问题的发生时间、加速因素以及案主所采取的措施。可能需要通过多次面谈才能全面了解有关社会情境、家庭建立与关系、案主反应以及被生活经验所塑造的人格结构的相关事实。早期的探索旨在引出客观事实以及更明显的情感与反应，而后期则更多地关注与生活经历和感受相关的私密事实，这些事实通常是通过治疗关系和再体验"治疗性"经历的方式揭露出来的。

缺乏经验的工作者常常逃避获取必要的事实信息，因为他们害怕无法处理即将暴露出来的情况。然而，无论事实是令人愉快还是令人不悦，工作者都必须充分了解它们。尽管案主揭露的大部分事实可能无法完全用于治疗目的，但了解所有相关事实有助于更好地决定哪些方面需要治疗以及哪些方面可以暂时搁置。同时，缺乏经验的面谈者往往倾向于通过引入新主题来直接改变话题方向，这通常是因为他们没有真正倾听案主的谈论内容或者因为案主所表现出的焦虑而将其行为合理化为抗拒"深究"。然而，案主通常能够直觉地感知到工作者是否已做好准备并愿意倾听他们。

随着工作的推进，工作者将引导案主表达对当前事实的看法，不仅关注发生了什么，还包括他们对所发生事件的感受以及他们对情境的反应。同时，工作者也密切关注案主的行为所释放出的紧张、退缩和焦虑等信号。通过观察和专注的倾听，我们可以更深入地了解案主的功能层面以及他们准备接受帮助的状态等信息。这是一种评估自我优势的有效方式。

在关注沉默和一连串思考等行为时，工作者有时会过度依赖自由联想原则来评估感受。然而，在精神分析或实验判断方面，个案工作面谈并不总是提供运用自由联想法的理想机会。因此，工作者不仅需要极具耐心地倾听叙事的自然流动，还需要像医生一样在面谈中运用"叩诊"技术来倾听"心脏的跳动"并领悟情感潜在的含义。这里所说的"叩诊"并非真的使用仪器或用手指拍打，而是指采用一种类似轻轻"拍打"的回应方式来帮助案主厘清事件和感受。在讨论个体对家庭成员如妻子、孩子或亲人的感受时，共情案主至关重要；工作者应避免被卷入对亲人陈述的认同或反对中，而是保持"密切关注"，直接与案主探讨他们真正关心的问题。

## （四）关注压力与冲突的要点

工作者在工作过程中必须始终留意情绪的基调，例如信息交流的暂停或阻碍，以及疼痛或焦虑的迹象。他们对这些压力的特点应保持敏感，即使案主不一定会直接回应。指导经验不足的工作者在观察和回应情绪指征时，需要经常提供建议，如"你担心什么？"或"这对你来说一定很难"，从而使工作者能够更自然地回应关键压力点。案主能够明确地感知到工作者是否理解他们的情绪。在许多情形下，主要的处理方法是重复案主的话语来产生影响，可能是帮助案主认识到自己的疼痛，或者是用温和的方式鼓励案主继续表达。作为一般面谈原则，提出刺激性问题和做出解读性评论最好能基于案主自己的表述。

例如，有一位年轻女孩肩负着供养三个人的重担，而她的家庭压力因与一个已婚姐妹共同生活而日益加剧。由于居住空间拥挤、生活缺乏隐私以及经济负担，案主感到摩擦不断，并产生了社会挫败感，觉得自己遇到合适婚姻对象的机会越来越渺茫。累积的不满反映出一种对束缚性外部世界的反抗本性。

在第三次面谈中，劳拉（Laura）显得紧张和不适。她谈到了恶劣的天气，工作者安慰道："今天来这里对你来说一定不容易。"劳拉透露她害怕晚上回家，因为家里总是争吵不断[①]。此时，她的防御机制已经开始启动，她感觉到焦虑对工作产生了影响，比如难以集中注意力，因为有太多事情需要担忧。她的收入无法满足所有家庭成员的需求。工作者表示理解劳拉的困境，以及她对不得不承担的所有责任所感到的不满。劳拉接受了这个观点并继续分享。

劳拉回忆道，从13岁开始，她每个暑假的周六都要工作，因为她父亲从未拥有足够的收入。在没有其他负担的情况下，她每月赚取的100美元足以维持自己的生计。工作者指出，她一定感到愤怒和沮丧，长时间工作却牺牲了自己的生活。

在记录这次面谈时，工作者有时会做出如下评论："劳拉回避对预算的实际讨论，不愿处理手头的事务"，她"倾向于保持警惕状态"，她的"典型防御反应会迅速转化为不满"。这些对典型反应和行为模式的观察，可能会在劳拉准备好时与她进行沟通。

案主只有在听到一些鼓励性的话语时，比如"请继续"或"接下来发生了什么"，或者其他温和的刺激，并且工作者能够关注并跟进正在讨论的话题时，才会继续表达。只要工作者密切关注案主所表达的事实和感受，而不是侧重于讨论自己感兴趣的话题（无论这些话题看起来多么有信息量或启发

---

[①] 需要注意的是，这里的理解并非将这种情况视为理所当然。困难之处不在于来到这儿，而是晚上回家的困扰。

性），面谈就会保持积极和活跃。优秀的工作者从不是"讲师"，在确信需要对个别事件进行解释之前，他们不会采取这样的行动。

面谈者需要学会像网球运动员那样保持对话的连贯性，专注于将球打过网。案主在进行情感上的探索时，如果推进对话的速度过快，就可能会变成"猛烈的撞击"。例如，"所以你看，我们的婚姻并没有我们想象的那么顺利"，这是一个终结性的陈述，带着一种"就是这样了"的语气。此时，工作者可能会提出"没有那么顺利？"或者"你是怎么想象的？"之类的问题。只有经验丰富的工作者才知道如何把握提问和回答的时机，何时继续前进，何时暂时放慢脚步。但总的来说，熟练的面谈技巧有助于应对压力，协助案主揭露而非抑制相关的事实和特定的感受。这基本上就是使面谈具有所谓的"流动性"。

对于所表达的和表面上的感受，个案工作者通常可以安全地做出回应，无论何时工作者与案主之间的关系都是安全的。在一个七岁女孩露西（Lucy）的案例中，随着关系的加深，她可能会因为令人沮丧的医院经历而表达出一些不安和攻击性。

露西突然向我发起挑战："你有一个糖果店吗？"我回答："没有。""你有摩托车吗？"她继续追问。我说："没有，怎么了？""如果你有一辆摩托车，可以载我吗？""我很愿意。"我坚持问道："你想去任何地方吗？""你想去哪里？"露西似乎还没准备好回答这个问题。很明显，比起处理摩托车之旅的幻想结果，她更希望接近我，并认为从我这里获取一些积极的东西更为重要。她很快回到最初的目的上，这显然是对我的一种考验。"你还面谈过其他女孩吗？"她询问道。我回答："有时候会，但现在不是，现在我只见你。"她冷漠地说："如果我搬出去了呢？"我说如果她需要我，我可以找到她住的地方并去看望她。露西仍然以一种冷淡和疏远的方式回应（就像担心给予太多一样）："我妈妈去医院的时候，她会告诉你的。"我表示了同意。

然后，她说她不喜欢睡觉。"你睡觉的时候做梦吗？"我问道。她回答"不做"，但接着说"有时候"。露西立刻说出了一连串不连贯的话语，并发出了一些声音。她制造了吵闹的噪声，表现出相当大的攻击性和焦虑。我问道："你是不是生气了？"她带着美丽的微笑回答道："不，我只是在开玩笑。我想成为一个侏儒。"接着出现了更多语无伦次的话语。我向她提问："为什么是侏儒呢？""只是为了好玩，"她说，"如果我恶作剧的话，你阻止不了我。"我感觉我们正在接近露西反社会行为的原因。我说："这就是你报复他人的方式，不是吗？"露西高兴地回应道："是的，是他们先惹我的。"我说："然后你生气了？"露西激动地回答道："当然，我很坚强。"她看着我寻求认可。我说："你想变得坚强，是吗？以防他们找麻烦？""是的。"露西激动地回答道，"他们可以和他们的眼睛一起待在医院里。"我说："你生气是因为你不得不和你的眼睛一起待在医院吗？"她再次开始语无伦次，这似乎有助于她缓解紧张情绪。

工作者从不轻视案主的抱怨，也不会嘲笑案主或评论其抱怨内容的不重要性，更不会用错误的安慰方式来鼓励案主。同时，这些工作者也不会忽视治疗或康复过程中的困难。工作者与案主共同面对当前能够处理的问题以及无法处理的问题。在机构领域无法处理的情况或由于外部因素而无法改变的情况对于工作者和案主来说同样重要。在精神疾病和其他形式的精神病理学中可能会将释放冲动的感觉视为禁忌，当然工作者可以与精神病学家合作帮助个体抑制感觉并适应现实情境。面谈中普遍规则的应用需要经过专业训练并以治疗目标为导向。一个熟练的治疗工作者应学习观察和应对情绪强烈的言辞和行为，并应在儿童的游戏中学会以建设性的方式沟通和释放感受。显然在某些情况下不应进一步激发情感的释放。

## 二、诠释和解释

在面谈过程中，诠释会展现出多种形态，这包括了解释、澄清、指出行为模式，以及对动机的深入解释。特别需要强调的是，在进行社会个案工作时，我们必须对动机的诠释持特别谨慎的态度。

解释可能涉及对政策和程序的详细描述，或者对法令要求和资格的阐述，这种情况在公共救助、医疗制度或类似项目中尤为常见。虽然熟练的工作者不常依赖正式阐述，但在大多数面谈中，他们能够通过讨论来有所回应地帮助案主确定问题的核心，观察情感元素，并留意是否存在阻碍沟通的焦虑反应，或是对提供的信息进行模式同化——这其实是一种防御机制。案主不仅应被告知与其相关的流程，更重要的是要帮助他们理解这些流程的目的，特别是在执行这些程序可能会引发困惑或痛苦的情况下。政策不应被视为僵化的命令或法令，而应在民主的理念框架内，允许案主、公民和工作者进行自由讨论和批判，并因此愿意服从合理的修订。这并不意味着工作者可以随着案主的意愿任意改变政策和流程，但应秉持个体有权知晓、理解、评论和质疑的潜在原则。当需要转介时，工作者还会提供关于社区中其他有效资源的解释。

此过程中的一个重要预防措施是，工作者必须避免与其他机构竞争案主，或试图占有案主。从专业角度看，工作者应了解各机构和组织的运作方式，并从伦理道德层面致力于与各方合作，以确保案主的最佳利益得到满足。因此，工作者应慷慨而准确地解读其他机构的功能和限制，就如同对待自己所在机构一样。他们应避免做出不切实际的承诺，或是表现出竞争性、优越感、自卑感，或是试图以谨慎的态度警告案主不要寻求其他机构的帮助。相反，工作者应直接、真诚且实事求是，不介入其他机构流程的细节，不建议案主如何操纵或欺骗性地获取服务或利益，不预测其他机构将如何对待案主，也不过度推荐或轻视其他机构。工作者的主要关注点是确保案主不受限于首次求助的机构，有权自由选择离开。因为工作者可能会在无意识中对案主进行过度控制，或展现出否定态度，从而阻碍案主接受其他机构的服务。

此外，对于具备足够能力的案主，工作者会鼓励他们自主处理新关系。虽然在帮助不成熟、依赖性强或患病的案主建立困难关系时，如电话预约、写信，甚至在必要时陪同前往，工作者通常会提供必要的支持，但当前的趋势已经从过度陪同和安排转向更为严格的"不干涉主义"。然而，这种转变可能并不适用于那些不太成熟的案主，或需要应对跨部门复杂情况的案主。事实上，许多机构现在认识到，案主可以在协调多个组织和应对社区运作混乱中发挥重要作用。尽管一些机构的接待方式可能令人感到难以接近，但这些情况正在逐渐改变，以更有效地整合社区资源。无论何时，只要案主需要支持，工作者都应展现出热情、灵活性和支持态度，在接待转介上做好准备，并评估案主在复杂机构环境中发挥作用的能力。同时，作为专业服务行业的一员，工作者也需要适应与其他机构中的同事合作的情况。

在诠释的层面，澄清（Hollis，1949）通常被看作是对教育、身体、经济或其他问题的理性探讨。对患者及其家人来说，解读医疗问题主要是医生或精神病学家的责任。然而，社会工作者经常需要提供关于医疗程序的信息，并进一步解释残疾对工作或家庭生活的影响。这就要求工作者对医疗或精神医疗的含义有充分了解，并能够投入时间去处理医生通常无法顾及的问题，例如与案主讨论并缓解他们的恐惧、依赖和愤怒等情绪。在残疾个案中，这类信息的需求尤为迫切。实际上，在多数问题中，焦虑是主要的驱动力并会使问题进一步恶化，因此需要在不同情境中识别并提供释放的机会。由于关系诠释具有高度的情感性，因此它通常预设了一种治疗性环境。关于行为的论述，如前文所述，将在充分理解案主的行为模式后，再对其行为进行评论。

通常，每当案主表达出冲突或窘境时，工作者会使用案主自己的语言来捕捉并重新叙述这些情况。这有助于澄清后续问题，并能促进形成共同的工作计划。案主可能会坚持某种解决方案，并寻求权威的建议，但在有效的咨询过程中，案主应在工作者的协助下开启一系列有计划的面谈，以深入探索导致困境的根源。通过鼓励案主主动提出自己的想法，并针对社会问题或医疗项目的文化传统提取真实信息，而不是回避恐惧。个案工作者可以巧妙地运用诠释来调整治疗效果，对患者的主观经验保持敏感，并以坚定的态度面对那些具有挑战性的治疗情境。

个案工作者投入大量时间来深入理解患者在手术、残疾或社会情境方面真正困扰的问题。这种深入的理解使他们能够占据一个具有战略性的位置，进而有效地协调患者与雇主等群体之间的相互理解。即使在随后的面谈中，诠释的职责可能会由医生来承担，但在大多数医院环境中，处理患者担忧的任务仍然主要由个案工作者和医务社会工作者来共同负责。

这位患者被转诊给了一名个案工作者，以协助其处理宫颈癌的治疗。在初次会面时，巴杰（Barger）女士表现得十分平静，似乎已从焦虑中解脱。工作者先做了简短介绍，然后提出希望了解更多额外信息，以便在未来几年内与她保持联系。接下来，他们开始了面谈。

在回答问题时，巴杰女士显得漫不经心，直到工作者询问她关于身体不适的持续时间以及选择这家医院的原因。谈及此，她的情绪突然变得激动，因为她将自己的经历与来到诊室的这个下午联系在了一起。去年七月，她首次出现异常分泌物，这让她非常担忧，因为她害怕身体产生异味。随着分泌物增多，她开始尝试用灌洗的方法自我治疗。她强调自己一直保持身体清洁，无法理解自己怎么会患上癌症。"这似乎是一种肮脏的疾病，我很确定我是干净的……"

当患者出现各种疾病症状时，他们可能会根据自己的想象去解读疾病，这种情况在癌症患者中尤为常见，因为他们的身体器官受到了严重威胁。显然，巴杰女士在情绪上表现出了深层次的冲突。个案工作者的职责并非解读患者无意识背景下的幻想，而是关注他们有意识表达的恐惧，并帮助患者将主观想法与医院情境中的科学"现实"相协调。

最后，她的家庭医生坦诚地告诉她，她患了肿瘤，需要立即治疗。巴杰女士表示："这是我有生以来最震惊的事情。我从没想过自己会得肿瘤，这种事怎么会发生在我身上。"她迅速赶到医院，却发现只能等到下午才能会诊。"我浑身发冷，从头到脚都在发抖。"

工作者向她简要解释了医生建议的 X 射线治疗，其目的是抑制分泌物，并清除宫颈肿瘤附近的感染和炎症，这些可能是困扰她的原因。这种治疗有望显著缓解她因分泌物异常而引起的困扰。X 射线治疗后，医生会重新检查她的状况，决定是否需要进行手术或镭疗。巴杰女士认真听着解释，并评论道："好吧，不管怎样，我很高兴你能为我做点什么。"

医疗手段如显微镜检查、X 射线治疗等往往会引起患者的紧张情绪。接纳患者难以启齿的"有趣"观点，同时像这个案例中所做的那样，通过解释医疗流程，可以缓解紧张情绪，并在患者的幻想与现实之间架起一座桥梁。个案工作者通过谨慎地给予患者合理的安慰，如 X 射线可以缓解分泌物问题，从而在所有恐惧中提供一些实际帮助。在医院环境中，传统的安慰方式可能会让患者感到不安，因为他们可能会觉得在某种特殊情况下受到了威胁。社会个案工作者通过倾听患者的声音并提供个性化的解释，将自己置于一个战略性的位置，以处理由无助和不确定性带来的普遍恐惧和不满。

巴杰女士感到庆幸的是，医生告知了她患有癌症的事实。尽管她与许多患者交谈过，但这些患者并不清楚自己的病情，她认为了解真相更好。然而，她还想知道两件事，以便更好地休养：一是医生对她下一步的治疗安排；二是她的肿瘤是从什么时候开始的。她说："如果我已经患肿瘤一年了，这可能意味着我会活得更久一些，因为它证明了我很强大，比大多数人都能忍受。"她听说诊所里有些人在得知自己患有癌症之前就出现了神经炎的症状。有位女性患者告诉她自己同时患有乳腺癌和肩膀神经炎，而巴杰女士认为自己与这位患者的情况相似，因为在得知患肿瘤之前，她的膝盖和大腿也曾出现过神经炎疼痛。她问道："你觉得我的癌症是不是从那时候开始的？"工作者回答说她无法确定确切的时间。巴杰女士沉重地叹了口气并评论道："这就是癌症的问题。当你发现自己患癌的时候，已经太晚了，没办法做任何事情。"工作者解释说，医生认为通过治疗可以对她的病情有所帮助，即使她已经患了癌症。巴杰女士立刻回应道："好吧，我很感激听到你说能做一些事情。得了这个病，让我感觉自己低人一等。"

她谈到了每天两次的灌洗治疗，并描述了后来她如何紧张地擦洗和消毒浴缸。尽管别人告诉她癌症不会传染，但她仍然很担心其他使用这个浴缸的人。在第一次检查时，她因为太过恐慌而无法正确回答医生的问题，并且没有告知医生她的家族癌症病史——她的奶奶和一位姑姑都因癌症去世。巴杰女士表示，与其他治疗方式相比，她更愿意接受手术："我希望他们把它全部切除。"工作者鼓励她更多地讨论自己觉得"不好"的部分以及她想要"立刻从自己身上切除"的部分。她突然把手放在工作者的膝盖上说，"老实说，你觉得我看起来怎么样？""你看起来很好。"工作者回答道，并询问她自己的感觉如何。她伸出舌头说，她觉得自己的嘴巴有异味，这让她"感到不安"，并伴有强烈的恶心感。工作者指出这是X射线治疗的副作用。

巴杰女士对墨西哥反对X射线治疗的新闻感到担忧。个案工作者与她讨论了这则新闻以及患者可能从读物中获取的误导性印象，以消除她的顾虑，并鼓励她对接下来的医院治疗提出建议。工作者告诉她，患者对癌症的主观想法非常关键，因为它们可能引发紧张和焦虑情绪，并再次解释了X射线治疗和镭疗的目的是抑制肿瘤的增长和活性。"告诉我真相吧，我能承受多少次镭疗？"工作者解释说这取决于镭疗后宫颈残留物的数量，因为关键在于总的放射化疗效果而非治疗次数。巴杰女士说："你认为他们会不会在第一次治疗中就全力以赴？我害怕死亡会再次找上我，而你们却束手无策。"工作者回应说患者在阅读手册中令人不安的描述时感到害怕是很正常的反应。工作者补充说患者真正害怕的是死亡本身而非任何特定的治疗方式，巴杰女士对此表示赞同。

"我生活中的一切都变得困难重重，我确信治疗也会如此。"她的脑海中充斥着关于接下来会发生什么的想法。"我一直感觉腹部有些东西，尽管表面上看不出来。因为当我弯腰或尝试移动时，我能感觉到它就像一个巨大的硬块。当医生来检查我的身体时，我感觉到的疼痛就像是在分娩一样。"工作者评论说罹患癌症会带来很多痛苦，患者抱怨的许多症状在癌症患者中都很常见。然而巴杰女士似乎对自己心中所持的某些特定观点或脑海中的画面感到不安和焦虑。有些想法是准确的——比如癌症是肿瘤并且会不断增大，确实会导致疼痛的发生——但需要理清和澄清其他一些想法。工作者通常愿意与患者讨论他们希望交谈的部分，甚至探讨一些奇怪的想法。因为患者对工作者提出了请求，所以工作者经常与她完全坦诚地分享关于患者本身以及治疗计划的所有信息。巴杰女士打断了谈话，说她觉得工作者是唯一能理解她恐惧的人，在手术出现问题之前她会一直信任工作者。工作者对此表示赞同，并指出如果她感到被欺骗了，她确实有理由生气。她叹息道："我告诉医生自己对手术的感受，但他说我不适合手术。接着为我预约的女士说他们不会为我进行手术因为我的肚子太大了。我甚至不知道该相信谁。"工作者评论说这些说法都是正确的，并简要解释了脂肪组织在所有手术过程中的困难。

在巴杰女士接受镭疗后的三天里，工作者每天都去看望她，倾听她对焦虑和担忧的表达，并对案主解释她现在所经历的不适是常见的反应。在与巴杰女士的第四次面谈中，工作者简要讨论了她对镭疗的看法以及可能出现的副作用。然后患者问工作者接下来是否会感觉好些。在工作者回答之前她说：

"你知道你自己说过当这一切结束时我会感觉好多了。"工作者同意道:"这是我们都希望的,但在此之前可能会有令人沮丧的时刻。"巴杰女士叹息道,她感觉最糟糕的部分已经结束了,并且她对医院充满了感激之情。

我们看到,尽管工作者已经为可能的失望做了铺垫,巴杰女士仍然能够在某种程度上自我安慰,这是保持患者信心的重要预防措施。与其他焦虑的群体一样,巴杰女士也经历了某些阶段,例如明确表达对清洁等想法的恐惧和厌恶。她可能觉得"自己身体里有不好的东西",或者将她的担忧投射到其他人身上。在巴杰女士能够公开承认自己对死亡的极度恐惧之前,工作者直接而坦诚地处理了她的投射问题——"她必须为了孩子好起来"。

只有当个案工作者对信息请求所引发的焦虑保持敏感时,他们才能对观察到个体从信息搜索阶段过渡到应对基本问题阶段的过程保持兴趣。不论是否明确表达,我们所有人都愿意接受帮助。如果工作者仅仅将这种感受视为对案主控制情境的挑战,那么他们所能提供的帮助,将远少于那些理解人格经济中阻抗作用的工作者。对于案主而言,通过这样的方式理解实际过程,将使他们更好地处理这些问题。一些案主展现出不同的支配形式,正如他们存在不同类型的心理矛盾——无论是希望被治疗还是不希望被治疗的个体,都希望你了解他们,但又不希望你了解得太多,因为你可能会反对或指责他们。然而,对控制的尝试通常被视为对焦虑的防御,因为它们表现为攻击性。

一个人往往会展现出自己习惯的状态,因此,通过受过训练的观察和倾听,我们可以了解他们的特点。但同样重要的是要记住,一个严重患病或情绪低落的个体,可能会在短时间内表现得不像他们平时的自己。例如,儿童在一天中的不同时间可能会表现出极大的行为变化,又或者众所周知的青春期情绪波动。因此,我们必须将急性恐惧和攻击性反应区分开来。工作者应尽力倾听案主的所有表达,并深入了解情境的核心,除非在特殊情况下,例如关注焦点是接近精神病状态或恐慌状态的患者。每个焦虑的患者都会对焦虑产生防御机制。当然，在某些情况下，有些个体可能因压力过大而放弃所有防御机制。但在大多数个案中，案主能够处理由面谈所引发的焦虑。

## （一）强调行为范式

在咨询过程中，尤其是在治疗性面谈中，案主的行为范式会逐渐显现出来。一个大手大脚的人，通常在消费方面不会自我控制。相反，如果一个人对家务要求极为严格，必须保持家庭环境绝对整洁，那么此人可能缺乏安全感，或者是控制型或克制型的性格。当案主意识到自己所采取的行为方式对解决问题具有重要意义时，一旦工作者掌握了其行为范式，就能引导案主将注意力转移到行为上。工作者常常以温和的提问方式，了解案主的行为。这通常发生在案主已经对自身行为有所察觉的时候，因此提问的时机至关重要。

在日常生活的任何情境中，成熟的个体都能充分理解自我，分析问题的本质，恰当地运用社会资源，或者在对问题进行解释和分析的基础上，做出一系列行动决定。个体掌握了问题的关键，并且已经取得了明显的进步，或者能够很好地应对困境。但如果个体仍然感到焦虑或不安，其行为和情感妨碍了问题的解决，那么我们通常会说，"他正在自我设限。"或者，如果因为他的攻击性行为或过失行为，与社会发生了冲突，那么为了处理这些冲突，个体就需要将自己的行为范式视为问题的一部分。他必须面对的现实包括自己的行为以及行为的意义。如果一个人的行为表现不佳，那么这对他来说将十分困难。有时，个案工作者必须关注案主的想法和感受，无论案主是否接受这些方面，那都是他自己先前并未意识到的。这些想法和感受潜藏在思想深处，正如弗洛伊德所言的潜意识层面。而这些想法和感受可以在适当的情境中，被转化到意识层面。个案工作者所处理的部分，更多是可理解的记忆以及案主防御性的感受。在正常个案工作面谈的范围内以及分析过程中，工作者通常无法快速获取隐藏在潜意识之下的冲动，所以通常处理的是潜意识的衍生物。

案主通常无法正视自己的真实角色，除非工作者能够与案主建立良好的关系，并且案主信任工作者，认为工作者愿意理解他，也具备帮助他的能力。欠缺经验的工作者会马上指出案主的不恰当行为，并且期待案主同意自己需要纠正这些不良行为，但事情往往并非如此简单。似乎只有在深刻感知的情感经历中，我们才能够改变自己（不包括一些无关紧要的方面）。所期望的改变越大，就需要案主更多地投入情感。只有在"大苦难"之中才最有可能产生最深层次的改变，并且这种改变通常存在于移情关系中。聪慧的家长仅凭直觉就能够知道，或能很快地领悟到，当儿童与关爱他们的父母通过相互理解的关系产生共鸣时，儿童能够朝着好的方向发展，会逐渐放弃或控制自己的淘气行为。只有在案主相信工作者持有接纳和非批判的态度时，才会信任工作者，并允许他们了解自己的行为范式。我们反复强调，只有秉持这样的治疗态度，才能够让案主面对并接纳自我。

例如，在婚姻咨询的个案中，彼得（Peter）女士反复地表示，对于十岁的继子弗莱德（Fred）来说，自己是一个认真负责且足够耐心的监护人。她将所有对男孩行为的责备，都归咎于孩子先前的抚养者以及自己的丈夫。她所讲述的故事与工作者观察到的真实情况有较大的出入。工作者了解到的情况是，继母对弗莱德采取的行为既严厉又具有剥夺性。随着工作者和彼得女士关系的进一步建立，她开始无意识地降低自己的防御，暴露出更多真实的行为和感受。最后，在第四次或第五次面谈中，她卸下防备，开始不由自主地描述她和继子之间的冲突事件。她像往常一样抱怨弗莱德，但事情本身所暴露的是案主行为恶劣。工作者感觉到这个时机成为一种"契机"，能够提供机会引起彼得女士的注意。在汇报此面谈过程时，工作者写道：

> 她只允许弗莱德使用公寓的后门，并要求他在进入前必须将鞋子脱在门廊上。彼得女士认为她的丈夫赞同她的做法，认为"这个方法很实用，能够保持房间整洁，并且其他邻居家的孩子也是如此"。然而，我对此表示疑问。彼得女士并没有要求自己的儿子在小时候做同样的事情。她将其归咎于那时

候自己没有工作，可以确保儿子在前门把脚擦干，并且她有更多的整理时间（对于自己的儿子她总是纵容，但对于弗莱德她却没办法为其清理）。

另一天的问题是，当弗莱德回到家中时无人在家，他无法打开后门，只好选择离开。因为她并不允许弗莱德带钥匙，以防止在她不在家时，弗莱德带自己的朋友到家里玩。当他再次回到家门口时，彼得女士已在家中，并且因为忙于家事，并没有在他敲门之后马上回应。他接着走到前门的台阶上坐下来安静地等待，而她也并未意识到弗莱德坐在那里。直到她先生回到家中，才发现弗莱德已经冷得发抖并在哭泣。因此，她的丈夫就此事批评了她。其实她自己也感到很自责，但只是以一种委婉的方式承认。丈夫的批评伤害了她，她觉得自己很激动，说了一些可能不应该说的话。我温柔地问她："你说了一些事情吗？""是的，"她马上回答说，"弗莱德坐在那里哭，导致我与自己的丈夫产生了矛盾。""你真的这样认为吗？""是的，弗莱德他这么卑鄙，他希望伤害我，并想让他父亲同我产生矛盾！"她提高了音量。接着我问她，是不是想起了什么事情，使得弗莱德也对她有同样的感觉。是的，她认为她对弗莱德也做了同样的事情，因为她讨厌弗莱德影响了自己的婚姻。所以，她认为弗莱德肯定知道自己讨厌他，并且他也同样地讨厌她。

如此敞开心扉地分享，通常源于患者的负罪感，并且她希望从工作者那里获取大量的情感支持。或许这种情况本不应发展得如此之快，但在这个特殊的个案中，弗莱德是个漂泊者，直到最近才被父亲接回家中收留抚养。而且，他在应对巨大压力及紧急事件时遇到了很多行为上的困难，这一事实引发了工作者在之前所有面谈中的共情反应。无论如何，只要这位继母能够意识到自己的行为是儿童困境的一个重要影响因素，那么就可以从另一个层面对其进行治疗，为她提供更多机会参与到对弗莱德的帮助以及鼓励他自助的过程中。此个案的最初阶段呈现的是，作为儿童的弗莱德本身是一个问题（这一问题源于特定的社会与文化历史背景以及父母的行为）。接着，工作者发现继母对这一问题起到了推波助澜的作用，她通过情感转移、否认、投射和其他防御机制来伪装自己——彼得女士自认为是一个好母亲。工作者帮助彼得女士注意到自己的行为，并协助她表达对自己真实感受的一些认知。

工作者可能会问一对长期处于负债状态的夫妻："当你们借钱的时候，通常会发生什么？"而对于一个无法获得赔偿金的老兵，他因经常与医生争吵，并在未完成检查时就离开诊室而表现出困扰，工作者可能会问："你认为你所说的'发疯'，即'很容易'失控，是否真的会阻碍你获得所期望的经济调整？""你是否在面对其他令人沮丧的经历时也会如此失控？"工作者可以在与案主建立的关系足够稳固且具备承受力时，运用这种对行为模式的关注来感召案主。当案主不将其视为工作者的批评，而是看作对自我表达的许可，并真诚地寻求和运用帮助来解决自身问题时，说明案主对行为模式的理解已经存在于意识层面或接近意识层面。工作者所进行的诠释可能过于仓促，也可能被忽视，甚至可能方向错误。但如果工作者表现出非批判且温暖的态度，并且他的动机不触及深层次的感受与情感，那么就不会对案主造成巨大的伤害。无论是在帮助还是可能伤害案主方面，工作者都不应该高估自己的能力，因为个人的力量是极为有限的。现实往往会在工作者和案主天马行空的幻想之上，施加特殊的限制。

### （二）诠释动机

在生理发育与精神发育的早期冲突（如幼儿神经症）中，我们并不会在有限性治疗中尝试诠释动机。通常来说，这种技术主要应用于精神分析领域。一般而言，动机的层次往往处于潜意识层面，工作者在面谈时不能且不应该轻易触及这一方面。

大部分个案工作者都认同的是，我们难以诠释案主已经意识到或部分意识到的态度和感受，但始终需要理解的是，很容易被忽视的部分在于由潜意识动机所决定的行为和情感。聪慧的个案工作者通常保持谨慎态度，不会轻易表现得自己知道得太快或太多，也不会进行过度或过早的诠释。如果案主自己并不想面对，或者不希望我们理解他所陈述内容的深层意义时，任何诠释都可能会让他感觉自己被深陷其中。然而，在很多情况下，如果工作者的解释并不适用于案主自身，那么工作者可以允许案主提出反驳并进行解释。过早地检验现实情况并不总能发挥作用，特别是当案主将他的困难投射到其他人或事物上时，这种做法往往难以有所助益。但即便防御机制已经起了阻抗作用，如果工作者能够迅速反应，并进行相关尝试，指出案主困境的根源，那么将不会对其产生更进一步的伤害。

  大多数人抗拒了解令自己讨厌的事实，并且经验丰富的工作者会意识到，不一定要与案主分享问题的所有要素。在每个特定的个案中，这既是时机因素，也是目标原因。在确定资格时，工作者有义务解释机构的权力和功能类型。同时，如果案主的行为正在对他所行使的家庭权力和责任产生影响，工作者也有义务与案主进行直接沟通。但如果在对儿童进行幼儿园安置时，工作者意识到父母对孩子问题的基本抗拒，那么他们可能无法马上与父母讨论这一事实，因为父母在申请时可能并未意识到自己的动机。

  例如，在彼得女士的个案中，继母对弗莱德的行为可能源自自己的童年经历。她有一个纵容的父亲、一个生病且偏心的母亲，还有一个弟弟，她对弟弟有着强烈的不满。虽然在之前与彼得女士的面谈中，能够十分自由地讨论童年时期的情况，但这些早期的动机因素（如恋母情结）使得她受困于现在的婚姻中，且无法很好地理解自己对弗莱德的关注状态。工作者在面谈中所进行的诠释，很少会试图对非意识层面事件进行归因。我们难以深挖原因，并且案主通常并不想知道。简短的诠释和限制性精神疗法主要处理对问题的解读以及如何解决问题，而非对问题的原因进行深入探究。工作者将案主未表达的想法用言语表述出来，如"你担心我无法对你有深入的了解"。正如一个孩子抛出问题时，"所有小男孩都有父亲吗？"，工作者回应道："特迪（Teddy），我认为你在好奇自己的爸爸在哪里，是不是？"当工作者协助案主讨论情感上的重要内容时，他会与自己产生关联，并且他自身对这些内容的认识是诠释最安全的方式之一，因为案主最了解自己。

缺乏经验的工作者应该注意恰当的诠释方式，主要包括解释当前外在实际问题以及意识层面的感受和行为。而那些为了洞察行为潜意识层面的决定性因素而进行的面谈，必须由那些受过严格且专业训练的工作者来规划设计。然而，幸运的是，温和的改变可能会受到情境调适的影响，得以在意识层面展开咨询，从而对问题进行澄清而非"洞察"（这种情况可能只会在特定的情感经历类型中发生）。通过洞察进行人格重组是精神分析的目的，它影响了整个心理体系结构。显而易见的是，激发性面谈而不是自由联想适用于基础性重组，它只能在增强移情运用和控制可能性的关系中，有效地为指出当前行为模式提供基础。

## 三、可治疗性与结案[①]

治疗的终结通常与案主的最初诉求以及共通性重塑紧密相关。若在治疗后期形成了新的治疗目标，有的工作者可能会选择继续跟进处理，而有的工作者则可能会选择"保持个案的开放状态"，以观察是否会有新的进展。仅凭想象而不实际参与，个体难以将自己与所经历的事情联系起来。然而，在"治疗"和个案工作的介入过程中，案主从一开始就被要求将自己与特定的流程或"规则"相关联，如政策、时间、预约、费用等，这些都是在现实层面进行讨论的。咨询或面谈治疗的关键在于，不要被模糊的满足感和不清晰的目标所左右。例如，在初始阶段就必须敏锐地意识到治疗即将结束，并且需要在恰当的时机，针对感受和环境的良好转变展开讨论。

工作者从一开始就必须认识到人格调整的重要性，因此，社会工作对人格的普遍性重视甚至可能会超过对神经质症状的关注。工作者最初必须评估

---

① 参见原著第 236、237 页。

所提供的帮助类型和范围是否合理或符合预期。在某种程度上，案主了解自己的所思所想，但却不知道自己如何能在治疗经历中实现自我动员，或者对机构的期待是什么。案主可能会因为现实的限制和沮丧，以及无理的期待和要求而产生不满。仍需强调的是，工作者必须始终坚信，实际资源的运用主要受限于现实因素或其他已知限制，而非人为的强制性限制。在联合计划中，对一系列行动的强调本身就暗示着终结。正如在确定申请者的公共救助资格时，申请者自身必须提供相应的审核材料一样。因此，工作者在治疗中对审查和重塑的考虑，有助于工作者更精准地把握介入方向、修正预期成果，并增强对时效性的把控能力。

工作者可以与案主一起决定探索期，或在某些情况下共同讨论一个大致甚至具体的考核或终止日期。但是，如果像签订合同条款或者采用刚性的时间系统那样，提前分配一定数量的可延期面谈，这似乎与典型的个案工作过程中所涉及的心理社会因素的复杂影响并不契合。非诊断性个案工作或未设置明确治疗目标的个案工作，往往可能会过于分散或被过分机械地操控。而诊断性个案工作的最大优势在于，其处理心理社会完形系统（psychosocial gestalt）的弹性空间（Family Service Association of America，1950）。

然而，一个人不应该做出不切实际的承诺，无论是对自己的机构，还是合作机构。缺乏经验的工作者可能会感到困惑，自己和案主都希望能够有奇迹般的解决方案来协助处理情境本身的实际情况。除非是在特别紧急或突发的情况下，否则案主对治疗的期望往往伴随着之前讨论过的阻抗现象。案主可能会希望在个案服务范围内，工作者能够协助他处理实质问题，但并不一定是为了自己。我们应该注意到，在治疗性努力中，各种目标是相互关联的。在个案工作中，对问题的解决可以从任一方面着手进行处理，但如果问题是情境性的，那么结案也将被定义为情境性的。然而，在个案工作中，由于我们鼓励案主自我参与，如果案主强烈抵抗或者希望终止治疗，那么将会进入结束的流程。通常来说，他一开始会感到无助，并努力将所有责任转移到工作者身上，以期在治疗情境中逐渐受到关注。如果工作者倾其所有对其进行帮助，那么将容易导致案主需求膨胀、沮丧和愤怒感受持续存在。因为工作者不可避免地要离开这个位置，最终工作者的决心和能力也同样会受到质疑。

由于我们无法确定目标的变动是否能够发挥作用，因此过早讨论结案可能会面临案主的挑衅或挑战，引发其焦虑和抵触情绪，这些情绪对案主毫无益处。不成熟或虚弱的自我可能需要长时间在实际层面和情感层面的支持，但工作者也要提前规划设计目标，在适当的阶段有目的地审视机构的资源。随着案主力量的增强，他对于终止助人关系的痛苦会有所缓解，因为他的行动能够实现以兴趣为导向的自我建设，并进一步扩大社交活动。同时，案主也会因为自己意识到工作者对其保持善意，以及在必要的时刻自己可以再次回到机构寻求帮助这一事实而感到有所减轻。过去，许多人认为再次申请意味着案主或者工作者，又或者是两者都存在失败，但这样的观点源自错误的假设，即认为治疗一定会有奇迹般的完美结果。

幸运的是，发生在案主情境中的改变可能源自关系内部或者外部，可能是因为案主的人格发展，也可能是其他与机构活动无关的因素。当新的因素产生或者老问题复发时，工作者可能需要再次介入。相较于医学治疗，社会工作中的二次申请更不应该带有污名化标签。当案主考虑放弃情感支持时，机构或者工作者的退让和坚持都是正常现象。这可能会通过语言表达并被接纳，作为结案的正常阶段进行处理和解决。其中主要的技术性问题是在进行心理社会诊断和评估的基础上，确定目标和治疗手段。实践者需要关注真实发生的情况，无论是在客观情境下，还是在案主的意愿状态以及功能方面。工作者不会形成武断和虚假的结论，也不会因为理论性假设的存在而看不清即将发生的事件实际上可能并不会发生。对成功和失败（Hunt，1947；1948；1950）的评估尚处于初步阶段。从长远来看，系统的观察方法、详细的事实记录、对过程和结果的讨论，以及在实验研究项目中的参与，必定有助于对可治疗性和结案情况进行可靠的判断，而非形成机会主义的结论。

# 第四章　运用社会资源与生活经历

　　由于心理学的方法与现实生活的经历之间存在相互影响的关系，所以社会工作的典型特征之一，是尝试在面谈中将二者进行整合。作为社会存在的个体，生活在不同的文化范式中，随着群体内部文化的演变，个体的正常状态也会随之发生变化。当一种文化范式转变为另一种时，正常的概念也同样会有所变化。社会工作者需要理解已建立的文化范式，同时也需要知晓在群体内部，或者从一个群体到另一个群体的文化转变中，具体发生了哪些变化。理解这些变化对个体所产生的影响，以及处于关系中的案主如何运用群体内和群体外的文化范式，是至关重要的。只有通过理解，才能评估偏离的程度。最终，工作者表达出接纳的态度，能够使案主对人与人之间的差异与相似感到欣然接受。

　　个案工作的情境主要是个体与环境性因素存在冲突，或者个体自身条件不足而需要通过社区资源来进行补偿。在部分典型情境中，有些冲突已经在一定程度上被内化，因此案主既与自身存在冲突，也与社会存在冲突。众所周知，恶劣环境的影响，如过于局限的文化环境，以及被削弱的教育与社会机会，都会阻碍或削弱案主适应外部环境或处理内在冲突的综合能力。严重的社会病态问题、公民权利的剥夺、不平等的工作或社会实践、歧视性隔离，以及其他排斥情况，就如同流浪、疾病或者生理性残疾所产生的限制一样，都可能会对儿童的人格成长产生负面影响。只有在人与社会环境间保持良好平衡时，个体才能成熟发展，并做出恰当回应，从而摆脱过度焦虑或攻击性敌意。如果个体面临诸如贫困或创伤性现实等困难，我们可能会将其视为一种重要的反应性冲突。要达到平衡，可以通过有效地利用社区资源，来维持生活、改正不足，或获得更有利的生活经验。

过度保护和过分放纵所营造的安全感（但毫无疑问，我们的社会往往存在更多的是贫困问题，而现实性危险相对较少），也可能会导致个体在成长、建设性活动以及自我依赖上无法积极应对挑战，从而弱化了人格发展。然而，我们可以在某些方面通过其他方式来解决这一问题，满足因异质性偏离、虚构事业的失败以及依赖等问题所产生的需求。例如，通过来自父母的初步认同、群体的接纳以及所提供的机会，以及基于可靠的心理卫生原则的教育手段，来促使个体承担个人的社会责任等。归根到底，内心的冲突并不是个案治疗的全部。社会工作者更应该注重人与环境的平衡，关注人格中更和谐的部分，从而有效帮助案主实现适应社会、发挥自我功能的愿望。然而，在任何治疗中，即使治疗方式存在局限性，或者工作者并未直接处理冲突，工作者也必须努力理解这些基本冲突的核心本质。

## 一、运用社会资源的相关知识与技能

社会工作者必须全面掌握基本知识，因为社区中的社会经济因素会对个人产生影响，如人口构成和发展趋势、职业状况及健康状况、社区的历史、政治或政府结构、教育供给及其标准、宗教影响、伦理标准等。工作者必须理解社区社会组织以及家庭的重要性，因为个体可能会参与活动，或受到群体活动的影响。基于上述内容，工作者能够了解社会需求，包括需求的构成、变化趋势，以及如何通过组织化和非组织化的方式使其得到满足。此外，工作者也必须对满足社会需求的各类组织有所了解，包括法定机构和民办组织、宗派和非宗派组织、个体和群体，以及社会机构与社区、福利计划、社区组织之间的关系，并且工作者也将自己所在的机构视为社区共同合作的成员之一。

掌握不同社会机构的知识，需要理解设立机构所要满足的个人、群体和社会需求，包括不同机构的起源、各式各样的赞助方、变化的结构、功能和服务理念，以及它们之间的关联程度。工作者若能够加深对相关知识的理解，便能拥有全面综合的视角。有人认为，机构作为众多合作者中的一方，其多元性的共通点在于对人类需求的满足。然而，遗憾的是，此观点将专业实践简化为以单一机构或专业领域为权威中心，忽视了服务生态系统的复杂性。工作者只有在准确理解的基础上，才能学会如何帮助案主有效地运用资源，从而改善案主的处境。在提供实践服务时，工作者的重点在于帮助案主，并运用必要的社区资源来满足案主的需求，这些资源一般来源于机构内部或从其他机构获得。他们的主要考虑因素包括探究案主的需求、澄清问题或情况，以及激发案主努力运用资源以改变自身处境。无论如何，个案工作面谈中的心理社会过程以及所有经历所提供的信息、政策解读、流程指导或社区资源等，最终都是为了案主的成长和发展。

为了满足案主的需求，工作者将会协助他们处理日常生活中的问题。社会工作已经接管了许多传统"慈善"事业中我们所熟知的服务，甚至也发展并优化了其他领域的服务，例如经济援助、实物救助、机构和收容所救助、抚养和寄宿保育、家庭咨询、托儿所运营、营地活动组织，以及特殊类型残疾人的康复工作等。此外，工作者会在已有机构间合作实践的基础上，为案主链接医疗、护理、牙科等类似资源。这种模式同将案主转介到工作场所和法律场所一样，已经逐渐发展成为典型的服务形式。这种基于机构间合作关系的实践，使社区资源得以充分运用。对于案主的请求和其他诸多问题，工作者最先关注的是健康需求，治疗的目的在于促进个人和家庭的整体福祉。工作者对申请者需求的深入了解，是为案主提供最优服务的关键，并且能够确定是否需要协助案主联系另一个机构以使其从中获益。另一方面，工作者需要灵活地设定教育和治疗目标，并尽可能给予案主自由选择和发挥主动性的空间。介入的最佳状态是案主能够知晓自己的需求，并尝试参与改善自己的处境，而个案工作者的主要作用在于推动这些努力，实现案主身体和情感的健康，为其安排合适的照顾服务，并在紧急情况下进行干预。

每个个案都可能具有心理社会性，因为工作者在提供实践服务的过程中，总伴随着对个体的理解以及自身的情感反应，同时咨询和治疗也经常包含实践性的救助内容。个案工作者必须避免出于模糊不清的情感目的，对案主提供金钱上的协助。同样，在每一个个案中，工作者的目的并不是为了解决宽泛不清的痛苦，而需要聚焦于处理特定需求和相关问题。工作者致力于完成一些看似同案主自身目标相关的小事情，会比尝试一口气解决所有问题更为有效。

有人认为个案工作的两种主要服务是缓解贫困（救助）和儿童安置。个案工作者是这两个领域传统意义上的"专家"，因为在发放维持生计的补助金时，个案工作者必须评估案主的工资收入、支持体系、儿童照顾和家庭管理功能。并且，无论在什么情况下，只要涉及儿童，工作者就不可避免地需要评估儿童的家庭情况，包括与父母和兄弟姐妹相处的经历对其产生的影响。当个案工作者安置儿童时，在通过机构和领养父母进行干预时，他所要处理的不仅是儿童本身，也需要考虑亲子经历对儿童适应领养照顾服务的影响。基于以上两种服务方式，日间照顾、家庭主妇服务、家庭经济师等辅助服务逐渐发展起来。在后文中，我们将讨论家庭赡养费和替代性家庭照顾被视为生活经历而不是社会资源的问题，在此之前，我们需要描述通用的实践工具，如经济援助或收入工资等。

### （一）金钱的使用

在金钱的使用上，主要存在两种不同的价值观或理念：一种源于对社区责任感的认识，旨在实现社会福利和保障公民权利；另一种则基于经济性的

"临床"确认,通过类似诊断的机制来明确其他需求。前者将经济救助视为满足案主特定需求的手段,经济救助本身即目标;而后者则认为经济援助是治疗目标的组成部分或辅助手段。

在西方文化中,经济依赖状态仍被视为一种污名。因此,社会工作尝试在康复过程的每个阶段为案主提供充足的补助金,以提升生活标准,确保"健康和体面"的状态,从而抵消这种负面文化态度。同时,即使案主处于经济依赖状态,他们也应享有自由和独立的权利。工作者可以通过以下技术来确保案主的尊严和价值。"非限制性"金钱支付:确保案主作为正常权利公民的支出不受监管;正确认识依赖态度、阻抗和自我支持:在哲学和技术层面理解案主的心理状态;坦诚参与资格评估:在民主性和互惠性责任中解释个人权利;保护隐私:维护个体和机构的隐私权;接纳个体差异:通过测量生活成本和特殊需求预算,开展需求评估工作。

公共开支对基本需求的满足程度,在一定程度上取决于文化层面的认知,但至少应确保公共救助的接受者能够获得适量的食物、住房、教育、医疗照护、公民权利和经济机会。此外,财务管理建议应作为一种咨询服务提供,而非通过财务管理来评判案主是否符合资格。

当家庭因失去收入而面临瓦解风险时,税收支持机构应通过社会保障机制处理家庭危机,维护家庭的和谐与稳定。发展性项目应包括覆盖面广的社会保险和赔偿计划,同时为有需要的受保人提供有效的个案服务,并在家庭、寄养所或合理分类的机构中提供公共救助。机构的划分标准应基于不同年龄层的行为偏差群体,以及心理或身体疾病患者和残疾人等服务对象。这些机构不仅需确保服务对象拥有足够的住房、食物和衣物,还应提供个体和群体医学治疗、娱乐及其他项目所需的资源,并由具备资质的专业人员管理。

社会服务在医疗和教育机构中发挥了重要作用,因此有必要在社会保险、退伍军人事务等大规模群体领域中设立社会工作部门。该部门可作为社区对公众开放的转介中心，或由民办机构运营。社会工作部门需配备专业人员，他们不仅能够进行诊断和评估，还能提供与保险费用支付相关的经济和家庭咨询，并帮助案主与社会治疗机构建立联系。许多家庭问题与财务管理状态密切相关，而受过训练的社会保障工作者虽能开展部分家庭咨询工作，但并非真正的家庭咨询专家。擅长处理家庭和儿童问题的社会工作者，应专注于短期接触咨询需求，并为申请者转介合适的社区资源。

无论大众对"绝对"专款的利弊如何争议，普遍认同的是必须在行政层面整合公共救助结构，且负责不同类型救助的工作者需掌握可靠的方法制定预算。他们应擅长管理家庭收入并理解人类行为准则，从而在经济和其他社会情境中实现个性化介入。工作者需熟练掌握财产调整、债务处理、清算资产、评估责任亲属的心理和经济潜能等技术，并运用就业推荐、职业训练和住房问题解决等手段。并非所有公共救助接受者在解决收入问题外还需要社会服务，但大多数申请者具有此类需求。工作者通过制定预算、理解申请者、挖掘优势以及帮助案主与社区机构保持联系等手段，对经济情境进行具体分析，这不仅具有合理性，也对案主的复原具有重要意义。随着保险项目范围的扩大，工作者通过家庭和儿童机构提供高质量社会服务，公共福利的必要性日益凸显。尽管经济保障对社会生产力的发展至关重要，但若未能实现个体责任担当和家庭稳定，其任务只能算完成一半。

通常，工作者通过经济救助对紧急情况进行处理，能够改善案主的心理状况。然而，有时经济援助未能改善案主的心理状态，这可能与案主问题的成因及其愿意处理的部分有关。在资源匮乏的情况下，尽管经验不足的个案工作者明白现实问题可能很紧迫，他们有时仍会回避与金钱相关的讨论。然而，这种逃避并不利于工作开展。更好的方式是，无论过程多么痛苦，工作者都应深入探究情况，以确定可采取的行动。因此，当工作者难以推进时，应与案主坦率分享挫折、能力不足或服务限制等情况。完成这些工作需要勇气和常识，但工作者并非无所不知或无所不能。如果案主与工作者之间存在共情理解，案主将更容易接受工作者的直接拒绝，而非被借口推诿或不切实际地尝试分散注意力。相反，当心理冲突已明显超出经济层面时，工作者必须全面审视情境，快速了解案主的潜在需求，并可能激发其自发请求心理帮助。当案主有经济需求时，阻抗情况、时机、对未来行动阶段的探讨及情感支持同样重要。事实上，在西方文化中，经济问题往往具有强烈的情感因素，经济损失的威胁可能伴随严重疾病或其他残疾的影响。

### （二）个案工作流程中的资格认定

早期个案工作者主要关注的是案主的性格或个性问题，这些问题后来被"救济情况"所取代或与之相联系，从而转化为了需要治疗技能的"临床"问题。然而，随着个案工作方法在政府机构中的广泛传播，新的技术从权力的概念中演化发展，为已有的实践融入了新的内容。个案工作流程的一个决定性因素是：如果案主存在维持生活功能的需求，并且满足了法定资格条件，那么就必须为其提供资金资助。在执行政策和过程管理时，必须运用基本的沟通技术，在案主和机构服务之间建立联系，并在适当的情况下，将案主转介至其他场所或机构以促进其良性发展。一般来说，个案工作不仅注重理解经济社会的需求，也关注理解有需求的个体。精神病学和经济学都教导我们，在"救济"的管理过程中，我们需要牢记自我觉察和民主价值的准则，这一准则同样适用于其他类型的社会工作。

无论是在公共机构还是民办机构的情境中，我们都需要明确案主的合理预期程度以及他们所需帮助的种类。一方面，如果案主的经济状况需要协助，我们需要为其提供物质帮助；另一方面，我们需要从夸大的不满或对自我惩罚的抑制中，分辨出"真正"的需求。如果从事公共救助领域的社会工作者无法将那些无休止地要求救济服务及关注的案主（这些要求实际上是神经症的一种表现）与那些需要鞋、火炉和床（这些都是重要的生活必需品）的案主做出区分，那么他们将会发现自己难以处理这些个案。工作者不仅需要考虑项目预算的运用，还需要将需求具体化、操作化，在与案主探讨的过程中，帮助案主从情感需求中梳理出客观现实的需求。

家庭经济师在提供金钱帮助时，在确定现实预算标准和补助方面，会成为一个极其重要的咨询者，并且能够在问题管理、家政事务、饮食计划和家庭财务管理中提供咨询服务。和其他服务或咨询从业者一样，个案工作者以案主的请求为出发点，与案主一起探索现实情况。工作者应当尽可能及时地满足案主所提出的实际需求，或者进行其他方面的安排以解决案主的问题。工作者对紧张和焦虑的个体的关心和兴趣，不仅表现在尽量满足案主对食物、住所、基本生活必需品等最基本的需求上，还在于对案主面临的具体问题进行迅速回应。工作者对案主的密切关注重点在于理解其困境中的相关内容，并对他们丧失自我维持能力进行情感上的支持和回应。通常的介入方式是提供补助，而在特定情况下，有些工作者仍希望通过熟练掌握和运用预算这一工具（已在咨询实践中证明这种方法极具价值）来处理家务和其他相应的问题。

## （三）"治疗的工具"

关于运用金钱作为"治疗的工具"这一概念（Marcus，1929），已经在技术方面取得了诸多发展。长期以来，由于污名化的影响，申请者即便真正需要救助，也可能转而寻求其他类型的服务，或者将所有内在冲突、恐惧和敌意归咎于经济问题。治疗的最本质前提是判断冲突是源于经济层面，还是与心灵内部的张力或家庭内部矛盾相关。大多数民办机构提供财政救助，并非为了实现持久性目标（除非是针对某些因居住权或公共福利限制而不符合条件的特定群体），而是为了帮助案主达成特定目标，如改变或改善处境、重新获得独立、创造发展自身能力的机会、提升生理或心理健康、保护危机时期的家庭生活，以及为儿童或青少年创造独特的生活经历等。在治疗过程中，金钱救助行为必须对个案进程具有良好的推动作用，对自我优势提供建设性支持，否则需重新考虑其他治疗目标。

工作者需要在固定的时间间隔内开展计划性评估，确定案主是否需要金钱救助，并提前为终止、减少或恢复救助金做好准备，同时让案主参与到此过程中。对金钱有迫切需求的案主往往无法或不愿陈述自己的问题，他们可能因焦虑而现实感知降低，或者确实不需要任何帮助。他们可能会将财务紧急状况描述成一直存在的情况，以逃避处理更普遍的个人经济困境。若要获得积极结果，工作者必须将实际的经济状况以及个人对金钱的感受视为一体进行理解并处理。我们的文化非常重视维护自己和家人的关系能力，而金钱能够解决个体的困难。向机构寻求金钱帮助的案主，可能认为自己承认了自身的不足，因此会产生羞愧、生气或害怕的反应。在案主看来，从别处获得金钱需要有所回报，因此他们觉得自己正在牺牲独立性。所有与金钱相关的案主感受，都能为机构提供线索。如果工作者能够精确并客观地察觉这些感受，它们将成为工作过程中有价值的指引。

金钱的缺失可能会在家庭中制造紧张气氛，扰乱正常关系。当父亲无法承担主要经济来源的责任时，丈夫和妻子都可能陷入恐惧之中，担心家人无法团聚，并开始怀疑他们是否真正愿意共同生活。在家庭成员之间，金钱与爱、攻击和自我因素紧密相关。在适当的条件下，那些不愿意讨论财政事务、不愿意分享金钱管理、不想给予或分享金钱的人，可能表现出不成熟、自恋或带有强烈敌意的态度。对于刚开始赚钱的年轻人来说，薪水是一种确凿证据，表明他们正在逐渐摆脱童年阶段，变得更加独立。在公共领域工作的个案工作者，如民办机构中的社会工作者，必须受过充分训练，才能辨别出人格障碍中的普遍性特征。虽然他们会接到治疗情感疾病等的请求，但他们不会天真地卷入到不可能的治疗活动中。对于娴熟的工作者而言，与金钱有关的行为通常是研究防御机制的切入点。在所有家庭和儿童指导中，释放关于特定经济情况的感觉，以及明确角色、重复态度和模式，也是一种重要的治疗性个案工作形式。

在个案工作者评估案主对金钱的理解时，必须先了解案主的部分经济背景和人格特征，并从审视自我态度开始。个案工作者的消费行为和消费观将影响他对救助金的感受。如果工作者本身对经济救助抱有负面情绪，那么将干扰其与案主关系的建立。由于早期的挫败感，案主可能无法给予或接受帮助，可能担心工作者对自身要求过高，并且可能会感到倒退到依赖状态是一种巨大威胁。金钱往往与爱与否定、能力与不足、力量和服从等元素关系密切。有的人可能认为金钱和爱一样，是个体的权利，等同于在其他关系中剥夺个体情感的意义，因此他们会索取金钱及其所有好处。在童年成长的任何阶段，如果个体没有经过合理调适，那么在接下来的生活中，案主对金钱的看法可能会带着早期的冲突色彩与感受。因此，理解成人对金钱的反应在认识案主的发展全貌中同样重要。

必须严格处理工作者在金钱方面的不诚信行为，对犯罪行为一定要保持绝对公正。有些工作者会因自身的矛盾冲突，诱导案主有意或无意地隐瞒或歪曲自己的资源信息，纵容这种逃避方法。无论何时，当案主尝试让工作者成为共同隐瞒资源和欺骗行为的同谋时，个案工作者最好能够坦率而非指责地表达观点。无论真实的救助情况或所掩盖的收入情况如何，在可能的情况下，工作者应该起草一个合理而真实的预算方案来计算收支平衡或赤字，并协助案主和相关行政部门一起应对经济事实。如果救助补助金低于维持基本生活的成本，那么需要以适当的方式向社区呈现真实情况。

当金钱处理作为治疗的依据时，工作者必须在行为动力上具有诊断性的胜任力。他们必须能够将冲动的性格消耗与强迫性神经质的典型行为区分开来，因为强迫性神经质群体倾向于将金钱作为一种权力工具，用于惩罚或控制。如果工作者不具备现实的支付能力基础，无法理解案主如何运用补助金满足其依赖需要，以及处理带有攻击性或敌意的驱动力，那么就无法成功管理费用。

## 二、家庭的生活经验

在美国文化中,最常见的群体组成单位是家庭。家庭成员间的互动积极或消极地影响着每个人的生活,特别是在其发展阶段[1]。

工作者在家庭生活中运用"小组流程"需要完成以下几项任务:通过讨论确定和澄清问题;允许家庭成员表达观点;驱散每个孩童的焦虑,确保他们可以与其他人(包括工作者)分享情况;通过参与进而释放行动导向的能力。从事家庭领域的工作,不可避免地会涉及儿童、青少年、年轻新婚夫妇或中老年人。而所有家庭成员的问题都不能被视为独立性问题,因为他们的社会关系本质上都互相影响。

社会个案工作会关注家庭中的生活经历,并通过家政服务、日间护理等手段,与提供替代性家庭照料的机构(如寄养家庭、村舍机构、临时性庇护所等)建立联系。此外,社会工作还关注学校、娱乐和职业生活的社会组成,以及不良行为和残疾等社会问题,这些在教育、医疗、法院和法律系统中发挥辅助作用,并且在劳动和工业领域也日益重要。

个案工作经常将家庭视作初级社会单位,案主在家庭中形成的概念对于社会适应有重要影响。如果个体无法充分理解自身所受父母角色施加的文化因素影响,就难以定义社会性接纳或不接纳行为。依据早期的个案工作概念,家庭是"工作单位",因为个案工作为整个家庭提供赚钱、支持和家政服务。同样,个体和群体也是"工作单位"。但家庭的概念对于让工作者理解个体和更大范围的群体尤为重要。与过去的时代观念不同,家庭现在既是一种经济单位,也是一种情感单位。后续的研究表明,在情感和关系层面,家庭中交

---

[1] 在小组工作和个案工作的流程中,需要强调家庭单位的介入方法,因为需要从群体和个体成员两个角度来考虑家庭的平衡和行为。

流和平衡的概念对于常态化生活和精神症状表现都具有重要意义。社会工作者并不认为只有通过帮助和咨询，才能将所有类型的病态家庭维系在一起。当然，这并不意味着社会工作不重视家庭，家庭既是社会原型，也是儿童培养和发展的自然场所。家庭仍然是最好的场所，让个体去学习爱与被爱，接受自己和他人，处理攻击、竞争、依赖和屈服等问题，也能让个体去理解一些深层次且相对难以触及的冲动，而这些冲动在很大程度上塑造了社会。家庭不再仅仅是个体经济的源头，也是个体情感起始的地方。

在一般的成长过程中，父母会逐渐学会减少对儿童的保护，同时儿童也学会将自己与父母区分开来。而在病态的家庭关系中，父母可能会溺爱、忽视、依附、逃避，或者将他们自己的困难投射到孩子身上，又或者是反过来受到孩子困难的影响。他们可能无法与孩子建立正常联系，进而呈现出不同的拒绝形式。在部分个案中，成长和健康的分化进程是被抑制的。在成熟的治疗案例中，能够诊断亲子关系的个案工作者所提供的治疗能够帮助家庭单位实现整合过程，避免造成家庭关系的疏远。然而，如果工作者观察到的变化很明确地表现出家庭分离的可行性，例如是因为家庭的结构缺陷或者情感偏离，而不是因为分化程度低，那么安置技术将会是合适的。个案工作者知道，只是将孩子从家中物理移除，并不能直接消除家庭所带来的情感创伤。但可以证实的是，在轻微的动乱中，建设性机会和促进因素对于个体在新环境中的发展是完全有利的。

个案工作者更擅长理解心理学和经济因素如何影响家庭生活中趋于整合或者分离的发展导向。这种变化可能是相对常态的，也可能是病态的。在儿童发展的常规阶段，他们首先是通过区分与甄别，接着通过增长自我与周围人群之间的心理"距离"，运用亲子关系健康地从"未分化的整体"中脱离。到了这一阶段，他们拥有感知爱的能力，并且将他人视为人格（客体的爱），他们能够在社交层面更好地和同伴们建立联系（Josselyn，1948）[1]。

---

[1] 当然，比起上述所指出的趋势，心理社会发展的规范更为复杂。

除了亲属死亡或强制性分离导致的家庭破裂以外，整合—分离变化发展的偏差是个案工作中最常见的家庭问题因素之一。我们可能会发现，即便在像公共救助这种特殊的建设性项目中，在特定的个案中，也存在金钱补助将家庭群体套住，使家庭成员之间的分化更难以实现的情况。父母的绝对性权威容易导致此类问题的发生，例如我们所熟知的二代移民儿童的家庭冲突。前来指导诊所求助家庭问题或者儿童问题的家长们，经常有意识地（更多是无意识地）控制和过分保护他们的孩子。在这样的案例中，个案工作者可能发挥极其重要的作用，他们会成为群体的领导者，让家庭情境中的关系运作从关注均衡转变到更民主的程序中。工作者和家人（不论是亲生父母还是养父母）都要用温和的交流方式，而不是采用强烈的控制手段。尤其是当工作者对父母和孩童之间进行了过度干涉时，就会威胁到父母的角色。如果工作者同儿童间建立了太直接或太强烈的联系，那么可能会很容易让他们在自己的自然群体中，将自己从最重要的人群中分离出来。个案工作者在家庭中保持中立态度，以及对所有成员的接纳（包括父母、儿童、兄弟姐妹），是一项基本的社会技巧。

当注意到亲情因素所引发的诸多婚姻不满时，工作者必须记住现实目标并不总是寻求彻底解脱。回应父母的诉求以及合理的婚姻生活融合是正常的，这些并不一定会伤害到儿童。但是另一方面，个案工作者了解到，在许多有明显矛盾的夫妻中，他们存在神经质基础上的相互依赖状态，无法长时间地分离。个案工作者需要谨慎地对家庭压力的类型进行诊断，关注哪些压力是由于外在的创伤性情境所造成，可以通过面谈、补助和所有常规性个案工作服务得到缓解；而哪些类型会使分开成为真正的分离合法化；以及哪些类型是交错型神经质依赖类型。对于那些受困于不断与父母斗争的儿童，在神经症影响的加权之下，他们会觉得看不到希望。

从诊断上来说，工作者必须从经济和文化现实实践的问题中，诊断出父母存在的问题或者病症，进而确定哪些是可以处理、修正或者矫治的。严重的经济和健康危害同样会在心理层面影响家庭生活。显然，能够从父母处获取安全感的儿童可以平安地度过大多数生活危机。然而，我们无法期望神经症儿童能够适应环境，因为对于他们来说问题已被内化。或许在一些症状较轻的个案中，他们可能会有一些改善，如良好的环境可能会让神经症趋于平静。在安置中，对神经症儿童进行直接治疗或者环境治疗是可取的。只有适应性良好的儿童才能够在没有直接治疗的情况下，积极地对安置作出反应。因为精神病儿童往往长时间待在家中，所以在安置的前期、中期和后期，都需要对父母进行相应的指导。

## 三、家庭指导与家庭安置

慢性精神病儿童所反映出的，实质上是父母关系的不稳定以及家庭环境的动荡。如我们早前所述，传统上，那些不幸福却未解散的家庭，在其"家庭领域"中，很大可能会出现家庭成员持续宣泄负面信息，或家庭成员存在神经症问题和性格紊乱。许多长期依赖社会保险救助的母亲，表面上似乎关注如何科学育儿，但往往表现出严格而强硬，或自恋、控制、苛责等状态。长期的负债导致的收入不足以及其他不良行为，其根源往往是性格神经症。我们更需要理解的是，个体如何通过家庭内部的紊乱来表现自身冲突，而非仅通过心理—生理的过程（如症状表现和疾病确诊）。在大多数情况下，父母并不认为自己是"患者"，也不愿寻求病理学建议，而是前来寻求解决孩子问题的方法。他们常常将儿童的不良行为归因于生理原因或其他环境因素，而实际上，这些行为是以特定方式呈现出来的，是儿童尝试适应家庭冲突的"症状性"表现。

父母中的一方或双方可能会以部分或完全拒绝的方式，激化儿童的行为问题，以此来表达他们的神经质冲突。因此，他们可能会因明显的过失和忽视等行为，最终导致儿童需要接受安置。这样的父母可能需要来自儿童保护社会部门的帮助。在处理家庭情境这些深层次紊乱时，工作者需要了解问题的源头，进而解决社会方面的困境。通常，我们不能寄希望于生理或情感上，与父母的无意识对抗来治疗孩子。

在家中与父母共事的经历（即"指导"）和在安置场所中的经验是相似的，都要求融合心理和社会技巧。我们不能期望父母能够迅速适应这些令人沮丧的现实。在个案工作中，整体趋势在于，在与父母和孩子分享治疗的过程和目标时，工作者能够表现出更加坦诚和直率的态度。父母其实比我们更了解公开的事实，但愧疚的父母难以面对自己应对问题儿童所应承担的责任。这种现实尤其令人不安，只有成熟的个体才能够对现实保持理性。同时，在家庭混乱的领域中，人们无法直接在现实中进行试验。并且，大多数机构已经认识到，如同性别教育一样，并没有万能的解决方案能够处理所有复杂类型的亲子关系，或能够对家庭动力进行准确诠释。

在个案工作者与父母接触的一些经历中，有的人表面上看起来全心全意地寻求如何安置残疾、智力低下或身体有缺陷的儿童，说着一些诸如"因为对他来说会更好"，或者"对于家里其他孩子会更好"的话。然而，到了承诺流程的时候，这位母亲开始爽约，提出自己无法确定合适的时间将孩子带去诊所，文件也丢失了，坚持要求工作者必须独自处理所有流程。如果工作者无法意识到这些阻抗，而是一味地承担所有责任，那么在不久的将来，可以预见到父母将会把孩子从机构中接走，并以矫饰的公正来责怪工作者和机构。当儿童成为两个互不相容的父母之间的人质时，儿童安置可能只是将战场转移到了寄养家庭。

至少在一定程度上，大多数父母都希望给予儿童最好的。我们不会强迫他们采取行动方案，但在他们寻求帮助时，我们会毫不吝啬地提供专家意见。这在已婚父母和未婚伴侣中都同样存在。父母并不总能做出合理决定，并且他们有权要求工作者将自身经验运用于对他们的介入中。当不成熟的父母寻求帮助时，工作者不应该害怕向他们提供咨询服务，否则这是对父母责任的不尊重。在解决父母双方存在的矛盾时，建议可能毫无价值，但工作者可以在建设性意见中支持他们，并帮助他们在困难的行动中坚持下去。对于自卑性格的父母来说，在出现问题时，应该允许他们责备他人而不是自责。一般情况下，无法为安置在外的孩子提供家庭支持的父母，通常都是不成熟或极度自我矛盾的。他们需要理解和接纳自己的感受，不仅仅是承受分离的痛苦，也需要克服与抚养者竞争的经历所带来的影响。

人们往往认为工作者必须发自内心地喜欢自己的父母，然而事实并非如此。有时，工作者可能无法成功处理好自己的亲子关系，就像有些精神病学家也并不喜欢自己的父母一样。无论是在儿童指导还是在儿童安置方面，相关治疗获得的正向进展越多，对于父母来说，这些经历就越加艰难。人们可能会期待干扰、阻碍和退化，但即使治疗相对无效，对父母角色的慷慨接纳和尊重也有助于推进指导过程。在针对父母和孩子进行指导和分离的方法中，存在细致的考量。从接案开始，工作者就鼓励父母积极加入儿童治疗方案的设计和参与之中。增进参与的技术之一是对父母进行诠释、准备和帮助，例如要求父母参与流程步骤，如预约、安排检查、提供同意书和主要文件等。工作者必须尝试挖掘父母前来寻求帮助或要求安置的想法，包括他们现在前来求助的原因，以及对孩子和自己有什么期待。

只有对父母具备真正的同理心，工作者才能在帮助儿童中发挥作用。另外，如果父母的态度并不具有过多的破坏性，应尽可能鼓励父母留在安置场景中，如参加日间照料、参观寄养家庭或机构等。当儿童被安置在寄养父母处时，工作者需要让父母表现出具有责任感的行为，即使这可能比协助他们在儿童指导情境下发挥积极作用更难。父母必须观察和适应寄养父母的成功方法，但这会比直接接受精神病学家或工作者在帮助儿童方面的助益更加困难，因为那些父母会认为这些人才是"专家"，而自己并不是。

如果工作者能更好地理解父母情感参与的动力，并将其视为整体性的治疗基础，为父母给予更多支持，就更可能减少他们的焦虑和负罪感，从而使他们能够在治疗中保持建设性角色。无论是在儿童指导还是儿童安置的经验中，父母对收获的感知程度会随着洞察力水平的变化而变化。为父母提供温暖而持续的支持，以及开展直接或环境性治疗，对于儿童来说往往是最切实可行的目标。工作者常常发现，对于儿童来说，如果不能采取某些措施去调整他的家庭及其他社会现实，那么直接的心理治疗可能效果有限，因为家庭及社会因素与儿童的心理问题息息相关。如果家庭始终将儿童视作"患者"，那么父母必须认识到自己的治疗需求，并做好从"父母"的状态转向"患者"的准备。同时，工作者可能需要寻找具有精神治疗能力的个案工作者，尤其是在严重的情况之下，这些成年人可能会被转介到精神科医生或精神分析学家处。对于某些精神病患者来说，治疗的目标可能是帮助他们完全放弃孩子，让孩子接受永久性安置或收养。

## 四、其他社会调适——收养

社会机构构成了普通人群生活经验的框架，包括家庭、学校、劳动力市场和娱乐群体。在这些环境和规则中，个体以理性或感性、建设性或带着焦虑和攻击性的方式表现出他们的冲动。在这个框架内，个体会不断挣扎、验证事实、寻求满足感，并调整自身的行为方式。

过去，收养常常被贴上未婚生育的污名标签，因此这一行为长期处于社会的边缘。然而，随着对母亲和孩子法律保护的加强以及文化包容度的提升，收养程序与受测家庭和抚养家庭的实践逐渐趋于一致。尽管在整个过程中存在诸多技术和文化上的复杂性，但我们仍将简要概述一些趋势。由于儿童的安全感和幸福感始终面临风险，因此对未来潜在抚养家长进行细致的家庭调查和评估显得尤为重要。同时，评估父母优势和能力的技能也在不断发展，人们对收养教育与亲生父母教育具有同等信心的认识日益增强。领养中存在的主要缺陷是错误的保密以及对机构配置不足的焦虑预警。因此，我们必须通过配置充足的工作人员，并熟练掌握儿童的早期诊断和收养父母的评估技能，来避免这些缺陷的发生。

随着文化歧视的减少，人们对于儿童与收养家庭的种族和国籍需要相匹配的重视程度也在逐渐弱化。随着基本生活水平的提高，想要收养和抚育儿童的父母将有更多的选择。通常认为，中年父母可能并不适合收养儿童，同时我们应特别注意避免将儿童安置在具有冲动特质、严重神经质或其他精神问题的人群中。只要普通的申请者不过于死板、具有强迫性人格或过度自恋，而是具备温暖、宽容和爱护他人的成熟能力，那么我们就可以认为他们是"良性风险"。我们不能在原生家庭或收养家庭中期待拥有完美父母，而完美主义的父母也永远不会是良性风险，因为他们对自己或收养的儿童设定的标准过高。

在实践中，工作者基于爱和减少文化污名的考虑，通常会告知儿童他们是被收养的事实，这一做法在整个程序中变得越来越常见。同时，应该允许收养父母在遇到问题时寻求指导帮助，而不是让他们承受过多的罪恶感。告诉儿童自己"不是亲生的"是一个微妙的技术性问题，经常需要在收养中心或在收养后进行妥善处理。由于儿童在某些方面可能会感到痛苦，因此他们必须处于安全的关系中，并且我们要小心处理他们的幻想和其他阻抗。如果我们过早或错误地揭穿了儿童的幻想，而没有带来建设性的变化，那么他们只会运用其他阻抗来保护自己免受无法承受的伤害。特别是对于婴儿和幼龄儿童，工作者需要在收养照顾计划中始终对调查家庭和试验安置地进行谨慎研究，包括检验其中是否存在大量的争议性因素。我们需要在保护性收养家庭和其他控制性、限制性的收养安置地中关注试验的运用。显而易见的是，只有美满且自愿的家庭才能作为试验的基础，才有可能在试验阶段就很好地完成对儿童的测试。虽然将儿童从这样的家庭中转移出来更加困难，但我们需要权衡偶尔的失败风险和对儿童的潜在危害，这些伤害可能由不恰当的延期、机构性伤害和其他前收养阶段的变化所导致。

现在的趋势已经从抵御养育孩子的普遍风险以及处理某些收养父母身上存在的完美主义标准以保护儿童，逐渐转变为关注普遍性认知目标，即尽可能为普通的收养儿童寻找好的收养家庭（即使这些家庭存在一定缺陷）。现实中，长期被安置在非固定家庭的儿童数量仍然惊人，这使得社会工作者开始转向新目标，他们决定寻找那些在为人父母方面有天赋的对象，并通过培训使他们成为成功的收养父母。这样的家庭不仅为一个儿童，也为多个儿童创造了更多的可能性。必须记住的是，无论是亲生父母还是收养父母，优秀的父母始终能够协调好兄弟姐妹之间的关系，营造出良好的家庭氛围。

## 五、小组过程中的生活经历

对个体及其社会发展的理解，是一个相辅相成的过程。社会福利计划的实施不仅依赖于个体，也同样依赖于群体间的合作功能。因为群体经验是满足需求、培养积极兴趣以及促进个体发展的有效途径。社会小组工作，作为一种基本方法，在社会工作中占据着明确且重要的位置。小组工作者已经认识到个案工作方法的重要性，同样，个案工作者也发现了小组工作方法的价值。个案工作和小组工作，如同教育学一样，已经从传统的权威性和"自上而下"的学科导向，发展为新的模式，这些新模式强调让个体真正地学习、成长和社会化。

早期的小组工作提供了俱乐部、兴趣课程、游泳池、工作坊、童子军和夏令营等服务，而早期的个案工作则负责分发救济金、提供康复和健康照顾，并成为家庭经济学的"基石"。所有社会工作关系都基于互惠的本质，即老师和学生间、个案工作者和案主间、员工和领导间的平等交换。这些交换为个案和小组工作者提供了新技术和新方法的交流与思考平台。无论是一对一的关系，还是一对多的关系，或是整体群体，尊重个性都意味着放弃操纵和教化，支持表达情感和想法。

大部分个案工作者通过一对一的关系和家庭互动来缓解压力，而小组工作者则通过更大范围的群体交往来释放压力和满足本能需求。但两者之间有着相同的基础，即都关注个体的发展，并从自我中心、依赖以及对社会态度与利益的挑战中寻求平衡。

并非每个人都需要群居生活，许多具有创造力的艺术家可能缺乏社会容忍度，他们大多享受孤独，但同样能快乐地、有效地生活。个体的生活质量取决于我们与伙伴建立舒适且有建设性关系的能力。儿童和年轻人需要适当的限制，但不宜过多。如果个体完全被冲动所驱使，就可能产生反社会行为；而如果冲动被过度否定或压抑，也可能导致社交障碍或神经性行为。每个人在家中、学校、游乐场以及日常生活中，都需要得到爱、接纳和认可。只有这样，他们才能欣然地给予他人爱、包容和接纳。社会工作者明白，在社会化过程中，群体比家庭更能提供帮助，尽管家庭在其中发挥着主要影响。

在工作者与案主的关系中，接纳的技术相对简单；但在处理两个病患的情况时，如丈夫与妻子、父母与孩子，就需要很好地平衡和控制"接纳"，以及最小化歧视、偏见等感觉。这些问题在大型群体中尤为微妙。在所有变数中，有一些相似的基本概念：接纳案主的感觉，能够理解和包容他们，鼓励他们参与，开展合作性活动，并认识到无论是在家庭、群体还是在全球范围内的活动中，都必须在社会现实中进行自我表达。

大多数小组工作的发展曾被视为一种"娱乐活动"，就像在安置所、教堂、童子军和青年组织中所开展的那样。个案工作者将其视为普通社区资源的治疗方法，从以案主为代表的城市社区延伸到农村社区的各种俱乐部。这些目标可能仅仅是为了弥补缺陷或满足需求，也可能具有教育性或治疗性，以协助案主的成长或发展。在第二次世界大战期间，"白领"计划联盟的迅速扩展为工作者和父母教育、小剧场、艺术中心、管弦乐队等提供了新的机会。在大多数情况下，无论是职业性的、教育性的还是娱乐性的群体参与性社区资源，只有被介绍给案主才能发挥其作用。

近年来新兴的养生营地，像其他形式的小组工作一样，已从大规模的娱乐"商品"转变为提供教育性和治疗性机会的场所。同时，个案工作和小组工作之间的相互影响也在不断增强。小组工作的过程注重发展个体的社会参与能力以及培养小组实现共同目标的能力。在小组关系中，重视民主参与经验不仅因为它释放和传递了社区能量，更在于它实现了个体社会成长的潜能。在现代国家中，每个公民都需要能够在社会群体中基于群体生活范式，肩负起责任与使命并积极参与，才能实现政治民主与经济民主。

接下来的案例表明，在做好充分准备并接受同期与后续家庭照顾的儿童会有更好的发展结果。

埃尔茜·埃文斯（Elsie Evans），13岁，缺乏社会交往能力。她的父母正在考虑离婚，而孩子表现得过于严肃和沉默寡言。在成长营里，她起初拒绝了领导者的关注，随后又表现出对群体规范的抗拒。她批判性强，有掌控力，且智力超群。当无法获得支持时，她会选择蛰伏。在成长营中，她对男孩子产生了兴趣，并在这个群体中获得了更多的接纳。回家后，她第一次主动帮助母亲处理家务事。同时，精神病学家也对她进行了治疗，并对她的社会化依据进行了评估。

奥尔加·哈里斯（Olga Harris），14岁，挑剔且渴望引人注目。她的父亲离开了她们，母亲情绪多变，有时会将她拒之门外。她的家庭充满了不安、吵闹和歇斯底里的氛围。在营里，当奥尔加拒绝合作时，领导者起初忽视了她，甚至试图赶走她。但她发现，当自己表现出开心的一面时，群体会更喜欢她，于是她开始遵守规矩。在个案工作的接触中，母亲注意到了她在营中培养起的兴趣，并认为这是她与奥尔加之间的一种联结，是孩子的重要需求。总体来说，营中培养的兴趣似乎对她的家庭问题产生了积极的影响，并且这些收获在接下来的治疗中得到了最大化的运用。

彼得（Peter），一个身体健康、充满活力的男孩，智商高达130，但表现出孩子化的行为，如尿床和退缩。经过初步的个案接触后，他被送到了成长营。彼得很爱他的父亲，但父亲体弱多病，他害怕自己长大后也会像父亲一样。他与母亲之间经常发生矛盾，但同时又很依赖她。彼得不满母亲要求他在家庭中扮演负责任的角色，并将这种反抗情绪发泄在更小的孩子身上。家中的弟弟妹妹让他希望自己不要这么聪明，宁愿自己是个婴儿。他既会与弟弟妹妹争吵，也无法与其他孩子建立友谊。他会与孩子们打架，并在受到更大孩子攻击时反击他们。老师发现彼得注意力不集中，他的"淘气"行为已经从家庭情境转移到了外在关系中，在教室里无法遵循他人的要求。因为他无法与同龄人建立良好的关系，始终处于自己角色关系的矛盾以及与其他儿童关系的冲突之中。

在营里的前两天，彼得表现出了最严重的行为困难。他与室友发生了无数次争执，常常暴怒发作，攻击咨询师，甚至将脏东西扔到咨询师脸上。他拒绝任何形式的合作，也不愿参与小组活动。在打扫时，他总是被安排在床位外面，因为他一直干扰其他人。晚上，他不断干扰室友，使他们无法入睡。在这段时间里，咨询师保持了极大的耐心和热情，而彼得则更加肆无忌惮地考验咨询师是否真心。

彼得在营里的闹腾引起了大量关注，于是他进一步攻击和测试咨询师。在咨询师讲故事时，彼得发表了一堆荒谬的言论，打断咨询师，让故事中的印第安人"袭击"咨询师。如果领导者邀请安静下来的彼得加入讲故事环节，他就会开始刁难领导者。随着营里的话题变得混乱，领导者表现出与彼得站在同一战线的态度。领导者夸奖彼得讲故事的能力，并告诉他自己很欣赏这个故事，甚至希望邀请他在报纸上写记录（并非出于报复的目的）。

咨询师发现彼得其实非常善良、安静且高效，并且确实乐于帮助其他男孩。他并不想在这里打架，参与度也很好。咨询师还注意到彼得在机械方面有着超乎寻常的能力，在这个领域中他能够迅速获得满足感。在这个群体中，他也从领导者那里获得了许多关注和赞赏。这个活动并不要求彼得一定要与其他人建立密切联系，他可以根据自己的能力和速度完成手工。彼得并没有与其他营员交朋友，但就他自己的发展而言，这似乎是可以理解的。他能够独自穿衣，并且在学习上不再偷懒。这些经历让他开始经常性地请求关注，并在必要的情况下努力争取关注。这个男孩最重要的成长之一是他开始洞悉自己的问题。在一次与咨询师的讨论中，他对自己的婴儿化行为进行了评论，并将此事与缺席的父亲联系起来。

一方面，彼得深受群体情境的强烈影响，而另一方面，他发现成人并不会对他大吼大叫，也不会对他提出不同寻常的要求。咨询师给予这个充满敌意且严重匮乏的男孩特殊关注，肯定他的进步和成长，使他与成人建立了无压力的关系。在家庭经历甚至个案面谈中，咨询师也并未施加压力，而且在营中，这个男孩能够与其他孩子分享经验。个体治疗或群体与个体的同期治疗，可以持续提升他的改善情况。

温柔的回应可以缓解愤怒。在挫败与敌意的恶性循环中，稳定和友好地接纳在个案和群体过程中都是同样重要的技巧。因此，成长营的选择和运用，以及个案工作者提供的其他机会，都属于诊断的基础，并且从一开始就应当与小组工作机构共享治疗目标。群体经历可以提升参与感、接纳他人、领导力和人格发展的能力，正逐渐发展成一种治疗性方式。

在个体健康成长的过程中，不应压制驱动力，而应以可接受的方式掌控和运用。治疗性小组提供了学习如何掌控驱动力和非社会冲动的方法。问题儿童常常伴有强烈的自卑感，并表现出自我弱化的倾向。自然小组可能会基于纯粹竞争，使他感觉更加低人一等。而在一个控制型小组中，领导者像个案工作者一样，可以提供稳定的支持和接纳，使孩子能够更好地面对同伴。自然群体常常发挥有效的作用，例如疏解攻击欲望，但并非所有孩子都足够坚强，能够顺利地对其进行运用。在治疗小组工作的过程中，领导者可以提供非权威的类父母关系，使孩子感到安心和稳定。对于具有攻击性反应的男孩或女孩来说，有时更容易接受稍微"淡化"的父母性角色。我们所看到的是一种理解性小组工作过程，它超越了初级家庭经验，在许多个案工作的治疗方法中至关重要。相反，如果我们不理解初级家庭经验，就难以理解孩子在群体中的角色与作用。群体关系与家庭关系一样，本质上是自然的，但在此类探讨中，我们将主要从专业操作的视角来看待群体。

小组工作与发展性教育的宗旨和方法密切相关，都以社会化人格发展为导向。群体经验可以推进合作、自立和整合的实现，其项目并非严格依照流程，或者完全从外部强制执行。小组工作是快速发展的过程，鼓励个体主动参与，并能够激励成长和改变。我们必须慎重地选择群体，例如在个案工作的目标中，需要考虑服务对象的年龄。人们在护理学院中对年轻人的社会化期待，与在童子军或青少年俱乐部中的尝试截然不同。在青春期前期，男孩或女孩可能会将营里的领导者或老师视为儿童代理人，并几乎都会不经意地接管他们的一些角色，这种行为通常发生在青少年渴望摆脱父母权威的时候。

当父母无法对个体进行监护时，他们可能更愿意接受群体经历，因为相比在工作室内工作者对孩子的治疗，群体经历对父母声望的威胁似乎更少。当父母能够监护儿童时，他们可能会通过观察小组内的互动，注意到被过分保护的孩子，特别是年纪较小的孩子们，表现出意想不到的独立自主性行为，这可能会鼓励父母让孩子从依赖中解放出来。他们也可能会注意到，由于小组工作者的态度和直接观察，能够增强自己对一些"不良"行为的非批判性包容，并缓和自己的严格和专制策略。小组作为通过这些活动扩展家庭经验的方法，能够证明其对父母和儿童同样具有教育作用。

将小组治疗性地运用在残疾和低能儿童、小儿麻痹症患者和其他群体中，也是十分有效的。

威廉·迪克斯（William Dix），12岁，辍学在家。他患有慢性儿童病，经常被父母过分保护。他从未与自己的父亲或其他成年男性建立过令人满意的关系，并且经常将这种关系发展为竞争性关系。当他被送到营里时，他首先选择独自做饭和运动。当他不在家时，家里的氛围就会轻松许多。营里的工作人员会定期向他的父母解释威廉的需求和兴趣。参加营之后，威廉继续与俱乐部保持联系，并且能够建立更好的社会联系。同时，随着他与其他男孩和领导者建立关系的能力有所提升，他在学校中的各种行为也有了进步，且减少了对母亲的部分依赖。

在面对这些残疾孩童时，父母常见的态度，如过分保护或拒绝，可能会表现得更为严重。相较于家庭，小组能提供一个更为中立的平台，以缓解部分压力。随着竞争情境的减少，孩子们通过相互帮助，找回了自然的状态，这有助于最小化他们的自卑感。在小组最成功的阶段，儿童能够在全新的关系中建立安全感，进入一个不过分受保护的环境，同时父母也能在家中运用孩子在小组中的所学。小组治疗性运用的核心在于，只要儿童能在非庇护性情境中发展出与他人建立关系的能力，就能停止对他们的区别对待。然而，在严重残疾的案例中，就像在致残性疾病中，儿童或成人可能需要学会在庇护性环境中，与不同程度的短暂性依赖共存。

小组治疗[①]是一种特殊的群体经历模式，就像精神治疗是个案工作的特殊形式一样，它被用来影响那些在社会关系中遇到困难的人群，促使他们发生改变和成长。曾经有攻击行为或害羞退缩的孩子，很少会主动利用邻里之家，因为他们对任何地方都不适应。这是他们的问题所在，即使他们置身于邻里

---

[①] 事实上，在介入的阶段以及项目的特殊特征上，都要归功于早期"活动小组治疗"的支持者——斯拉夫森（Slavson S R）。斯拉夫森（1943）提出，小组治疗的主要特点与家庭相似，其目的在于创造并刺激关系，使这些关系尽可能地接近完美的典型家庭模式。他阐述的"小组治疗"的主要准则如下："每一个孩子都需要从父母以及在其生活中扮演重要角色的人那里获得无条件的爱。""对于问题儿童，我们需要重建他们经常崩溃的自我和自我价值观。""每个孩子都需要真实的兴趣来填充他们的休闲时光。""在小组治疗中，我们提供建设性、可塑性强、形象化的活动，以及其他艺术和业余活动，以重新建构扭曲的人格。"这一理论在其他文献中也有相似的表述和变化。

之家中，也无法成功地与其他孩童建立联系，很快就会感到自我排斥或被排挤在外。如今，工作者们认识到，这样的孩子已经在他们的初始群体（家庭）经历中受挫或受到伤害。而在很多情况下，孩子能够通过小组过程得到帮助，同时也可以通过家庭修正和直接治疗面谈来更好地适应。

在小组经验中，人们可能会释放攻击性，并减少对争执的仲裁尝试。非批判式接纳行为与伙伴成员之间的交流相结合，将帮助儿童处理被压抑的敌意。攻击的数量和种类在群体经验中会随着年龄水平、表达方式、问题的严重程度等因素而有所变化。总的来说，自由可能导致混乱，但在熟练的指导下，可以实现内在控制和整合式创造性活动。在个案工作和小组工作中，儿童会测试工作者，看工作者是否能真正接纳他们的不良行为和负面感受，而不会采取报复行为。在个案工作情境中，如果攻击行为过于暴力，工作者可能不得不限制破坏性行为，或者在安置儿童时将其转移。在小组工作情境下，工作者会通过小组本身提供部分控制，即使控制已经超出了原本需要的范围。在许多案例中，即使存在兄弟姐妹占主导地位的小组，也同样可以在小组中真实地处理兄弟姐妹间的竞争。因此，需要小组领导者在以不唐突和"可接纳"的方式进行监管下，通过在场的其他人对不存在称赞或责备的竞争性情境进行修正。

小组治疗对于年轻患者和成年人来说，发挥着越来越重要的作用。作为一种方法，它包含了治疗的"活动"和"面谈"两种形式。小组治疗与个案工作密切联系，更准确地说，它与个案工作基于同样的临床准则，但不同的是，它将个体情境作为治疗的方法。小组治疗主要依赖于领导者与成员之间的关系作为主要动力，以自我增能为目标，有意识地运用创造性经验作为工具，提供释放和升华的机会。情境也可能是由温和的或阶段性的挫败、现实判断等所建构。在小组中，成员间的互惠性交流，以及领导者对表现行为的解读，能够推进自我觉察。特别是对于五六岁的孩子而言，由于其具象化思维特征，低龄儿童更容易将具有行为指导性的语言指令直接转化为行动表现。

工作者需通过理解儿童心理发展阶段特征，掌握小组活动设计原则，例如匹配社会适应的年龄层次和认知成熟度。精神动力的相关知识、客体识别、行动化、神经质抑制、移情变化、反移情、防御的本质等类似概念，都会在治疗的普遍领域中引入小组过程。但作为一种专业化要求，小组治疗与任何精神疗法的方法一样，精神科会诊必须具备可操作性，工作者也同样需要经过严格的训练。

贰

# 第五章　机构实践与机构间的实践

现代社会中法律的行政实践、医疗的小组实践以及机构实践的趋势表明，社会工作的历史本质上是一部机构实践的历史，而非个体实践的历史。学者们开始关注不同场域或实践情境（Perlman，1949）。

## 一、场域和情境——普遍与特殊

学者们认为，社会工作在社会机构中的实践属于在"初级"情境中运作，而在医院、法院或学校的社会工作部门或公共服务系统中，则属于"次级"情境的运用。此外，也存在像儿童机构这样的"初级"情境，其生活经验通过个案工作、小组工作和其他服务得以支撑。

工作者需要掌握的主要概念之一，是不同机构和制度情境的普遍性方面。知识是经过长期且细致的检验和筛选而获得的，并非轻易可得或无法简单吸收。在一般的个案工作中，基本假设和普遍法则发挥着统一和整合的作用。特定的实践、检验、对比和总结，形成了普遍性运用的新阶段。未经特殊化检验的普遍性，往往显得随意且乏味。普遍性和特殊性之间的交替运动与整合，存在于任何一种职业之中。当任何群体过于依赖自身情境以获得声望时，这往往意味着该群体出现了发展受阻的信号。"普遍"

并不意味着"基本",而是一种同样重要的技巧,它是使社会事实和动力心理学在任何情境下都能有效运作的基本知识。情境本身并不是专业化的标志,且在次级情境中将实践隔离开来,并不利于在全部专业实践范围内挖掘真正的专业化。

尽管人们经常认为个案工作的"情境"是家庭和儿童的场域,以及精神病学和医疗社会工作,但缓刑、假释和学校社会工作(正式名称为访视教学)等场域,也会因公共和私人领域、宗派主义和非宗派支持的不同而有所区分。无论是在税收支撑的机构,还是在民办机构中,家庭、儿童、医疗和精神病学个案工作的本质都是相同的。由于法律基础和规章制度的框架,以及待处理的案件数量,公立个案工作相比民办个案工作不可避免地更缺乏灵活性和实验性。几乎所有农村福利工作都由公共资金资助,因此公共资助与私人资助的工作区别主要在于行政元素,而非内在的专业内容和质量,并且与各个特定组织的个案工作在专业上也没有显著区别。移民和难民群体相关领域的社会工作,经常强调相互帮助的概念和实践。有些慈善组织经常强调行为和性格问题,并因此特别关注儿童照顾、缓刑等项目。但无论是哲学上的强调还是宗教方面的动机,从技术层面来看,在宗教主义机构中,社会工作的实践与非宗教主义机构相似。

随着结构和功能的发展,相互依存式或合作性企业正在社区中崛起。只有明确认识到全部需求和必要服务的相关部分,才有可能实现劳动分工,并且每个独立机构对不同实践拥有各自的职责。在这些发展阶段中,一旦重要功能发生转变,或者新的结构被创造出来,混乱也自然随之产生。这样的转变不仅发生在公共福利快速扩张的时期,还发生在家庭工作和儿童工作的交汇处,同时也会发生在保护性功能阶段,以及战争背景下机构的扩展和收缩之中。精神卫生方法已经成为所有现代个案工作中的普遍要素。在医疗和精神病学情境下,工作者逐渐增强了对所有疾病中蕴含的身心医学和心理社会元素的理解,并探寻它们的共同基础。我们无法在抛开医疗支持的情况下,仅提供儿童和家庭监护。长期以来，人们都认为儿童和家庭监护的提供是一种社会机构处理父母、儿童和青年问题的功能。神经质人格通常不将自己视为患者，也不会将干扰行为视为病症。案主可能会根据自己所面临的问题去选择对应的机构或部门，但这并不意味着应当将潜在的冲突单独交给某一特定专业群体来解决。

## 二、功能的重要性

在不断变化的文化背景中，人们无法制定一个永恒不变的设计方案。随着新问题、新需求、新特点、新技术和科学知识的不断涌现，功能也需要相应调整。美国早期主要关注儿童因家庭经济问题而不得不离开家庭的社会现象。1909年的白宫会议上，提出了一个口号："没有一个孩子应该因为贫穷而远离家庭。"随着社会安全法案的出台，这个口号逐渐变为现实，使大多数家庭能够为儿童提供健康照料。儿童福利服务事业对于安置居家儿童和照顾离家儿童具有重要意义。

如果家庭作为社会价值的文化观念发生根本性改变，那么许多社会福利模式将立即发生变化。一旦福利国家不再坚持自我维护的概念，如集体主义取代民主，就必须找到新的方法来发展个体。因此，对现代结构和功能意义的任何研究都必须基于理论层面进行理解，而不是仅仅依据现代特定群体对机构的一成不变的解释。社会运动的特点不仅具有易变性，还表现出流动性和趋势的多样性，即使在小地理范围内也是如此。通常来说，更多变化往往发生在相同"场域"的机构之间，而不是不同场域的机构之间。我们所理解的功能，是基于将福利结构作为一个整体来把握，进而提炼出适当、合作和整合性的劳动分工。我们不能过分强调或忽视功能：如果功能模糊而弥散，工作者和案主都会对他们的目标感到困惑；如果功能僵硬且专断，或者过于苛求，那么为了抵消其刚性，群体内部将会启动偶发性的努力。如果继续存在并行或分类结构，那么无论是在单个机构中，还是在群体中具有相同功能的机构之间，行政成本都会增加。在一个发展型专业中，时不时地会出现结构的重组和整合，最终结果是功能的再定义和合作性努力的新程序。

与生物有机体类似，机构经常从无差别功能开始。原始的结构有两种：一是为特定目的设立的机构，例如为个体提供购买牛奶或鞋的资金支持；二是为提供多领域不同服务而设立的机构，这种机构与其他群体机构不相关。19世纪的家庭和儿童机构属于后者，它们是行政部门分管下大部分社会工作的结合体。因此，19世纪成立了许多家庭机构，如救济中心、营养咨询机构、日间照料所、康复中心、健康服务中心、庇护所和养老院，并且在时代环境允许的情况下，还增加了精神健康诊所。后来，其他家庭机构也提供了家庭工作、住房供给、法院改革活动、法律援助、社会服务交换等功能，包括早期进行了相关工作救助试验（如木材堆放场和洗衣房），甚至开始建立社会工作学院。大量儿童机构也成立了初期的康复中心、日间照料所、寄养服务中心、儿童中心、单身男青年之家等。多元服务机构并没有像今天的医疗中心一样，以整合式、紧密结合的患者照料项目为基础进行运作。尽管这些开拓性的多元服务机构中的不同部门之间并没有联系，但它们不仅为个案工作运动奠定了基础，也推动了社区教育、福利委员会的发展，并且激发了许多当代"福利"范畴内重要领域的预防性项目的创建。

19世纪末期，早期儿童救助社团不仅强调儿童个体的需求，也考虑广泛意义上的儿童保护计划。在儿童安置方面的实践几乎与家庭机构方面一样分散，从契约式的孤儿院到寄养照顾，存在着众多具有系统性和相互独立的方法。渐渐地，儿童机构开始厘清和整合家庭机构的各项服务，并且儿童机构的一些特点开始成型并引起关注。在大型机构中，有一些服务如法律援助、访视照护、休闲疗养从家庭机构中脱离出来，成为独立机构或者受到其他专业的赞助。服务，就像信息、社会和健康资源详细清单的中心索引局一样，也像转介中心等，成为福利委员会普遍运作的方式。除了独立的接案机构、诊断临床诊所或者"救济会"，研究、诊断和治疗以及对社会资源的合理使用，都成为所有机构中定义明确的个案工作元素。

## （一）作为功能检验的目标[①]

如果人们考虑社会个案工作对生活水平和建设性社会关系的关注，那么将会注意到围绕目标形成的普遍性机构群体，这反过来也揭示了它们的功能。人们可能会将这样的目标视为维持、咨询、治疗、保护和矫正教育。维持是通过补助资金、寄养服务、替代家庭或机构来实现的。在这个过程中，也可能会运用辅助服务，如日间照料、家庭主妇服务或访视管家服务。监护、咨询和治疗在家庭和儿童的社会服务机构、诊所、教育机构或其他场所进行，这些工作大部分通过私人赞助来开展。保护和监护涉及儿童照顾、国家医院中的个案工作，以及考察期和假释的不同方面。所有这些工作都具有公共属性，并带有强烈的权威元素。矫正教育，包括青少年犯罪拘留所、学校和犯罪治疗的假释，也已被纳入社会福利的范畴，并吸收了个案工作和小组工作过程。预防是社会福利的责任，而非某一群体或任何一个职业的责任。例如，在维持、监护、治疗、保护和矫正活动中，存在责任重合的部分。然而，我们可以将这些目标视为提供了功能线索。其他帮助定义功能的线索存在于范围、资源、运用方法的典型复杂性，以及专业能力和司法管辖权之中，它们之间相互独立。在任何特定的时间和地点，机构和群体过去想开展的行动是功能的重要决定性因素。现在的整体趋势是在总体福利社区计划中，形成负责任的结构和功能联盟。

伴随着当时美国社会贫困问题的加剧，"贫穷"这一分类下出现了年长、患病和被抚养的孩子。分类能够突出需要特别关注的条件，有助于发展新的

---

① 关于特定问题和功能的讨论参见第十章。

理论和治疗方法；然而，如果让分类的价值固化为永久的类别和孤立的程序，也可能会阻碍进展。应当将被抚养儿童从模糊且宽泛的贫困标签中解放出来，让我们对儿童需求的理解不断深化，认识到童年不仅是对生活的准备，也是生活的重要阶段。儿童的健康、教育、精神训练和经济安全是所有社会的首要考虑因素。无论何时，若将抚养家庭和机构的儿童从家庭研究中排除，都将无益于社会发展。每一个源头问题，如未婚单亲妈妈、贫穷或被扶养和被忽视的儿童，都代表了一种特殊的"场域"，需要运用特殊的方法和技巧进行介入，而专业训练能够迅速扩大工作者的知识储备，以涵盖社会工作的普遍性哲学和技术，使工作者能够更快地从一个场域转移到另一个场域。

儿童安置和儿童监管对许多特定学科提出了要求，其中包括基础社会工作。基础个案工作概念经常根据机构的调整而定义，例如在医疗或精神病学情境中，基础个案工作即公共救助管理。在对农村社会工作开展的试验中，那些具有适应能力的城市个案工作者，依然可以同那些在农村出生或长大的工作者一样成功完成工作。文化因素会对社会个案工作所处理的问题产生影响，反之，个案工作也能够根据其文化和行政情况，调整所运用的方法。对于不同年龄段特点的认知，如幼儿托养阶段、青少年或老年人，或不同的社会问题，如非婚父母等，并不意味着需要创造特殊"场域"对其进行处理，但确实需要特殊的才能和知识。由于社会问题本身的独特价值，单独处理社会问题并不会推动社会的生产性和动态进步。社会问题具有多面性，且社会治疗兼具多元性和灵活性，而僵化的分类阻碍了所需技巧的发展。在任何特定领域的实践中，提高洞察力和技巧至关重要，而那些与普遍专业不相关的惯习和刻板过程，也无益于不断被检验的理论基础。

在专业成长的最初阶段，先致力于打造一个"产品"，如居住地、补偿金和儿童机构，并训练员工来"管理"它。在后续阶段，专业塑造了知识、概念和技术，并且在问题和治疗目标的指引下，工作者以诊断为基础，运用不同的资源、工具和技巧。因此，社会工作的基本服务和资源必须以案主利益和有效性的最大化为导向，进行合理的分组和安排。典型的专业流程是统一的原则，不能依靠未经筛选的部门负责人基于友情或强迫性合作来推进工作。社会工作机构需要配备充足的人员和专业的设施，同时做好随时与其他专业合作的准备。在医疗、法律和教育部门能够很好地与其他专业学科合作运用知识之前，它们也需要明确和整合自己的典型结构、目标和功能。在一些领域中，公共学校系统有许多复杂的附属部门和功能，这在一定程度上减少了教育中心职能所占的比重。但这并不意味着学校必须为每一个上学的孩子都提供全部类型的服务，现在的趋势是将学校建构为综合性机构。学校需要主要关注典型的教育过程，同时提供相关的支持服务，并与其他部门合作。

## （二）公立及民办资助

美国社会工作作为社会和经济运行的一部分，必然会影响未来政府与非政府活动之间的关系。同样的力量在国家的福利、教育、健康和经济生活中发挥着作用。西方文明经历了教会对国家的统治、教会的建立、宗教自由化与专政，以及国家对教会的吸纳。在美国，宗教的私有特性仍被视为不容置疑，但普通公民普遍接受公共与私人努力在所有领域中的密切关系。在福利领域，社会承认群体作为一个整体需要满足广泛而持续的需求，而只有纳税人支持的机构才能有效承担这一责任。政府的功能包括为所有阶层提供维持性收入、保护、公共健康、教育和娱乐等服务。私立学校、民办医院、家庭和儿童机构以及小组工作机构提供的补充性服务，并未改变这一基本假设。无论是公立还是民办资助，其核心内容是一致的：公立学校与私立学校的教育职能相同；公共球场与奢侈俱乐部的高尔夫比赛规则相同；学校医务中心与城市医院的医疗职能相同。尽管政府资助的服务在质量上可能有所差异，但其专业过程在根本上是一致的。此外，民办机构在治疗、实验、研究以及新项目推进中展现了灵活性并作出了重要贡献。

在大萧条期间，应急救援行政部门吸纳了大量经过私人或民办机构培训的个案工作者。起初，这些部门对超负荷的个案量感到困惑和不知所措。他们认为，在申请人排长队或挤满等候室的情况下，拥有个性化技能的个案工作者难以发挥作用。显然，政府官员中存在一种谬论，即认为救助是一种"商业行为"，并错误地认为适用于车辆装载和鞋子生产的方法可以直接转移到患者照护中（Pray,1938）[①]。

抵制这一概念的社会工作者有时会陷入反向错误，认为某些社会服务能够消解常规影响和不适当的"商业"政策。然而，最有效的公共救助方式往往依赖于新技术和技巧，而大规模管理政策与合理的个体化并不矛盾。个案工作者已学会如何"去个性化"，例如处理资格指标、个性化内容以及案主对情境、机构和救助本身的态度。他们已学会将政策融入服务过程中。经济状况的意义如同健康问题中的疾病，在于其情感性和社会性结果。设计资格客观测试的目的并非评价案主"是否值得"，而是鼓励案主参与建立自己的资格，学会评估权利和需求，并具备释放自我和组织自我的能力。尤其是在失业和贫困的压力下，这是一种有助于提升而非削弱个案工作技能的挑战。

历史上，家庭场域关注家庭生活的维系与保护。家庭福祉面临两种威胁：一是家庭经济收入的欠缺；二是成员的残疾和反社会行为。前者可以通过社会保障提供收入，包括保险和救助来解决。大部分救济和生活费现在并持续成为纳税人支持家庭机构的功能之一。而关于家庭经济支柱的成年人和家庭主妇的行为与残疾问题，并未完全将责任由群体授权给公共机构，除非家事法庭参与承担问题的某个方面。原本由私人资助的儿童指导诊所，现已在公立学校、法院等场所出现，用于解决困难父母的问题。尽管这些问题常被视

---

① 普雷指出："我们清楚管理的主体是服务，不是组织的元素，也不是机械的齿轮。行政的主体是人类个体的保护和援助，而不是统计项目的管理、地图上的大头针或图表的线条。"

为"儿童的问题",但大多数问题实际上源于成人本身。我们的综合考察系统属于公共部门,但大量家庭行为问题通过民办机构进行治疗,包括教会、婚姻咨询诊所、矫正部门等,这些机构主要在综合性社区计划中运作。每当为了清晰且明确地组织管理案主而运用社会服务时,案主确实能在工作者的协助下获得自我察觉和责任感提升。因此,在设施服务完善的家庭和儿童机构中,无论其由公共资助还是私人赞助,都必须明确将家庭咨询作为其主要功能之一。

## 三、机构结构与功能

在现代社会中,机构或部门与社会工作紧密相联,相较于其他专业,这些机构或部门在社会工作中构成了实践的基础。特别是在广泛实施社会救助时,工作者作为公共政策和程序的执行者,承担着明确的职责和限制。尽管强调机构的结构和功能(这是社会工作宾夕法尼亚学派的重要贡献)已被证明对个案工作过程具有显著效果和稳定作用,但相较于内在情绪、社会环境或我们关注的任何基本事实,机构情况不应被过度详尽地阐述。它主要构建了心理社会过程中各种现实之间的平衡与交流。关于工作者与案主、机构与工作者以及案主与机构之间的关系,必须在一系列相适应的操作中被视为相互补充的方面。通常,通过个案工作的面谈过程,关联并运用机构内部提供的社会服务,不仅能帮助申请者,也能提升工作者的技能。

### (一)政策与流程

社会工作是在机构结构的框架下进行的,因此工作者必须能够与机构共同建设性地构建自我认知,并学会与案主一起有效地利用服务和流程。他们通过这些机构和其他资源对社区负责。工作者需向案主和社区解释自己机构的功能,调整工作路径,以有效完成个案目标、处理优先事项、应对危机,并整理统计资料和其他报告。个案工作者必须对工作流程对案主产生的影响保持警觉，对需求的变化以及社区的发展和资源保持敏感，这些也应在行政管理中得到敏感的呈现。他们必须时刻保持警觉，以免过度运用技术导致案主迅速妥协而表现出过分适应。工作者需要经常审视案主的需求和社会变化，否则所有技术都可能趋向形式化。如何高水平地整合法律体制、行政政策和社会工作过程，对当今的公共社会服务而言是一个挑战。

作为专业人员，工作者应理解机构政策和流程，但仍应享有评估和质疑的自由。对工作者而言，无论在任何情况下，所有操作都应以案主和社会的利益为出发点。实际上，如果他们的专业意识与日常实践发生冲突，他们有责任通过适当方式采取相应做法（参见下文对专业伦理的探讨）。如果社会工作者不信任他们所在机构的政策，且无法对其进行调整，那么他们有义务寻找其他合适的工作环境。他们有义务预防社会问题的发生，并建设性地参与必要活动，为改善社区状况和服务而努力。

虽然人们在理论上不愿接受限制，但实践中确实存在真实的困难。例如，民办机构可能缺乏资金支持长期的临床研究，或公共机构可能没有应急资金，或只有最低预算，难以满足全面的合理资金需求。甚至有些机构无法配备足够数量的训练有素员工，或提供处理问题所需的治疗类型资金。然而，在现实中，这些行政类型的偶然限制是无法避免的，就如同无法实现纯粹理论上的劳动分工一样。即使机构已明确其服务主线和优先事项，仍可能存在边缘化或模糊的区域。由于资金不足，机构往往只能处理适当的区域，因此所产生的功能性问题只能通过直接共享和长期的社区计划来解决。公共的保护性功能包含权威要素，这在一定程度上限制了灵活性。然而，我们发现应接纳行政性限制，因为权威本身并不必然是不利因素，实际上它在全面性社区计划中至关重要，并形成了智力型劳动分工。对社会服务进行清晰明确的组织，也可以帮助案主形成更好的自我觉察和责任感。个案工作应帮助他们积极利用所有服务，而非扮演消极的接受者角色。即使在权威的情境中，这也可能是"保护性工作"鼓励性发展的一方面。

## （二）"功能性路径"[1]

机构的功能对案主如何运用关系产生着影响，因为必要的限制会作用于工作者对案主的处理方式及介入程度。同时，所有社会工作者都坚信，在运转良好的社区模式中，明确定义的机构结构以及功能设计发挥着至关重要的作用。这就是所谓的"功能性个案工作"中的机构功能，即机构功能而非案主需求成为"助人过程"的核心。工作者仅需负责"在机构的情境下理解助人过程"，而无需"在大量情境或特定场景中掌握助人知识"。"个案工作者的首要责任应是理解和把握机构及其功能的关键"（Taft，1939）[2]。

在个案工作情境中，助人过程具有"缓和现实冲突"的特征，且"选择权在于案主"，无论是应对机构的限制，还是寻找其他解决方案。动力来源于工作者所代表的机构功能，并且认为案主将会就自己发现的新焦点达成共识。案主会获得"一种新的体验，使自己适应固定且有限的现实环境"，即机构[3]的环境。笔者认为，机构政策及流程应起到推动治疗过程的作用，而非成为治疗过程的中心。然而，遗憾的是，理论的重组往往倾向于形成不同的"学派"，而非成为澄清和重新定义的过程。正如我们经常观察到的，如果新的贡献有效，它将会缓慢地被旧学派所吸收；反之，新学派则倾向于忽视领域中

---

[1] 正如前文所言，本书的概念性基础是"诊断性"，所以对于"功能性"路径的理解，建议读者参考宾夕法尼亚学派的相关文献。

[2] 塔夫脱指出："毫无疑问，功能并非静止或一成不变，它会随着社会环境的变化而改变，或者必须作出相应的调整，但在相对稳定的时期内，它是已知的因素……工作者依据所处机构的功能和流程中发现的设定条件行事；而案主则代表着未知的自然力量，对限制以及功能中可能实现的情况进行反应，在一定期限内对其进行尝试。他尝试接纳、拒绝、控制或调适这些功能，直至最终与之达成妥协，从而定义或发现在此情境中自身所需的一切。"

[3] 正如普雷（1947）所言："工作者是机构的代表，而机构本身是固定社会现实的一部分。案主必须在这个现实中发现令自己满意的解决方法，并实现最终的调整。机构所决定的众多可能的服务及服务方式，以及这些服务所附带的条件，限制了工作者帮助的本质和范围。"

的实验性内容，并成为狂热追随者的聚集地。

掌握机构实践类似于在斯库拉（希腊神话中吞吃水手的六头女海妖）与卡律布狄斯（希腊神话中该亚与波塞冬的女儿，象征漩涡）之间寻找平衡，即要在无定形的不规则路径和灵活的人道实践之间找到恰当的平衡点。这需要依靠工作人员的努力，通过整合委员会和会议，强调社区和员工计划的重要性，以及创造性地运用志愿者服务、团队服务或多学科合作概念，来拥护进步、睿智和广泛性的发展。随着公共服务的广泛展开，个案工作政策的整合已成为专业化的方向之一。显而易见的是，通用专业教育必须确保工作者熟练掌握治疗领域的基本临床操作规范与行政管理准则。

## 四、机构间的合作

社会个案工作的核心重点始终强调合作，因为典型的社会个案往往具有复杂性和多面性，且通常涉及多个"案主"。在农村个案工作中，可能会有公共护士、儿童法院法官，以及公共救助或儿童福利工作者共同参与。而在大城市中，不仅安置工作者，还有个案工作者，甚至同一个家庭中的不同成员，都可能参与到个案工作中来。实务工作者需要学会理解并能向大众介绍自己的机构，以及社会福利和健康领域中的其他机构，这有助于为案主提供更优质的服务。正如玛丽·里士满在未公开发表的道德准则中所指出的，当案主的需求明确时，个案工作者有责任提供特定的救助或服务。若该需求或服务无法直接通过本机构满足，个案工作者则有义务帮助案主在其他机构获取所需服务。

若机构甲在其职能范围内结束治疗进程后自行退出，并将个案转移给机构乙，这并不构成合作型个案。在许多案例中，机构甲更多的是为案主解释社区设施，并允许其向机构乙提出申请。实际上，若机构甲仅为机构乙开出"处方"，这种"串联式"关系往往难以取得成效。在案主同意或请求下适当转介个案，需要工作者之间传递诊断性思考及目前的治疗进展。如前所述，合作型个案是由两个或更多机构，或由两个或更多工作者同时执行计划性治疗。及时向转介个案的机构报告处理方式，是专业礼节之一，有助于建立公共关系。

当收到合理的信息请求时，公共和民办机构均有义务在案主同意的前提下，及时提供合适的书面或口头报告。报告内容应基于机构的自主决定权，并综合考虑案主利益、咨询相关性、机构专业地位及社区最高利益进行选择性提供。合作型个案工作必须基于共同的专业教育、适当的功能型劳动分工，以及在对社区负责的框架下，对案主权利的完全尊重和保护才具有意义。一般而言，由于专业礼节是双向的，机构甲不应请求获取其他机构的保密性报告，除非它愿意同样提供保密性报告作为回报。工作者不应坚持要求获取其他机构的记录，而应更加慎重地限制对记录的读取。资料是一种具有特殊目标的责任，仅应提供给那些能够专业地运用材料的人阅读。尽管某些特定记录属于公共文献资料，无须保密，但认为个案资料属于公共文献，甚至将其保存在公共机构中是错误的。

案主有权了解社会调查的本质并参与其中，因此若工作者需将报告送至外部机构，应告知案主并取得其同意。尽管有人担心，一旦尝试向案主征求意见，他们往往会反对而非同意，但如今对这一基本准则的接受已无异议。当然，也存在一些例外情况，强制要求考虑案主意愿可能是不必要的，也可能是不明智的。例如，当案主患有精神疾病、其他严重生理疾病、有犯罪倾向，或对自己或他人构成威胁时，案主自决权必须向负责该个案的工作者让步。若案主有疑问，工作者应如实告知其机构工作者和咨询师共享保存记录的内容及信息类型。案主通常能够理解员工会议和适当记录的必要性，以及保持保密性的意义。他们很少试图了解细节，也不会对此存在担忧，因此无须过分强调机构流程。若所呈现的特殊焦虑无法通过事实性陈述得到处理，则必须个别化理解和处理当前情况。

案主有权在专业关系中期待得到最大化的保护。若涉及其他机构，他们应了解这些机构的利益条款及其工作者所应承担的义务，包括是否与相关机构分享信息。在许多情况下，若专业机构有正当的查询理由，可以在遵循专业礼节规则并提供合理解释的前提下与案主进行沟通。通常认为，查询机构会从案主的利益出发使用信息，并提取出首要关注点。没有固定的模式能够确定可以分享的信息数量和质量，但若忽略了最基本的考量或滥用信息，将会激怒案主。专业礼节并不强制要求像医学那样只能有一位负责的实践者，但它意味着在社会服务交换、会议形式的选择性运用以及其他类型的结算方式中，应遵循一定的规范。

社会服务交换，亦称中心索引，是一种旨在促进不同机构或部门从案主利益出发进行协作的方法。它源自慈善组织的理念，如今大多数登记在案的个案都是由公共社会工作机构赞助的。对于每一项公共服务，如救助、儿童服务、缓刑和假释，都必须为案主建立个案工作文档。虽然目前尚未确定合并文件与分开文件哪种方式更为经济高效，但中心索引有助于识别那些同时接受两项或更多项服务的个案。只有在请求"交换"时，才可通知一个机构与先前的机构进行联系。若没有其他可交换的信息，只是因为并未集中保存所有类型的"个案"记录。

关于是否应全面告知案主社会服务交换的存在，人们持有不同观点。笔者认为，对于非专业人士而言，这是一种较难理解的机构协作机制。当工作者主动强调这些信息的重要性时，案主往往难以理解，并容易因此产生焦虑。若案主询问其是否有权获取任何形式的记录信息，工作者应给予坦诚真实的回答，并敏感地察觉到问题背后可能存在的焦虑情绪，及时作出回应。在伦理层面，我们的关注点不应仅局限于技术层面的描述，而是在必要时需获得案主的同意，以便匹配信息请求并向相关机构提供报告。无论是否具备交换的资源，对于娴熟的工作者而言，说服案主讨论其先前的机构接触和治疗经历，或获取其同意进行适当的调查，或分享从其利益出发而制作的报告，都不会感到困难。民办机构应保存其个案工作案主文件，并在中央索引或社会服务交换中，谨慎地运用自决原则来结清或登记个案。总之，机构必须登记那些与大量社会机构有接触或表现出严重社会病态的个案。而不负责维护大量个案或慢性病理学个案的机构，可能无需对其进行百分之百的登记和结清。此外，民办机构在登记的自决程序中比公立机构更具灵活性，因为在公立机构中，大部分个案流程是通过统一申请进行的。

基于保密性的前提，机构一般只要求存档最少量的身份信息，并为此提供基本的表格。使用家庭单位类型的身份识别信息，能够保护法院、精神机构等所认识的个人。同时，应尽可能将未婚母亲和非婚生子女登记在适当的家庭单位下。当前真正的问题在于，如何在公共福利和保护性服务中，为大量案例的合并指标设计一个经济的系统。

## 五、个案记录[①]

在所有部门或机构的实践中，个案记录对案主的治疗起着至关重要的作用。首先，心理社会问题中的因素极为复杂，且难以准确回忆；其次，在文件处理过程中，往往有多位工作者同时或相继参与其中；最后，个案记录被用于实践、教学、研究等多种特定用途，其循证基础对社会计划大有裨益，有助于工作者理解和描述问题，并对其进行分类。

在进行个案记录时，我们主要关注以下几点：全面收集社会和心理等方面的相关事实材料、工作者对情境的专业分析、诊断和治疗评估的制定、有效治疗的初步计划和阶段报告，以及记录个案的最终结果。所有个案记录必须至少包含以下数据：身份信息、案主所处的心理社会情境细节、问题的本质与起因（恰当描述而非常规历史性的叙述）、案主需求的本质、案主对自身

---

① 对此书章节的概括，将推荐适用于治疗中的不同考虑内容。同样参见汉密尔顿的《社会个案计划准则》(*Principles of Social Case Recording*) 一书。

情况的感知、案主接受机构帮助的态度、治疗的细节以及案主对治疗的反应。这些记录应使工作者能够快速阅读并理解内容，因此资料必须是易懂、清晰、简洁的，并与所理解的情境和治疗的本质相匹配。所请求的数据范围应控制在能够恰好解决案主的问题及处理方案中的主要因素之内。在所有处理行为问题和适应性失败的情境中，无论行为是否与经济或家庭情境相偏离，都需要深入研究以揭示人格特点。

当问题的解决依赖于相对简单的社会救助手段时，人格发展的细节和情感关系，包括工作者与案主在面谈中的互动可能较少，但不应以逐字逐句的过程式方式再现。无论案主对实践或心理冲突的反应，还是对行动过程的感觉反应，通常都非常重要。如果案主的感觉合理如常，那么工作者并不会对正常行为进行阻碍或详尽阐述，也不需要更全面地记录这些正常行为，相比于其他心理社会因素。人们需要经常关注习以为常的常规行为，观察其是否如表面所见，但不要过分记录，要持续记录真实相关的情感和实践事务。

## （一）证据的呈现

记录应包含相关的生理、心理和情感数据，以及主要的心理证据（主要通过态度和行为表达）。这些数据可通过两种方式报告：一种是叙事性方式，以"故事"的形式提供事实；另一种是总结性方式，也可能采用二者相结合的方式进行记录。叙事性方式最为简单，是报告和处理态度、感觉及工作者与案主关系材料的主要方式。因为在处理面谈中的口头材料及观察到的行为等重要证据时，这种方式非常适用。工作者理解案主感觉的唯一途径，是通过案主在面谈中对自己的表述及其所作所为。因此，需要在面谈情境中选择性地逐字记录主要的心理证据[1]，包括工作者的角色。重要面谈或面谈关键部分的逐字记录，对于研究和明确治疗中的心理目标至关重要。但为实现更明

---

[1] "逐字"只是一种精确报告的近似法，在没有录音记录的情况下，仍有其自身局限性。

确的社会目标或提供具体的实务服务，使用凝练和总结的记录方法更为合适。

逐字记录通常用于治疗面谈中的重要部分，以呈现心理的暗示和微妙的反应，特别是能够体现工作者和案主之间交流过程的感觉基调和对关系的运用，以及能够观察到在儿童游戏面谈中的行为和儿童对所揭露关系的反应等。即便在面谈情境的精选逐字记录中，也不一定能够完全捕捉到情感色彩。作为参与者，工作者最能够了解案主心理层面的变化，并且有责任在介入开始或结束时，对所发生的事实作出诊断性或评估性评论。总的来说，逐字记录确实是一种有效的方式，尤其是为了训练目标，但必须谨慎运用。如今，我们转向一种完全评估性的记录方式，称之为"过程"（虽然通常情况下"过程"与逐字记录同义，但二者不能笼统地运用）。"过程"记录有其自身的风险，因此建议对每一个记录辅以足够的心理和社会方面的主要证据，且这些证据必须被严格选择和控制，否则记录将会变得难以理解。同时，需要经常凝练整理现有数据。

记录的总结形式主要用于报告社会数据，如资格材料，以及有条理地呈现人格类型、成长、发展和相互关系的历史发展。治疗总结也同样重要。社会研究（包括资格和总结，以及心理遗传史）通常以凝练的主题性方式呈现，归类于家庭背景、经济、教育或失业数据的大类之下。在医学和其他机构的单位记录中，可以最大化地运用并记录群体参与者的总结。应在机构实践中长期保守地运用补充性记录，以避免导致治疗的孤立和浪费。通常来说，补充性记录的卡片形式足以支持机构的日常工作运用，并且所有重要材料应以简化的形式，由合适的群体成员放置在中心文件中。这些接受治疗的病患或家庭的记录流通，减少了额外需要概要、草稿式笔记文件以及卡片的必要性。如果广泛使用复写纸或保留大量重复文件，则通常表明治疗过程本身未能得到很好的整合。在所有个案中，面谈是主要的治疗媒介，其中的情感资料起主导作用，相关的环境比安排更重要，且凝练的叙事比按专题分类的更为适合。无论如何，诊断性思考为治疗提供了捷径。

应在合适的时期进行治疗性总结,无论是替代叙事条目,还是在重要时期对过程进行凝练和评估,以大大减少长叙事条目的必要性。例如,以一个月或更长的时间为周期的阶段性总结,有助于更好地控制治疗流程。但理论上来说,总结最好覆盖到计划治疗的各个阶段,以及最终的评估阶段。在工作者发生变动后,虽然制作摘要总是比不制作来得有效,但在适当的时候制作适当的摘要相当重要,例如,在治疗需要进行社会研究、诊断或治疗评估的时候。儿童安置阶段的评估大概每三个月完成一次,这在凝练记录和保持清晰的治疗视角中是有效的。

## (二)诠释证据

专业记录是工作者的重要工具。它虽是对事实的再现,但无论内容多么详细或区分多么细致,都无法替代工作者的思考。工作者拥有自己的专业观点,这些观点可以与督导、咨询师分享,或作为员工会议的讨论内容。案主的考虑和感受主要通过面谈证据来呈现。工作者对案主态度的理解和看法、问题的呈现、所涉及的人格以及治疗的利弊,都应以简洁、清晰且直接的方式书写。只有当记录者能够准确地记下相关事实,并同时说明他如何诠释这些事实时,这份记录才能被认为是专业的。诊断性摘要应以心理社会诊断表述作为结尾,同时也要求有治疗评估的阶段性摘要。

诠释的主要形式是诊断过程和评估过程(Little,1949)。从接案开始,工作者就应对事实的意义发表连续性评论,这是总体的诠释过程,贯穿整个个案过程。工作者会定期作出正式的诊断性陈述,撰写诊断性摘要、预后陈述(评估)、治疗评估,以及诸如使用寄养家庭前后的特殊评估摘要。特殊诊断性和评估性构想的变形十分常见,在此无需赘述。

一些工作者以评估的方式书写大部分记录内容,例如:"巴杰女士在面谈过程中表现出尝试控制,经常试图设定自己的条件。"这种方式具有简洁的优势,但只有在有足够的社会事实和口头(选择性逐字逐句)证据完全支撑的情况下，诠释才更有效。工作者必须通过习惯性地仔细阅读记录，并在每一次口述前做笔记，接受高强度的训练。同时，需要通过提前做好口述的准备，而非自发地对速记员或录音机的刺激作出反应，来避免重复。案主自己不断重复，并不意味着工作者也要记录重复的内容。如果工作者在调整时引入了新的资料，即使这些资料对工作者来说不是新的，但对记录来说也是新的内容。新资料和冲突性资料如果相关，就必须介绍并强调其差异以及可能赋予的意义。然而，如果案主出具了重复的相同资料，那这是在提醒我们问题并未得到解决，并驱使我们需要做出更周全的评估性努力。我们应当去分析它的重要性，而不是在记录中不断重复。

我们常常忽视的是，阅读冗长的记录会花费过多时间，其代价甚至可能比无法控制诊断时间的代价还大。对材料的筛选通常应该在口述单一条目或总结性条目之前完成。定期的口述计划通常是一周一次，一般不会超过一周两次。仔细准备笔记、以总结和诠释的方式书写实践记录，甚至均匀分配时间，也有助于保持有效的记录习惯，并进行更有用的记录。诊断性和评估性测试，可能会为未知的诊断过程提供补充性捷径，但任何手段都无法替代面谈，因为面谈是个案工作的主要工具。

以下例子呈现了调整的过程，并有工作者对其进行了评估性评论。

科恩（Cohen）女士开始面谈，与我探讨了她和格洛里亚（Gloria）在安置计划中的所有价值。她已经，或者似乎已经，对安置对她们意味着什么有了更积极的接纳。她与科伦（Curran）先生（科恩女士的同居者）讨论了她的感受和他长期对责任的逃避，但她接着解释科伦先生生病了，并且无法持续工作。因此，她开始质疑与他建立永久联盟是否对她或格洛里亚有任何价值，尽管随着年龄增长，她越来越对自己的生活意义感到厌倦。她表示，如果她能够慢慢走出家庭，可能会是最好的选择，甚至可能能够自己出去工作。她还谈到了福利部门，并对自己无法与他们取得进展感到厌恶。她补充的一个重要观点是，不论格洛里亚是否在家，就她目前所能看到的情况而言，对情况的缓解并没有太大的帮助。这些事情我们之前讨论过，并且我知道她已经与福利部门谈论过，但她现在难以接受格洛里亚无法作为家庭缓解的媒介。现在她更多地讨论的是工作，以及这可能带给她的注意力转移、好处和额外的收入。她另外补充道，如果她出去工作，不能让格洛里亚处于无人监护的状态。显然，她所考虑的是早点外出工作，但这一点我并没有完全弄清楚。格洛里亚是那种能够一直待在家里的女孩，并且她不喜欢自己一个人吃饭等。她认为如果她能够把格洛里亚留在一个适合且安全的家中，可能对她们都是更好的选择。

我想知道她是否已经做好继续进行安置的决定。她突然彻底转变的态度，让我意识到她认为自己没有其他选择。她透露自己已经签署了申请表，并且科伦先生已经告诉她，现在不能改变主意了。科恩女士得出结论，如果福利部门已经准备好启动法庭程序，而她并不愿意如此，她反而会同意着手安置。但她并不喜欢我们或其他人告诉她要做什么，并且如果她不愿意着手安置事项，这样可能会更好。劝说她没有任何意义，因为矛盾显而易见，她仍无法面对他们。

从这个讨论中，我发现了两件很细节的事情：第一，她一直抗拒面对安置，即便这对于她和格洛里亚都有很多好处；第二，这种感觉与她希望将安置决定交给他人的需求有关系。有足够的证据表明，我说的话引起了她的注意，并且她愿意接受。她已经以迂回的方式告诉我，如果安置的话，她是没问题的，因为她们都会通过那样的方式获得更好的生活。然而，如果没有人能够给她坚持的动力，即便明知道这对于她们更好，她也不会去做。当我以此引起她的注意时，我们最后取得了一些进展。

面谈的进展之一是她能够表达安置对她和其他孩子之间关系的影响。她痛苦地解释，所有表明安置对她有利的资料，都会使女孩们忘记她，并将她排除在外。在她们眼中，机构替代了她。她并没有感觉到新关系所产生的威胁，因为她指出爱丽丝（Iris）的持续安置和对寄养家庭的不满，以及维奥莱特（Violet）在机构中解除了威胁的事实。她觉得这仅仅是她们不需要她，并可以获得自己所需，从而使得孩子们忤逆自己。她并没有意识到自己的不足，或除了从安置中所获得的物质价值外，可能会导致关系中存在的紧张。我指出，比起其他女孩们，格洛里亚对她更重要。她很快就承认了格洛里亚确实是她的全部，并且她不愿意因为安置而失去她。

当我们一起达成这样的共识时，我要求她思考，如果事情持续发展下去，对她来说意味着什么，并且她是否认为这是一种接近格洛里亚的方式，或者这甚至会让她们的距离拉大。她坚持认为，如果格洛里亚并不知道她可能会被安置，那么这个女孩可能会努力在家中相处得更好。尽管在我们之前的面谈中遭遇过同样的僵局，但现在事情有了其他的发展空间。科恩女士也同意，安置的事实对她和格洛里亚都有价值，并且她们最好分开。她也注意到了自己并不敢迈出这一步，因为担心接下来她们关系的发展。如果决定是从其他地方产生的，她可能会愿意使之付诸实践；但如果这个决定是她自己做的，这就好像是她是彼此之间必然分道扬镳的始作俑者。她所表达的这件事并没有充分的根据，就像她以意第绪语所说的，她没有好运是因为她做了坏事。科伦先生已经就这件事告诉过她很多次了。

因此，接下来我让她回到福利部门，去发现当她退缩时，他们的立场可能会在哪里。她愿意这样做，并且当我们一起达成共识时，她似乎担心他们所说的话会让她退缩。产生此担心的节点是在她问起需要将格洛里亚置于寄养家庭多长时间。她意识到格洛里亚一旦到了16岁，我们就不能安置她，并且我们可能需要在她16岁生日前做好准备，找到一个寄养家庭。因为格洛里亚的生日是在12月，所以很明显科恩女士在作出决定前的时间十分有限。她补充道，如果她退出申请，而格洛里亚再次捣乱，她可能就会深陷其中，而没有可以采取的措施。

随着这点的提出，我向她指出，她对事实的认识是关系的紧张以及令人不满的事情，而非分别和安置的问题。她承认确实如此，但仍然抱有希望认为可能会有使她们关系更进一步的契机，并且格洛里亚会醒悟过来。她并未注意到的是，她自己在改变或者尝试做努力，进而调适她们关系的部分[①]。

在接案面谈时，特别是在不同工作者接待的情况下，记录往往十分详尽，同时会提供更频繁以及更长久的口述片段，但始终强调记录的选择性和相关性。除此之外，为了研究目的，需要完整地记录实验性技术，如个案工作的心理疗法调适。工作者需要理解数据的意义，并对过程有很好的控制。他将尽可能倾向选取诊断和评估的捷径，随时选择性运用主要证据来支持他的结论。一个惯用的准则是，工作者在任何时候都需要以凝练的方式记录关键信息，而不是全面地再现对话，也可能会引证一些代表性的口头证据来澄清解读。在前期与案主的接触中，工作者需要能够系统地记录相关历史，生成整理清晰、表达明确的数据。

## 六、员工与跨专业合作

在城市环境中，接案工作由工作者轮换进行。个案的分配依据工作者的技能、兴趣、地理覆盖范围、工作量平衡以及其他相关因素来决定。将特定工作者排除在接案流程之外是不合理的，因为这可能源于刻板印象或固定流程。而在农村地区，由于工作者可能离家较远，无法迅速往返，因此在有条件接触案主时，他们需收集更多事实材料，并深入进行社会调查。这种调整不仅是常识性的，也有助于建立良好关系，因为通常情况下，同一工作者会继续跟进该个案。

在医院环境中，接案方式多样。社会工作者可能负责整个医院的个案，

---

[①] 在目前一些实践中，非直接的谈话甚至比口头证据更少用到，但是工作者需要保持警惕的是在事实和诠释之间保持平衡。

也可能根据分配的科室来决定个案类型，如儿科、外科、皮肤科或结核科。还有些工作者仅从医生转介的个案中接案。无论如何，由同一工作者从接案到持续跟进，有助于建立更紧密的关系，且接案过程会比通过专业群体分配的面谈更为顺畅。幸运的是，人类经验在此发挥了优势。当机构将个案移交给另一工作者时，通过深入探索问题和需求，同样可以建立良好关系。人们往往对他们充满情感经验的学校、医院或其他机构有着强烈的依恋，这在治疗情境中尤为明显。案主会感受到，他所接触的每个人都对他友好，而不仅是一个人了解他；机构并非一个不带个人色彩的神秘怪兽，而是人类的庇护所，其流程可为案主所理解和掌握。有时，案主可能对某些友善的人物表现出愤怒，而对另一个人保留所有积极的感觉，这被理解为"移情"的一部分。一旦开始建立任何强度的关系，继续与同一工作者保持关系往往令人向往，因为这赋予了一种不易被搁置的义务感。然而，这也正是为何熟练掌控关系至关重要的原因。

"团队"概念在多学科合作思想下得到了更广泛的应用。例如，医生、护士与社会工作者的组合，以及医疗场景中的技术员、儿童监护中的精神科医生、社会工作机构中的心理学家等角色。精神病学家和医生可以成为社会机构的员工，正如社会工作者可以成为医疗机构的员工一样。家庭经济学家、律师、护士、营养学家和教育者，会在不同类型的社会机构中寻找合适的角色定位。随着公共社会工作的推广，不仅社会工作者需要全面了解社会立法和行政准则，律师和咨询师的服务也将得到更多运用。当工作者对现代社会的复杂需求进行发展性调整时，只要对机构的专业核心承诺保持清晰认识，困惑便会随之消除。

在医疗机构中，护士或社会工作者的存在是为了推进教育目标；而在法庭上，则是为了法律目标。在社会机构中，律师或其他咨询师，如在岗的精神病学家，必须调整自己以适应社会工作的目标。他们最重要的考虑是分享专业见解，而非发起自上而下的权威决定或进行常规检查。在岗的精神病学家在社会机构中的作用，不仅取决于他提供一系列测试的能力，还包括他决定何时必须开展测试。他应当既能提供诊断方面的协助，也能持续跟进个案的心理治疗，如在需要时进行矫正指导。我们需要在一系列共享和开明的自我研究过程中，审视专业实践、机构和部门在特殊人员配置中的最优发展趋势，从而确认参与案主日常治疗的人员。这一问题的解决需要长期的过程。

关于未来社会工作发展的观点主要分为两种流派。一种观点认为，社会工作只是医疗、工业、法律、教育等领域中的一种社会组成，没有单独的身份。这种观点近似于认为，社会工作者并非社会实践中的一个可定义领域。另一种观点，也是笔者所持的观点，即随着专业的逐步拓展和深化，社会工作将拥有自己可传递的主题、操作技巧和作用，以及自己的学科和方法。在大型医院中，有医生、护士、技师和社会工作者；在公共救助领域，有社会工作者、会计、文书工作者等。然而，医院的意义源自医学实践，而公共救助机构的意义（除大规模救助事务中金融和商务的重要性外）则源自社会福利实践。如今，社会工作者出现在法庭、学校、教堂、职业介绍所等地，但福利机构是在社会工作的支持下组织和运作的。确实，社会机构随着结构的变化而有所发展，但将福利视为自我清偿专业的想法似乎从未实现过，也不具有可取性。健康、法律和教育机构也发生了显著变化，但它们并未因此终结于自我清偿，而是提供了更大范围、更娴熟的服务，有助于促进更高的生活水平，以及培养更可靠、负责任的公民。如今，我们的目标更加清晰，能够更好地将碎片化的福利活动整合成广泛的功能性服务。然而，仍有太多细碎或片面构思的活动相互独立、重复或竞争。对社区计划的主要挑战在于，社会工作在推动典型性专业发展的进程中，如何发挥澄清和巩固社会福利的主要功能。只有在社会工作功能得以定义，并被合作专业接受的情况下，才能在福利相关的多学科手段中发挥作用。

# 第六章　申请和接案流程

前文已提及，心理社会个案由内在与外在因素，或个人与情境交织而成，这只是实践者看待问题的一种方式。人们为了维持生活，需要食物、住所、衣物和安全的环境，同时，他们也需满足情感需求，拥有爱与被爱的能力，获得安全感，以及成长与发展的机会，从而达到令人满意的生活状态。在各行各业中，无论经济状况如何，有些人更倾向于就具体事项寻求帮助，例如希望获得带有明确步骤的建议。因此，他们从诸多复杂因素中，聚焦于某一特定领域。当然，人们也会谈论普遍的烦恼，这确实存在，比如不快乐的青少年被苦恼所困扰。但大多数人在寻求帮助前，会将自己的困难聚焦于相对明确的事情上。有些人认为寻求帮助轻而易举，然而对另一些人来说却困难重重。但无论难易程度如何，当个体决定寻求帮助时，通常意味着他已陷入困境或窘境，感觉自己无法独自解决问题。

## 一、研究、诊断和治疗的连续性

社会个案工作涵盖了与案主产生共鸣、接纳案主为自然人、分析和阐明情境，并尝试引导或提供有助于发挥案主自身力量和资源的步骤。这些步骤在术语上通常被表述为"研究和调查""诊断和评估"以及"服务和治疗"。

逻辑上，工作者似乎会按照一定的顺序进行研究、诊断和治疗，但实际上，这些步骤相互交织，一个过程往往与另一个过程并行。当我们询问个体情境时，实际上已经在对其进行"治疗"。当我们进行介入后，他可能会在此情境中展现出新的价值，因此我们可以一起重新对其进行研究。从理论上讲，这些步骤可以区分开来，但在实际生活中，个案工作流程是一个全面而统一的过程。经过最初的试探性诊断后，我们会以某种方式开始治疗，但我们的思维仍然继续在进行推论。只要我们了解案主，我们就在进行研究，因为工作者治疗的是人，而不是问题本身。当我们尝试理解（诊断）问题的本质时，我们也在尝试理解面临问题人群的类型，并且只要治疗继续进行，就会有研究、诊断和评估的周期性循环阶段。

从另一个层面来说，尽管过程相互交错，但必须清楚说明流程的顺序性阶段，否则个案工作可能会发生不确定性的随意变化。在诊断方法中，通常存在一个阶段，即针对最初问题和提出的请求进行事实收集。通过这些信息，人们能够理解（诊断）困难的性质，并能够根据所请求的服务或治疗来评估个人功能（包括资格和可治疗性）。在此诊断评估的基础上，工作者会与申请人一起制定治疗目标。一些个案工作者认为，在申请过程中更多地关注"问题"和目标制定，就能在接案时发现更多机会。工作者应该通过明确机构服务的性质，引导案主朝向他目前面临困难的方向缓解前进，在个案中应始终关注案主在行使自己意志的情况下，尝试掌握应对困难的方式。在诊断的工作过程中，必然存在协调的情况，其假设是可以客观地理解需求的，并且激发案主的能力进而解决他的问题。在最佳状态下，个案工作是在问题解决和自我能力调动之间寻求平衡的过程，而治疗则是其中重要的补充部分。在诊断方法中，这两者都得到了充分的运用。

## 二、帮助的"权利"

案主的申请过程受到不断演变的文化观念的影响，这些观念主要与基本收入、健康和福利服务方面的安全感相关。社会救助的权利基于道德准则的法律规定。在合同保险中，权利被定义为在大多数情况下会自动分发的保险金。而在福利项目中，工作者主要通过关注案主所表达和隐含的需求来建立救助权利，并澄清和畅通其中的流程。即便在保险机构、退伍军人福利等部门，也开始意识到并非所有请求都属于简单的合同义务范畴。这一事实开始影响对人员的培训，推动实施灵活而开明的程序，并在必要时与社会工作者合作。在所有类型的公共福利中，资格由法规和制度定义，并为社会实践提供了框架。案主对公共救助和自愿救助的态度存在差异，有些人更偏爱前者，有些人则相反。但在所有救济情境下，案主大多认为自己需要被理解，因此工作者需要掌握人类行为的基本知识。在现代福利项目中，法定权利的概念和个体需求的诊断概念都融入清晰定义且可沟通的个案过程中，以便进行探索以及适当的治疗。公共救助方面的个案常常具有心理社会性，但如果相关问题不复杂，就会被纳入"服务管理"类型，而非其他治疗方式。

### （一）对寻求救助的态度

如果询问一个年轻大学毕业生求职的情况，或者一个病人到一个不熟悉诊所就诊的感受，我们会发现他们有类似的感觉。他们可能会经历害怕、担心或持续的紧张阶段，尝试下定决心并努力克服对未知机构、商店或部门的恐惧。申请者可能对最适合自己的地方犹豫不决。毕业生可能会这样贬低自己："我猜对方认为我对那个工作尚不具备足够的经验。"而病人可能会这样忧虑："医生可能会认为我对无关紧要的事情大惊小怪。"他们的行为都是为了减弱自己对预期拒绝的影响。或者他们可能将其设想为另一种情况，即"我胜任这个工作绰绰有余，而且我很需要钱"或者"我担心医生发现的情况比我所设想的更严重"。他们可能会担心自己的问题过于严重或过于轻微，或者人们会责备或批评他们，有时他们觉得必须从自己的视角为自己辩解，因为他们觉得自己可能会遭到拒绝或缺少理解。有时这种担心很强烈，因为他们提前找好的理由很容易使自己情绪低落，比如"我的资质一流，但可能他们需要完全不一样的训练"。同样的感觉和防御机制也出现在向社会工作机构提出申请的过程中，而更多可能是因为我们的文化使这类问题污名化，例如无法实现自我维持、涉及法律问题或贫困问题，那么案主的羞耻和自责感可能会十分强烈。

个案工作流程时刻处于运转中，无论何时，只要案主意识到自己有社会需求，他就应该得到帮助。所有的犹豫不决本身是在"寻求行动的方式"。一旦案主决定行动，那么他的目标就实现了统一，至少足以帮助他搜寻资源。他可能在物质方面想得到帮助，并会对自己说"我需要租房的费用""我想要将我的小儿子送去露营""我需要工作""我无法处理孩子的问题了"这样的话。他可能对应该去什么机构犹豫不决，因为社会机构至今仍不像医院和公立学校一样具有很明确的地位。他确实会或多或少地担忧自己的接案情况。他可能会对生活的不顺感到生气，也可能会因为无法为自己寻求出路而感到羞耻，但至少在他寻求帮助的时候，能够对问题有所处理。有时候，依靠自己挣扎奋斗而不寻求帮助的自立个体，可能会被认为拥有一种高尚的品格，但寻求帮助往往表明的是力量而非弱点。对品格的检验标准并不在于困境中的个体是否寻求帮助，而在于如何处理可运用的援助。

当个体开始关注自身需求，并对一个机构提出强烈诉求时，机构就会启动筛选过程。申请者提出请求后，机构需要分派工作者与他对话，并发现困难的普遍特性，以及该机构是否能够处理。如果无法满足要求，需要将个体转介到适合的机构。这个过程通常被称作"申请"。在医院，对于申请的处理过程被称为"接收",而在社会工作机构则是"接案"。通常直到接案之后,或者筛选流程已经完成,我们才会将个案纳入工作统计中。同其他领域一样,救助领域的"接案"目标在于确定"假定资格"问题,即通过初步询问,来判断案主的需求是否能够在所申请的机构得到合法且有效的满足。申请者可能会对不熟悉的环境和流程感到害怕,受服务人员漠不关心态度的困扰,从而感到自己低人一等并产生愤恨情绪,同时专业的术语也令人感到害怕。前往医疗中心的女性,即便已经被一再保证她的问题并不严重,只是例行报到"诊断诊所",但只要她听到"诊断诊所"这一词语,她就会对接下来发生的事情感到恐慌不安并向社工求助。

这些情感隐藏在表面之下,工作者观察的对象可能会害羞、口齿不清、坐立不安、傲慢自大,表现出自尊受损,或者具有攻击性和威胁性,同时还会要求严苛。有时,申请者会紧张和困惑,无法迅速地陈述自己的困难,甚至会挑衅他人,不愿提供有效信息。敏锐的面谈者将会察觉到案主的不安感、焦虑感以及易怒感。但大多数个案工作者需要理解他们态度背后的原因,关注申请者本身和他的难言之隐,与申请者讨论他的最大利益——其情况和请求,从而帮助他们降低恐惧,恢复受损的自尊心。"开启对话"并非必要,所有熟练的工作者都会学习使用语言和手势方面的小技巧,来帮助特别紧张和胆小的申请者让他们感到舒适。就像不熟悉精神健康的老师,比起关注那些不守规矩和具有攻击性的孩子,会更重视那些行为表现良好、比较胆怯和听话顺从的孩子。因此,那些不熟练的面谈者可能会被那些给予了尊重和感激的申请者所误导,即便不反感,也会对那些敏感、要求过多、不知感激或者刻薄的申请者感到困惑不安。然而,熟练的工作者知道,在第一印象中,申请者倾向于将他们对其他社会关系的感受转移成申请过程中的经验。工作者如果对不愉快和愉快的事物给予同样的关注,就可以了解到同样多的东西,因为面谈中的行为往往具有典型性。

尽管社会救助的污名化正在逐渐减弱,但是残余的负面态度同样使得案主在这个领域寻求帮助时感到痛苦。申请者不仅会认为自己是一个失败者，同样也担心"调查"可能会伤害自尊，自己的暴露会面临批判，或者自己的行为将被控制。生活经验可能已经使他变得敏感，导致挫败和抗拒感的产生，并且形成了不满或者对权威妥协的范式。工作者应当让案主意识到自己的权利，并鼓励其参与到研究中，以减少他的无能感。当案主满足了资格条件，了解了自身权利，他的主动性和判断力得到了鼓励，他所期望的服务方式的自由度得到尊重（非偶然性资格），那么这些流程将不再令人担忧，并且他能够重新获得自尊。让案主意识到自己对问题解决的尝试、未来计划的讨论和自我满足的鼓励，能够维持案主潜在的优势和能量。在决定哪些部分需要其他家庭成员参与时，会鼓励他安排自己和家庭成员的积极参与。年老、生病或无行为能力的人群，将会在申请时获得积极的帮助，但他们也会被鼓励尽自己所能独立完成。可以说，在申请流程的一端，我们找到了"案主公民"，而在另一端，我们找到了"案主患者"，这取决于个体的类型、问题的种类以及预期治疗的特质。

### （二）"全面且耐心地倾听"

个案工作者的首要任务是倾听申请者对自己问题的描述，不仅要理解其话语内容，还要理解这些话语对讲述者的意义，其中已表达和未表达的部分都同样重要。在社会诊断中（Richmond，1917），第一次"面谈"被视为一种机会，能够全面且耐心地去了解案主对生活的理解。玛丽·里士满认为，理解案主在精神世界的主要影响，有助于培养其自我引导和自我依赖的能力。尽管第一次面谈可能无法涵盖所有事实信息，但她仍将其视为后续咨询中的主要事实基础。然而，面谈可能会因个案本身存在过多事实细节，或案主认为"之前没有人真正理解我的问题"而过于依赖倾听者，导致面谈遭到破坏。过度关注事实的面谈会阻碍对面谈对象的真正了解，就像失去方向的倾诉可能会掩盖真实情况一样，建立一种难以管理的关系。年轻的工作者可能因对情感不适而躲在事实背后，或者因处理事实不熟练而突然陷入更深的情感讨论中。因此，工作者需要保持对初始事实的察觉，并持续认知案主的感觉。

在申请过程中，我们更注重的是关注与接纳，而非深究案主的感受。我们致力于发挥关系的作用，而非建立紧张的联系。通过明确案主所处的情境，我们确保自己是最适合解决案主问题的机构。我们向案主解读机构服务及我们可能扮演的角色，了解申请者已采取的行动及其对问题的期待处理方式，最终为案主提供一些思路。申请面谈需要创造一种相互信任的环境，获取足够信息，对困难范围进行临时性诊断，对案主和机构的处理能力进行初步估计，从而制定下一步方案。我们鼓励申请者讲述自己的故事，并表达对自身情况的看法。申请者在这个过程中感到被理解，因为工作者对其表示尊重，将其视为一个有权利和需求的个体。更特别的是，申请者能够接纳自己的感受、求助和目前的情况。

当初次接触社会机构时，案主的真实请求或现实遭遇往往并不容易被发现。社会情境的混乱或案主情绪的紊乱，往往使工作者无法一开始就清楚地了解案主的真实需求和期待。以下两个摘录体现了工作者的尊重和接纳态度，此个案来自一个家庭服务机构。

阿诺（Arnold）先生迅速赴约，他衣衫不整，显得十分烦躁。我感受到他的紧张和苦恼。他询问我是否知道他之前告诉接待者的内容，随后开始重复他所说的一切。他表示情况甚至比他昨天来时更糟糕，因为他收到了一份驱逐通知。接着，他详细描述了陷入如此境地的细节，称这都是工头的错误，因为他是联盟领导者而受到歧视。当此个案出现在法庭上时，工头否认是事故，但阿诺先生说他有足够的证人，每一个与他交谈的人都认为他是有充分理由的。他边说边用绑着石膏的拳头击打腹部："那个工头竟敢说没有发生事故。"从四月中旬到五月十日，他一直住在医院。他可能六个月都无法工作，甚至之后都不知道自己是否能如往常一样工作。

在他讲述这件事时，声音越来越大，结束时甚至站起来大喊，并表示如果我需要他证明，他也可以做到，我可以联系拒绝他的医院和救助办公室。"难道他们都没意识到我是那种如果不需要帮助就不会寻求帮助的人吗？"他说。我告诉他，我觉得有一些方法可以帮助他解决这个问题。他一听这话，马上坐了下来，开始告诉我来这儿之前他已经去过所有地方，做了所有可能的努力。他挠了挠衣服，并把口袋拉出来给我看。我说他似乎不得不向很多人证明所有事情，他表示他可以证明自己所言非假。我回应道，对他来说寻求我们的帮助一定很难。他表示确实非常可怕，他从未想过要从别人身上获得什么。接着他继续回忆之前的安逸生活。他曾经拥有一栋房子，但因丧失抵押品赎回权而失去，还曾捐过一大笔钱给慈善事业。我回应他，当一个人已经处于施予地位时，再寻求帮助确实很困难。

此时此刻，他似乎第一次开始注意到我。接纳的态度与乐意提供帮助一起，能够促使积极关系的建立。他表示希望自己之前对机构和其他人的评论并不适用于我，因为之前似乎没有人能够理解他处于如此境地有多么糟糕，他也从未和其他人像刚才那样交谈过。他经常想知道妻子在想什么，但她总是坐在那儿一言不发。他觉得妻子意识到自己现在无法工作，但仍很想供养家庭。很明显，他想知道工作者对他的看法。没有人相信他无法承受现在所发生的一切，他更愿意工作和照顾家人，但与此同时，他正面临驱逐。工作者可以从这里引出特定的事实。

在寻求帮助前，生气或焦虑的情绪已经累积成无法承受的张力。在我们提问或解释服务之前，需要释放这些情绪才能更好地发挥作用。在案主爆发之后，缺乏经验的工作者可能会被这样的话题吓到，然而经验丰富的工作者却可以迅速而悄然地开始必要的澄清，因为压力的释放通常能够创造有利的机会，对事实进行合理的探询。

阿诺先生接着说，如果他不来这里，就不知道自己能做些什么，他感谢我之前对他的倾听。有时候，他觉得自己快要发疯，不明白继续生活的意义何在，但一想到自己的三个孩子和妻子，他就有了坚持下去的动力。他有如此可爱、挚爱的妻子，和如此漂亮、聪明的孩子，他无法忍受他们现在所承受的一切。说完这些，他似乎开始放松下来，并说这里可能是他可以探讨未来计划的地方，因为到目前为止，他的生活好像已经支离破碎。我表示赞同，并告诉他，如果他愿意，这里随时欢迎他来。他说他想要好好思考一下，我建议他思考后可以给我打电话，我很乐意为他安排预约。他希望在几周之后能获得赔偿金，但又说这并不能完全解决他的问题，因为他已经想到，康复后继续工作可能会遇到诸多困难。他很担心自己不能再从事之前的工作，这可能意味着他需要重新学习其他技能。我告诉他，如果他决定在这个机构与下一位工作者讨论这些事情，那么他有机会找到最优选择。离开我的房间时，他说不知道自己今天怎么了，但很高兴自己来了，因为感觉心头的大石终于落地了。

在协议开始时，厘清申请者所呈现的问题究竟是谁的问题非常重要。阿诺先生确实希望工作者能帮助他改变现状，或者他寄希望于工作者能拯救他的家庭，让他摆脱不友好的世界。意外发生后，他觉得每件事都支离破碎，似乎无法把握任何事情。当我们发现申请者心烦意乱或情绪紊乱时，需要尽快评估这些反应是慢性反应、是对生活情况的普遍模式化反应，还是仅仅归因于一种暂时或直接的情况，这通常十分重要。阿诺先生似乎已经将他的问题责任投射到了整个世界，工作者无法确定这种投射是否具有典型性。很明显，阿诺先生有着强烈的无能感，他在面谈中表现出来的都是害怕、紧张和愤怒。迄今为止，寻求帮助和解决驱逐情况的经历，似乎给了阿诺先生一些能够重新做事的感觉。我们之后可以确定阿诺先生的故事是否具有客观真实性，但现在的感觉对他来说是真实的。在机构里，他可以被视为一个个体得到接纳，他的感受是真实的，我们并不仅仅将他的故事当作一种事实来接受。对于一个不经常反抗的人来说，通常更容易对事实进行澄清，但事实基础经常在开始的时候就极其重要，应该在这个个案中更早地进行尝试。

个体要学会从行为、手势和外表中观察和倾听感受的基调，注意焦虑、紧张、犹豫、恼怒、烦恼、气馁和沮丧等心情的信号。学生首先学到的是注意情绪的显著讯息，接着慢慢开始对许多隐蔽部分变得敏感，例如所产生的矛盾、对感觉的抗拒、抵抗或者过度遵从，这些可能导致对工作者过于依赖或对工作者过于敌对。申请者通常表现出具备很强的能力，甚至能够处理对他来说十分痛苦的情况。单独面谈所呈现的是对接纳感受和尊重能力的态度，这可能就足以使个体自己独立解决问题。

以下案例来自一个家庭服务机构。一位年迈的威尔逊（Wilson）女士来到一个民办机构，因为她考虑到自己婚姻状况的特殊不规律性，在申请老年津贴时有所担忧。工作者鼓励她进一步探讨自己的情况。

威尔逊女士靠近我们，说她结婚只是为了伴侣关系，并不想采取法律手段。她所困扰的并不是法律材料，对此她并不在意。在谈及申请老年保险金时，她解释道自己是一个寡妇，现在的丈夫只是一个寄宿者，同时告诉工作人员自己已经离婚。她解释说，因为煤气和电力账单是记在丈夫名下，所以调查者可能会对这件事产生质疑。她不知道自己该怎么做。工作者解释了老年救助的条件，并表示在她的帮助下，可以在一定程度上推进资格确定的进程。

威尔逊女士拿出不同文件，将它们摆在桌面上。她看起来全神贯注且很严肃，表示如果自己不需要养老金的话，就不会如此在意。她现在的丈夫是一个小商人，甚至都养不活自己，但他可以和自己的儿子待在一起，她并不希望他离开："你知道的，我不是需要他作为丈夫。"威尔逊女士再次询问工作者，她怎么做才能获得养老金。工作者提出建议，说威尔逊女士一定已经有很多考虑，她自己是否已经有了一些决定。威尔逊女士说，她考虑的是如何解释账单不在自己名下，因为她的租房收据是自己的名字。"那还有其他什么'挡道'的吗？"工作者询问道。威尔逊女士说她担心的是自己对老年部撒谎了，当调查者来时，她不得不告诉对方寄宿者不是她的丈夫。她求助我们，祈求地询问道是否允许对政府撒谎。工作者说："我很抱歉，无法对这件事提供建议，您又是怎么认为的呢？"威尔逊女士微笑着说她理解，我们不能告诉她可以继续撒谎。

她重复道我们知道她为什么不关心合法婚姻，工作者微笑回应。威尔逊女士的神情突然有了光彩，仿佛得到了启发。我们无法知道，当调查者来时，如果威尔逊女士决定解释一切，他们会对她做什么。她的丈夫无法对她提供支持。她已经足够努力，她是一个公民，并且有资格获得养老金。威尔逊女士反复地说她最好告诉他们事实，在门口时，她用很轻的声音重复着，就像在对我们低语："他们只能说我生活在罪恶之中。"威尔逊女士说她无所畏惧，工作者对此表示赞同。威尔逊女士感谢工作者的友好，并重复地表达对这些建议的感谢。

工作者在面谈中说得不多，一部分原因是这位女士是一个自力更生的人，朝着这个方向努力可以令她摆脱困境；另一部分原因是，在这样的冲突中，支持或反对这位女士的良知，可能都不会帮助她下定决心。有时候，在特殊情况下，工作者会在申请者下定决心之前对案主做出保证。工作者可能会以"我相信你有资格获得老年救助"这种方式进行回应，而不是像这位个案工作者在这里所做的解释，指出女士的婚姻状态与资格条件并不相关。同时，我们也注意到，工作者赞同的是这位女士没有什么是需要担心害怕的，而不是郑重地承诺公共机构能够采取一系列行动。虽然个案工作者能够迅速地给予这位女士更多支持，但这可能会使她与第一个机构的关系更加紧张。尽管如此，我们也必须牢牢建立公共机构中的个案工作者和申请者之间的关系。个案工作者有时会犯错误，当他们没有继续跟进个案时，可能会表现得太过于"理解"。在这里，申请者感觉自己被提供了有价值的建议，仍然拥有足够的自由，能够继续处理自己的问题。如果她需要更多关于婚姻方面的帮助，那么可能会在之后寻求帮助。

### （三）通过请求进行聚焦

一方面，我们致力于理解并重新审视案主所提出的问题；另一方面，我们关注案主的意愿，即他们希望做什么，以及期望我们如何协助。这种关注方式使治疗关系充满活力，因为我们始终从最大化案主利益的角度出发来满足他们的需求。我们努力探寻来访案主的期望，关注他们寻求帮助的动机、选择此时来访的原因，以及是谁提出了建议，是什么促使他们做出了行动的决定。案主是需要养老金、保险，还是其他类型的救助？他们为了满足自己的需求已经做出了哪些努力？比如，一位母亲是否希望为孩子安排照料，或者当她需要入院手术时，是否需要社区服务的支持？当我们告知她相关资源时，她对使用这些资源的期望是什么？

在探讨案主请求的过程中，我们对机构的服务进行解释，并且作为工作者，应尽可能以简洁明了的方式回应案主的问题，避免使用过于笼统的解释。通过"请求—期待"的模式，作为机构代表的工作者能够处理请求与服务之间的联系，并以实际可行的方式向案主介绍机构的服务。案主在初次接触我们时，往往难以迅速理解复杂的机构功能，尤其是在他们感到焦虑或不愿接受常规政策和程序的情况下。因此，在初次面谈时，我们就必须向他们展示我们的工作方式，以证明我们有解决问题的能力。工作者通过探讨请求，了解案主的想法，并与他们一起商讨下一步的行动计划，从而为案主提供"领悟"的机会。曾有一段时间，人们倾向于弱化请求，而更侧重于发现"真实"的问题，但首先探讨请求，并关注它所引领的方向仍然是明智之举。

如果案主的请求与机构的服务相契合，那么工作者可以直接满足他们的需求。如果请求背后隐藏着更深层次的需求或伪装的感觉，那么探究的过程将会更加复杂。但无论在哪种情况下，我们都需要认真探讨和处理案主意识层面的愿望。如果请求指向了其他问题，需要其他类型的治疗，那么我们需要在后续过程中进一步推进，以了解案主希望采取的行动。对于社会机构来说，案主的初次申请往往是为了某种特定类型的服务，这些请求可能源于更深层次的问题，但工作者并不一定需要深入探究。然而，许多请求是为了寻求人际问题和行为问题的帮助，这需要长期的关注和支持。

有时，一个人对服务或实践救助的需求可能并不明确，因为他们并不了解针对他们的困扰——社会机构所能提供的其他治疗类型。由于公开的请求往往是深层次问题的外在表现，因此最佳且最合理的方式就是关注这些请求。无论何时，案主所提出的请求都具有两面性。例如，一个人在请求帮助的同时可能表现出退缩或表达相反的愿望。对于这种冲突类型，往往存在相当可靠的线索，如"我想安置约翰尼（Johnny），但我的丈夫并不想"，或者"我需要一份工作，但我好像找不到合适的工作"。在探究过程中，工作者需要在口头交流中识别这些冲突，并采用与案主相同的表达方式对其进行重述，同时加入强调部分："所以，我们可以从哪里开始介入，协助你决定以什么方式行动？或许我们最好安排一些面谈，进一步讨论这个问题。"如果这个请求得到满足，那么它能在多大程度上改善实际情况？或者，案主的请求是否并不是解决问题的重点？可能在一开始，案主并不会完全坦诚地分享他们的想法。

如果一个个案是由另一个机构转介而来的，那么案主可能并不清楚他们被转介的原因。因此，了解案主的想法至关重要，这通常体现在他们在"其他地方被告知"的内容上。我们需要关注的不是案主被告知的事情本身，而是他们如何理解这些内容。因为对于我们来说，案主的观点可能反映了他们的希望或恐惧。工作者需要深入探讨案主如何理解被告知的内容，并发现这是否是他们真正需要的东西。这里的假设是，案主在来访时可能已经有了自己的想法。特别是在了解另一个机构或工作者的功能时，工作者必须避免假设案主已经了解了所有转介的相关事项，以及他们对转介工作者的感受。通常来说，工作者需要让案主理解他们与之前机构的接触，旨在促进案主对当前介入与既往服务经历的整合性理解，并且为了了解之前接触的意义。

潜在的工作风险在于，我们不知道案主在处理一些重要回应时，是否会受到过去经历的阻碍。如果案主不满地说："但是那位工作者已经在信中或者电话中告诉了你所有事情，难道她没有吗？"工作者可以温和地回应："是的，但我想知道你和她是否有同样的感受。"或者"你再和我说一遍吧，这样我能更好地理解你的处境。"同时，工作者应避免直接切入主题，不要尝试持续地沉默或讨好地发出强制请求，如"我能为你做什么？"但可以积极地尝试协助案主表达自己的个人意见。当然，有时也会有例外情况发生。例如，当我们已经准备好接收一个病人或精神病患者，并且必须立即采取行动帮助他们时，通常更明智的做法是尝试让案主一开始就表达出自己的想法或提出某些方面的请求。当案主对机构及其服务了解不足或存在误解时，他们的期望可能与实际提供的服务不匹配，无论是从普遍意义层面还是仅从机构所能提供的服务范围来看。

在申请儿童监护或儿童安置方面，我们为父母提供帮助，让他们了解自己将如何参与治疗过程，以及他们未来需要承担的角色和任务。工作者不能直接为父母提供如何处理儿童的建议，而应引导父母思考、感受和期待，让他们逐渐进入体验阶段。工作者不应对安置怀有偏见，而应从父母的请求出发。他们需要仔细地进行充分的探究，以观察哪些因素真正与安置这一步骤密切相关，并找到动机的来源。如果这一部分工作已经完成，我们必须注意到，在那些不常见的情况下，父母能够在安置过程中合作完成一步，接着工作者可以逐渐从这一局面中退出（除非发现父母存在破坏性行为）。如果安置是一种合适的解决方式，那么工作者必须准备好与父母进行技巧性的合作。

如果安置并不是最恰当的解决方式，那么工作者必须准备充足的资源，为父母提供可接受且现实可行的解决方案，如足够的经济援助、家政服务或日间照顾设施，以减轻他们的压力。

### （四）基本社会事实

案主感受到被理解，不仅因为工作者接纳了他的请求并表现出帮助的意愿，还因为相关接触使他确信工作者对他的处境抱有"明确的兴趣"。工作的基础在于获取足够的社会事实，以理解问题的本质，建立服务的"推定资格"，并确保后续工作者无须重复询问显而易见的问题，从而推进服务。案主虽极少直接表达不满，但有时会以反抗或提出与困难密切相关的合理问题的方式，间接表达其感受。若问题涉及家庭关系，工作者很容易触及案主的敏感点。

我们首先从案主感兴趣的方面入手进行面谈，在推进过程中关注案主的痛苦点。随后，可以朝心理关注的方向深入面谈。但在接案时，工作者应询问案主提出的社会心理问题，而非鼓励其提供情感性材料。在获取特定事实时，工作者需运用回应性访谈技巧，这种技巧虽同样关注获取特定事实和观点，但与问卷调查有所不同。工作者必须理解案主的言辞，并对其措辞进行深入探究。为此，工作者需接受专业训练，并储备大量与所呈现问题类型相关的知识。面谈不应仅依据问题类型进行，而应通过申请者陈述的内容和隐含的情绪来掌握线索，鼓励案主充分表达。

在能够询问相关问题前，工作者需积累大量经验。例如，当案主说"现在的住房太贵了"时，工作者可问："你的月租多少？你如何满足目前的花销？"又如，案主提到"我劝说波比（Bobby）和我一起来"，工作者可追问："你是怎么向你的小儿子表达你要把他带过来这件事的？"当案主开始含糊其词，无意识或有意识地阻碍对困难话题的进一步探讨时，工作者应继续发问："那是怎么一回事？接着发生了什么？"我们应对"抱怨"进行深入探究。具体问题如学校问题，需探讨学校、项目、教师的态度，以及父母的做法；如残疾问题，需了解案主何时开始注意此事，此事如何困扰他，具体症状或痛点，他之前采取了何种措施，在哪里接受过治疗或考虑接受治疗；如经济问题，则需了解相关的经济状况、工作状态、生活所需如何维持、是否有欠债、借款方是谁、钱款多少等。

工作者并非先建立关系再获取事实，通常情况下，了解相关事实往往能促进关系的建立，反之亦然。查明困难的焦点并不必然导致带有压力的申请，且案主若在一开始就知道有人能理解自己的问题，其痛苦感会得到舒缓。在一段时间（大约1930—1940年）里，工作者曾认为询问事实可能会抑制关系的建立[1]，但随后出现了合理的回归，即回到适合每个特定机构目标的初步接案"大纲"之中。在初次或第二次面谈时，熟练的工作者会灵活地获取行动的事实基础，并在鼓励案主讲述自己的故事后，进行澄清、详细说明和强调。

尽管申请面谈是一项合作性工作，工作者和案主需共同尝试确定问题的本质，但公共福利机构、公立医院或其他机构可能在接受案主前，已获取了大量信息来确定"假定资格"，从而减少不必要的审查次数。这在农村地区尤为重要，因为该过程极为漫长。若未立即开展充分询问，工作者后续将面临大量待处理个案，以及因推迟而产生不便的案主。在工作福利机构[2]（Futterman，1946）中，接案流程包括两个方面：一是筛选或筛查，旨在对来错地方且已记录初始身份信息的人进行重新引导；二是接案面谈，在面谈中将探讨要求和需求作为解释的一部分，或经常与申请表格相联系。可能需要提供资格证明文件。在小机构中，这两个流程可能由同一面谈者负责；在大机构中，则可能有不同面谈者跟进相关流程。需要注意的是，同资源咨询师

---

[1] 在儿童监护诊所获取清楚的前期个人经历和在公共救助机构中同样重要，所需要了解的内容将会同问题的本质、机构的功能等等相一致。但对于任何类型的机构和所有合格的转介来说，除了需要纯粹的"引导"和信息之外，也要收集一定数量的心理社会数据。

[2] 对公共救助的接案进行说明并不容易，除非工作者了解所有情况下资格的法定条件，并且深知每一个个案负荷中如何分布劳动分工。

或其他技术型咨询师一样，在接待、审核批准和补充性面谈中，工作者应尽量减少面谈者的参与次数，以避免申请者重复提供身份或资格数据，从而使其避免产生自己正处于流水线上、无人将其视为独立个体的感觉。

任何时候，工作者都需解释限制性要求，并承担机构功能在拒绝或限制方面的相关责任，以避免申请者在相关环节产生受挫感。在所有机构中，都存在着不同程度的灵活性或专断性限制。若规章制度过于剥夺性，则可通过适当的联合合作和行政推荐来改变它们。只有工作者能够直面作为其工作部分的压力和刚性，他才能自由地帮助那些愤怒、痛苦或爱挑剔的申请者。

### （五）乐意接受帮助

乐意接受帮助的程度，部分取决于对帮助请求的探讨，以及我们对所能提供服务的清晰解释。只有通过开放性的讨论，而非单方面的揭露，我们才能准确了解个体接受帮助的意愿。

某县部门同意由一家民办机构来安置罗素·布莱克（Russell Blake），并为此提供了一份总结报告。此案例源自一个儿童安置机构。罗素的母亲是一位未婚妈妈，她急切地希望尽快安置这个孩子，以便自己能够去工作。尽管我们详细解释了机构的作用，但似乎并未真正激发她的兴趣和努力。县办公室对她的评估是情绪不稳定，对婴儿缺乏关注且责任感不强。

我承担了启动面谈的重任。我告知那位母亲，从布朗（Brown）女士那里了解到，她正在考虑将孩子安置在我们这里。母亲随即表示同意，没有提出任何特别的问题，也没有主动表达对此计划的任何感受。我询问她是否理解我们将为儿童做出的安排，并坦言我对布朗女士对此事的了解程度并不确定。她表示自己知道部分情况，但愿意了解更多。我大致向她描述了安置计划，包括家庭访视的目的和流程。她说她知道我们会与安置家庭保持联系。她的语气表明，她理解安置是对儿童的一种保护。

接着，我问她是否希望经常探访孩子，她回答是的，她希望与孩子保持联系。我提出，我们希望能够共同解决一些问题，比如当母亲希望经常探访时，我们最好制定一个常规的访视计划。此外，我们希望讨论的是，在父母访视前，让孩子在家庭中先适应一段时间的重要性（并对此进行了简要解释）。她表示理解。我提到两周后进行再次访视较为合适，但她觉得这个时间对她来说似乎很长，而每周的探访频率对她来说并不频繁。她虽然没有强调这一点，但提到了这件事。

这是她第一次明确表示，她开始理解安置对自己意味着什么，以及分离和其他人在计划中的参与是为了孩子的利益。在讨论经常性访视的原因时，她开始考虑孩子与养母之间的关系。目前的趋势是，在特定情况下，让母亲与婴儿一起进入养育家庭，就像父母陪伴焦虑的孩子在学校或托儿所一样。我们必须灵活调整分离过程的策略，以适应养育父母的实际情况，以及儿童和父母的心理状态。

她表示，她确实不希望自己的孩子不认识自己的亲生母亲（她的语气暗示她其实并不喜欢这个安排）。我问她是否考虑过，她能接受孩子和我们在一起多长时间。她说她还没有想好，但她确实想和孩子相处一段时间，并想了解这是否会有困难。我解释道，只有在她要求我们将孩子带回时，我们才会这么做。当她准备好照顾孩子时，她只需与我们联系，孩子就可以直接从我们这里送到她那里。她对我们机构并不了解，但在我说明了我们的安排与其他法定形式安排之间的区别后，她似乎对此表示满意。

我们详细讨论了住宿费用以及基于她工资的支付方式。还讨论了抚养协议，如申请表，这通常能帮助双方明确责任，并与她一起详细商量了医疗照护的流程。这次面谈的目的，始终是尝试让案主负责任地参与到具体过程中来。她对此做出了积极反应，并与机构建立了更加密切的联系。

她问我什么时候准备带走孩子，我告诉她我们会在这周内带走他。她思考了一会儿，问："在孩子进入这个家庭之前，我不能去探访这个家庭吗？"

我说不行，这是她需要信任我们的地方。她微笑着说："好的，我觉得没问题，你们不能让所有父母在孩子安置好前都去参观这些家庭。"我说我们经过了慎重考虑，并且在选择儿童家庭时非常谨慎；我们知道什么是有效的，并且会根据孩子的具体情况选择最好的家庭。她说："嗯，我想这是你们的工作。"我告诉她，如果她访视后认识了收养母亲，只要她有任何想与我们探讨的问题，我们都很愿意与她见面。接着，我建议在她孩子被带走后，她可以写下希望探访的时间，到时候我们不仅会与收养母亲联系安排，还会告诉她收养家庭的地址和方位。在她离开时，她问："孩子离开后，我可以和你保持联系吗？"我说当然可以。

如果案主愿意讨论问题的现实方面，这通常表明他/她乐意接受帮助并愿意解决问题。然而，如果案主表现出无精打采、生病、害怕、语言障碍或在其他方面提供信息迟缓等，就需要考虑多种因素。当然，如果一个经验丰富的工作者在回答相关问题和常识性问题时经常遇到严重阻碍，如矛盾、过度幻想或抗拒，那么工作者必须考虑不成熟因素或其他特殊并发症。

通常，惯用的口头安慰往往无济于事。例如，告诉申请者"我认为你面对问题时表现出了极大的勇气，我相信你会取得成功"，这并不会帮助一个只是表现出补偿性勇敢，实则感到渺小和无助，且已厌倦尝试真正变得勇敢的人。同样，如果工作者告诉一个行为与群体不符的个体"我知道你是想做好事的人"，那么这个孩子可能从此不再透露自己行为有多糟糕，或者他有时想要做什么。获得他人的赞赏并不容易，同样，案主也难以达到个案工作者的标准。治疗的部分目标在于帮助案主更好地接纳"真实自我"以及真实世界。但人们常常在困境中被要求扮演假装的自我，或自我假设的某些角色。在初期的接触中，安慰应仅限于让申请者知道我们关心他们，愿意帮助他们克服困难，为接下来的面谈预留时间，并共同制定下一步的行动计划。实际上，只有在足够的动力推动下，才能激励案主继续前行。压力的缓解最好通过逐渐释放对经历的感受来实现，并通过一系列面谈以及在建设性解决方案的努力下让案主取得进步。

例如，一个九岁的男孩在学校存在行为问题。当被问及来到机构的想法时，他焦虑地回答："我有扁平足，一旦治好了它们，我就没问题了。"他坚持认为自己在学校和家里都与其他男孩相处得很好，所有男孩都喜欢他，他和他们玩得很开心。当工作者小心避免揭穿这些防御机制，温和地询问他在家如何安排时间时，他回答说自己整天都是一个人听收音机和读书。工作者捕捉到他轻微承认了孤独的存在，接着询问他怎么会喜欢花这么长时间阅读，是不是可能他有时也不开心，或者会突然感到很不开心，因为其他男孩并不喜欢他，从来不邀请他一起玩。他表达了自己想要接受帮助的愿望，并很渴望预约下一次面谈。然而，当他第二次来时，他再次表示自己没有任何问题，他的扁平足因为换了鞋子有所好转，所以他不需要继续接受帮助。工作者不得不从扁平足以及其他方面入手，帮助这个焦虑的孩子缓慢地接受治疗。然而，目前为止，只有当他来到机构时，才能获得帮助进行下一步的尝试和探索。

安慰是一种合理的实践，意味着工作者愿意尝试理解案主并给予他们帮助，但这必须与尝试减轻案主对自身和问题的焦虑区分开来。在接案时，我们想要利用案主的焦虑来开展治疗，并且第一步是将它引导向我们的方向，以便他的关注点可以与我们对他的关注融为一体。无论是儿童还是成人，都可能表现出最初的抗拒，工作者必须在临床和文化上理解这一点，避免采用控制的方式处理。

## 三、阻抗和防御

现在的工作重心正逐渐从提供实务服务，转向鼓励案主积极参与服务或治疗过程。工作者不再仅仅为申请者提供一种解决方案，而是与他们分享服务或经历。有人认为，社会个案服务的典型特征是运用技巧激发案主的能力和优势，塑造其积极、参与的角色。这具体体现在鼓励案主讲述自己的故事，并与案主充分、坦诚地探讨其需求，解释和讨论适用的服务、政策及流程等。案主希望自己解决问题的方式能得到他人的认可，而非被质疑。工作者应鼓励案主采取进一步行动，并共同应对未来的困难。在这一阶段，理解案主如何掌控自己的生活，对于评估其当前能力大有裨益。然而，即便案主已认识到提出申请是着手解决自己问题的一种方式，有些人在"付诸实践"时仍需更多帮助，且可能存在矛盾心理——即案主既希望有所进展，又不希望有所进展的矛盾观念并存。有些案主确实并不希望他们的请求得到完全实现，特别是当工作者将他们的所有事情都纳入解决方案时，他们可能会选择退缩。因此，工作者必须考虑这种阻抗现象，它可能发生在治疗的任何阶段，但通常出现在治疗初期。

正常的自我会有意识或无意识地运用多种防御机制（Freud，1937），以保护自己免受伤害、避免批评或减轻焦虑。常见的防御机制有取代、否定、逃避以及对他人进行指责等。"阻抗"意味着运用防御机制来反对接受治疗。通常，案主必须愿意放下防御，才能获得帮助。在解决自身问题的过程中，某些努力可能会引发案主的阻抗，例如，他们可能并不太想符合资格条件，或者不想改变对自己配偶或孩子的行为方式。前来咨询的父母常常带着对问题儿童的巨大挫败感，然而，一旦他们意识到自己将参与到治疗中来，他们可能会表现出退缩行为，声称孩子的行为已经得到改善，或者给出其他理由。

在婚姻或父母与儿童的咨询中，第一阶段可能会呈现出"我的孩子或我的丈夫出了问题"的情况。接下来是"我出了问题，帮助我改善我的行为"的阶段。但是，一旦案主开始接受一系列治疗，他们可能会产生一种反抗情绪，将工作者从问题中拉扯出来，自己则努力保持问题或症状的完整性。这可能是因为无法及时创造条件满足某些人格需求，且案主难以放弃不成熟的满足感和继发性获益。这种情况更容易出现在带有神经质色彩的抱怨中，而非客观的身体或经济需求上。虽然有些单独或多次面谈被证明是有效的，但通常来说，案主试图早早结案意味着阻抗在持续作用。阻抗可能会消退，也可能重新燃起。对案主负面情绪的口头区分有时是有效的，但如果在案主明确阻抗的意义之前进行尝试，并不一定会成功。有效的手段既不是错误的保证，也不是早早地"引出负面情绪"，而是友好且实事求是地对案主前来寻求帮助的目的进行推测。好的规则不是让工作者在阻抗或负面情绪下进行猜测，而是通过语言和行为的影响特质，进行敏锐而及时的面谈，从而深入挖掘案主有意识的渴望和态度。

最初的阻抗通常源于不安全感、对未知的恐惧或担心需要满足的条件，并且可能会因对流程的文化不熟悉而加剧。在大多数情况下，关注和友好的态度足以化解最初的阻抗，除非其根源已很深。最初的阻抗可能是个人的、文化的，或者两者兼有。个体可能羞于承认无法妥善处理自己的事务。此外，社会工作者关注的许多问题，如文化污名化、贫穷、失业、未婚妈妈、精神疾病和神经症等，以及处理自己或儿童事务的无能，都在某种程度上使这些群体受到社区的指责。作为少数群体中的一员，可能会产生对主流群体的担忧和防御。这些因素加剧了人们对陌生事物的普遍恐惧，使申请者犹豫不决，并在提供信息时极度谨慎。礼貌、迅速关注、对必要推迟的解释、对申请权利的认可、私密性以及平静的面谈氛围，都能减少早期的防御和阻抗。在整个治疗过程中，最基本的服务是工作者表现出真诚的友好和关心，从接待员到门房，都要给予案主最初的"接纳"。

即便提出申请是处理案主问题的第一步，应予以鼓励，但这个动机并非一定是纯粹的愿望。工作者必须做好准备，处理矛盾情绪以及其他难以应对的初始态度。申请者可能持抗拒态度。他们没有理由相信工作者的善意、真诚的关注，或者乐意提供帮助的立场。他们有许多防御机制来保护自己的冲动和感受。案主可能会将责任归咎于他人，或者可能因过度自责而希望接受批评，也可能会对冒犯过于顺从或积极主动地进攻。随后，随着案主逐渐信任工作者，他们会卸下防备的心态和防御机制，更多地揭露自己的真实情况和自我，因为此时已不再需要遵守所谓的"证据规则"。他们发现，即便自己经常表现出明显的阻抗，但防御机制并未被挑战或揭穿。然而，防御和阻抗也可能使案主变得难以接近，如下面案例所述。

一个睦邻中心转介了一位 16 岁的女孩，旨在评估将她送往夏令营是否为恰当的安排。这位女孩患有精神疾病，表现为频繁旷课、梦游、说梦话、常做噩梦、对母亲挑衅、抑郁情绪、离家出走以及出现性方面的冲突行为。

首先进来的是她的母亲，她对女儿的问题表达了深深的不安。据悉，女孩的父亲对来到这个机构持有一定的抵触情绪，他问道："她会责怪谁呢？"

女孩和她的接案工作者都准时赴约，她还带了一位朋友一同前来。转介来的女孩是一位魅力四射的少女，举止自如且得体。然而，她显得优柔寡断，一度认为自己不会走进面谈室，并希望了解面谈的所有细节。她询问是否可以自由谈论，或者个案工作者是否会将她的话转告给她的母亲。"你站在我这边，还是站在我家人那边？"个案工作者向她保证会关注她的感受，并告知她所有材料都将严格保密。接着，女孩说她的母亲"说话像泼妇，但她总是以牙还牙"。在家里，任何事情都可能引发争论，尤其是她和她妈妈之间的事情。过去，与妈妈的冲突常常让她感到困扰，但现在她已经不再那么在意了。很明显，对母亲的控诉让她获得了一种满足感。她表示同情自己的父亲，认为他是一个软弱的人。她说自己在家中经常感到缺乏安全感，甚至想再次离家出走。个案工作者指出，她似乎需要与自己达成和解，并获得一定的安全感，而这正是他们可以提供帮助的地方。

女孩接着谈到了她对来这里的犹豫，她提到前一天晚上与家人发生了争吵，并表达了她担心工作者可能会偏袒某一方，并将她的话转告给她的父母。"现在你来这里和我谈话，你认为我会怎么做？我会告诉谁呢？"工作者微笑着问道。女孩也笑了，但眼中仍带着疑虑。

女孩随后询问是否可以让她的朋友留在面谈室里。个案工作者微笑着解释，她很高兴见到她的朋友，但接下来的面谈中不能继续如此。她指出，女孩带其他女生来是为了掩饰自己的担忧和不信任。面谈结束时，这些女孩似乎表示愿意再次来这里。个案工作者回到女孩阻抗的话题上，询问她是否愿意回来。女孩表示肯定会来，但说她可能会继续表示抗议。工作者表示理解，并说刚开始的时候，她很可能会这样做。

在第二次面谈中，案主开始表现出消极的反抗情绪。她说自己内心一片空白，发现谈论重要的事情很困难，这也是她之前想要带朋友来的原因。实际上，她带朋友来是为了保护自己，避免自我揭露，并在治疗中持续调动阻抗来阻碍治疗进程。由于父母的行为进一步强化了她的阻抗，因此治疗无法顺利进行。

心理疾病患者的家属常常感到自责，他们往往难以接受帮助来处理自己的情绪，也经常无意识地抗拒成为好父母。人们并不希望在一开始就完全摆脱所有罪恶感，因为对他们来说，解决问题意味着必须改变他们对患者的态度。只有通过长期的实践，工作者才能在缓解焦虑的紧张过程中保持必要的平衡。

一位精神分裂症青少年患者的母亲来到医院，开始围绕儿子的疾病讨论自己的感受。她希望从工作者那里得到保证，证实自己并不是儿子患病的罪魁祸首。这位母亲说，她从未发现儿子有任何异常的迹象。他经常打篮球、踢足球，还是营地的辅导员。然而，一到晚上他就会惊恐发作，而那时母亲并不在他身边。母亲自责自己长期过于关注儿子，她的生活重心都在照料两个孩子上。她自己有很多问题，孩子是她唯一的安慰。她现在意识到这是错误的（这是一种防御性的自我谴责），她从未给予儿子成长的机会，因为无论他何时来找她，她都会给他建议。但是，现在她已经决定让儿子自己对不同的事情做出决定。

工作者告诉她,在那个时候,她可能做了自己认为是对的事情。但是现在她已经有所改变,而且可能并不愿意再那样做。只是对于人们来说,改变并不容易。母亲点头表示同意,并说她现在确信必须让儿子获得自由,因为他已经长大成为一个独立的个体。这甚至不仅仅是关于儿子本身的问题,更多是关于他将来某一天会娶的那个女孩的问题。除非她对他来说是一个好母亲,否则他永远不会成为一个好丈夫。

患者是一个很好的男孩,他不喝酒、不过度抽烟、不打牌也不说脏话。母亲是按照这样的标准被抚养长大的,她也希望儿子能在同样高标准下成长。"难道工作者不认为这是对的吗?"她问道。工作者询问她为什么会提出这个问题。这位母亲说,她想知道自己是否在有些地方对儿子过于严厉了。

这样一位尽责却控制欲强的母亲,在她能够正视自己"好意"背后所隐藏的敌意时,将需要从工作者那里获得大量的支持。她的内疚感很容易对她产生压倒性的影响。一开始案主带有强烈的负面态度,并不总是意味着他们难以接近或者预后不良,以下案例便是明证。

一个18岁的男孩,约翰(John),从高中被转介过来。他在家中并不快乐,没有朋友,经常易怒或抱怨。据说他很聪明,但却非常难以接近。这个男孩请求将自己转介到一个住宅俱乐部,并且不要打扰他。当接案工作者温和地探究这个请求时,他透露是父亲希望他出去,他们之间经常有争执,因为彼此的脾气都不好。当工作者解释俱乐部的规则时,这些要求立即被约翰视为一种挫折,从而引起了他的反感。他变得很生气,说自己并不希望任何调查者窥探他的事情。

随着男孩持续抗拒,工作者以友好的方式询问他的学科兴趣,并引出他对大学的期待、对失败的恐惧、对父亲所施加压力的害怕,以及他因为想去夜校读书而产生的对赚钱的渴望。工作者接着询问并讨论俱乐部里的娱乐设施，约翰表示自己不知道是否感兴趣，也不希望被强迫参加相关活动。对于其他事情，他也不甚了解。工作者蔡斯（Chase）女士告诉他，俱乐部的理事会已经审查了所有申请。对于审查的原因，她解释为是为了考虑俱乐部能够在多大程度上保护每一位独立的男孩。约翰不能理解的是，理事会是如何在不了解这些男孩的情况下通过申请的。

蔡斯女士表示，因为这些男孩被转介给了他们，并且她希望即使约翰不想来这里寻求帮助，也能获得帮助，因为他看起来十分不快乐。她告诉约翰，在俱乐部里他可以找到朋友，并且会变得更加合群。约翰反问道："为什么我必须合群？合群是否一直都这么重要？"工作者微笑着说，如果约翰自己生活得更开心，那么没有人需要尝试干预。约翰大声喊道："不是这样的，我喜欢人群。"工作者问他原因，如果他喜欢人群，为什么没有朋友？约翰回复说，他与人相处不融洽是因为他很害羞，并且担心他们不喜欢他，因此他害怕接近他们。

他接着抗拒地说，自己不是一个行为不良的人，为什么必须来到这里。工作者让他解释一下这句话的意思。他回答说，他的母亲看了报纸后，发现这个机构是安置不良少年的地方。工作者解释道，他们也帮助孤独和害羞的年轻人。约翰带着情绪说，他的妈妈告诉他，他们可能会让调查者来到家中，窥探他们的隐私。工作者告诉这个男孩，在这个办公室所见到的男孩和女孩，还有他们的家长，除非有人提出请求，否则工作者并不会去拜访他们的家庭。约翰似乎接受了这个解释，并突然说自己并不清楚需要做什么，以及工作者的建议是什么。工作者告诉他，他必须来到这里，与一些关心他的人对话，他有权享有这样的关系。如果一个人没有能给他提供这样的友谊和理解，他将难以继续前进，即他像其他人一样，需要某些人给他打气。

些许犹豫后，约翰表示自己愿意稍微尝试一下。在找工作上，他确实不需要帮助，完全可以自己解决，但他认为自己需要尝试做"其他事情"。工作者告诉约翰，他们会很乐意为他提供这方面的帮助，但建议他先回家，与他的母亲讨论这个情况并告诉她，然后在下一周再回来机构。

一周后，约翰再次来访，他看起来很低落。他的挑衅行为消失了，给人一种心理不正常男孩的印象。他以一种毫无变化的音调谈话，仿佛没有精力一样。在简短的对话后，他被告知他的工作者将会尽快与他联系。他询问自己的工作者是谁，多久能见到他。接着，他将被介绍给相关负责的个案工作者。

约翰接受了与个案工作者定期预约的安排，并且开始着手解决他的问题。他认为家庭中的困难有一部分是他的责任，这对于治疗来说是一个很有希望的开始。他对"调查者"（接案工作者）所表现的防御和愤怒，认为他们会"窥探自己的事务"，是他对父亲施加给自己压力的习惯性反应。约翰有着根深蒂固的恐惧感，并不容易与他人建立关系，所以接案工作者必须主动向他靠近。愤怒和批判反应并不都意味着申请者正在拒绝帮助，实际上与之相反，正如在这个案例中，案主确实需要帮助。工作者可能太快地触碰到了约翰极度焦虑的领域——对"合群"的退缩和担心。约翰的防御在于希望自己一个人待着，但比起他对受助境况的担忧，他更需要得到帮助。另一个工作者可能会以更温和的方式去引导他，例如说"合群的想法正增加你的烦恼"，那么最终他的防御反应可能会有所减轻。我们可以从约翰对工作者触碰到他内心反应的结果推断，这已经足够说服他接受服务，并且一旦他能够理解所提供的服务内容，那么这个反应的产生可能是由于工作者真正对他的遭遇表示了同理心。

阻抗可能体现在案主拒绝提供必要的信息，或者用仓促的谈话击垮工作者，或用特殊理由拖延，或在确定预约时间时出现不常见的困难，以及对其他机构的批判和怀疑等等。接案工作者必须熟练于解除初始阻抗，并且接纳案主拥有在讨论之后决定撤退的权利。即便工作者在处理这些事情上很熟练，案主也可能会拒绝继续接受治疗，因为他的焦虑迫使他离开这段专业关系。在问题很明显的情况下否认问题的存在，通常意味着案主不希望工作者对情境有过度的介入。在建议的选择面前极度无助和绝望，将困难或改变的需要过度地投射到其他人身上，重复说明咨询或治疗的障碍，持续的理性化，不间断的谈话或者空洞的术语的阻碍，以及"一朝被蛇咬，十年怕井绳"等各式各样的陈腔滥调，都可能是在提醒工作者防御正在产生影响。在这样的事实面前，最好直接关注阻抗。

若工作者以"每个人都能做到的这件事，你如何看待？""这种处境如何改变？""你认为我能如何帮助你？"等问题来回应，或者尝试获取相关历史信息，并解释可能的服务，可能会徒劳无功。如果案主暗示了他可能可以做的事情，那么工作者就需要继续用一般性的方式讨论直接的请求，并且在可能的情况下，提供进一步的预约服务来处理所涉及的具体现实问题，也就是请求。若有提示，那么初始的参考框架通常是一种社会服务，或者预约服务对问题和抱怨进行讨论，从而使案主可以清楚地知道自己来访的原因。只有主动地处理这些阻抗现象，才能阻止案主的问题继续发展。有时候极度的自我责备或自我愧疚，都被视为阻抗的防御性运用——人们希望得到他人的保证，自己对问题不负任何责任。如果这被工作者理解为阻抗，那么工作者更有可能帮助案主调节全面的自我保护态度。

评估现实情境的严重程度及它们对个体的困扰程度，是早期诊断的一种权宜之计。几乎所有人在寻求机构帮助时，都已累积了一定程度的压力。一旦他们期望工作者立即处理这些情况，那么在等待期间就可能会陷入极度沮丧的状态。当个案负荷过大时，工作者会面临挑战，同时，对进行中个案的分配也必然会变得缓慢。除非在极端困扰的情况下，否则工作者通常可以通过坦诚探讨机构的局限性，或明确安排下一次面谈（而非模糊处理），来缓解申请者的沮丧感。在可行的情况下，也可以通过联系另一个社区机构来提供照料，以解决上述问题。必须区分真正的紧急情况和心理危机案件与一般的申请情况，并尝试对这些紧急情况进行更及时的介入。

特别是当年轻的工作者遇到紧急事件等情境时，他们可能更倾向于对情境进行深入思考。这些确实是紧急情况，但在大多数情况下，事情的紧迫程度可能更多在于紧迫感的程度，而非立即采取行动的必要程度。即使紧急情况确实发生，习惯于停下来询问案主已经采取或即将采取的行动的工作人员，更有可能花时间去做正确的事情。以下是一位年轻工作者的亲身经历，从中他学到了有益的一课。

一位男士大病初愈出院，身体仍十分虚弱，傍晚时被转介给个案工作者。他对自身问题的描述令人印象深刻且令人同情。他与姐姐长期同住，两人均有工作。然而，他的疾病耗尽了他的所有积蓄，同时，他的姐姐也在此时患上了阑尾炎，并在他住院期间被紧急送往另一家医院接受手术。更糟糕的是，他们所住的公寓也被烧毁了。个案工作者对他们遭遇的灾难感到震惊，随即说道："那么，我们可以送你到我们的康复庇护所。我去打电话确认一下是否有空房。"工作者离开了一会儿后回来告知："它们都满了，你会拒绝去这样的地方吗？今晚太晚了，没办法做其他安排。"案主回答道："不会的，女士。"于是，个案工作者安排他去了另一个庇护所，帮他叫了出租车，并支付了车费。第二周，另一位工作者在随访诊所恰好见到了他。"你喜欢那个庇护所吗？"工作者以对话的方式询问。男士犹豫了一下，"谢谢，女士，我不太方便告诉您，那位工作者人很好。""情况有那么糟糕吗？我们只是真的想了解一下。""哦，没那么回事，女士，不过我并没去那里。""你没去那儿？我记得你的房子被烧毁了！""其实，女士……"男士带着歉意地说，"我不太喜欢那样的机构。""那你到底去了哪里？"男士的语气仍然带着歉意："我去了我兄弟那里，女士，但是那位工作者真的很好，我不想告诉她我并不想去她安排的地方。"

我们可能会做得过多、行动过快，也可能承诺过多、解读过度，或者进展过快。在所谓的"危机"情况下，这些行为很容易让我们从案主身上夺走处理问题的责任。当情绪需求巨大时，申请者可能会将这些需求投射到不够细心的工作者身上，因为这些需求看起来非常诱人。实际上，经验丰富的案件工作者不会扮演高高在上的角色，而是在必要时能够迅速果断地行动，或承担起提供积极情感支持的责任。当申请者病情严重，或因恐惧等其他原因无法行动时，我们必须积极承担责任，直到他们能够自行处理问题并继续前行。

## 四、分配或转介

当接收一个被转介的个案时，工作者需谨慎考虑自己或其他机构是否需要采取行动。更具体地说，介入的重点在于澄清最初观察到的问题性质，重申或重新定义申请者所表述的内容，确定可以提供的治疗或服务领域，并以明确的方式界定相关定义，以便案主能够迅速理解流程的下一步、所需资料、时间以及接下来预约的目的，同时为另一位工作者或机构做好前期准备。个案工作者可能在"接案"后继续跟进特定个案，但在分配时，案主会被告知他将与另一位工作者会面。工作者在说明转介相关事宜时不能敷衍了事，且要使转介行之有效，应在个案工作者和接下来负责此个案的人员之间建立联系。与案主关系的建立取决于预约的方式、第二位工作者对所提供信息的掌握程度以及他对初始面谈方式的理解。

在接案面谈或开始调查和探究面谈时，工作者通过与案主建立关系，帮助他动员自己的能量和资源，对自己的情境采取行动。工作者获取相关真实数据，对案主进行澄清至关重要，因为这有助于工作者理解案主的困境，至少在某种程度上促进个案工作者和案主对具体情境的共同理解。工作者应探究将案主带到某一特定机构的情境特质，了解案主想要如何解决自己的问题，或案主希望我们采取何种行动，以及他所提出的请求是否能在机构职能范围内得到满足。工作者还应对个体的自我帮助能力进行初步评估，即他是否有能力运用机构所给予的支持来解决自己的问题。接案具有试探性诊断和评估的功能，机构通常安排有能力、有经验的工作者负责申请流程，因为这样可以节省大量的时间、精力和情感投入。

初次面谈的内容不应过于详尽，否则可能会使案主过于焦虑或被迫强行面对问题，从而失去与工作者保持联系的动力。然而，有时问题确实可以简单且快速地通过一次或两次面谈得以解决。工作者在接案时开展周到的探究，本身就是一种熟练而简短的"短期接触"服务，能够满足案主的需求，或者在仔细考虑后，将其转介到另一个能够处理此情况的机构或部门。如果第一个机构经过筛查过程后，判断接案可行，而不是将此个案转介给另一个机构，那么就需要开展进一步调查。这种调查可能通过一系列与案主及其家人的面谈，或者通过观察式访视，以及运用参考信息和附属资源来实现。通过这种方式，我们可以更清楚地了解到案主是否有并发症，如果有的话，在原始情况中是如何呈现的，以及需要处理哪些方面才能满足案主所陈述的需求。有时需求既简单又明显，并且可以在工作者直接甄别和快速诊断之后得到满足。

幸运的是，即使典型方法暂时未提供权威性的介入方向，个案工作仍可以治疗一些未被完全理解的问题。许多明显而具体的需求能够在案主获得资源后由案主自己解决，但大多数需求可能无法得到完全满足。进一步观察和调查的结果，不仅能告诉我们不需要处理的内容，也能指引我们需要介入的部分。接下来，将在下一章讨论具体的方法。

# 第七章　个案研究方法

　　所有探究或调查的目的，都是为了更深入地理解受到问题困扰的个体以及问题本身，从而能够有效地参与到治疗中。虽然"调查"一词意味着"（朝着理解）深入"，但我们在此倾向于统一使用"研究"这一术语，尽管它可能带有一些令人不悦或隐含的意味。在这种情况下，案主生命经历中的重要人物和事件，以及案主对它们的感受，构成了我们关注的单位（Sytz, 1946）。这些情境和案主的重要情绪态度，可以通过客观的观察和询问来进行凝练和折射，从而进行研究。在个案工作中，所有的调查都是一种心理社会性的过程。前期的面谈是工作者所掌握的一项重要研究和治疗技术，之后我们会开展综合的"初次面谈"，访视家庭和邻里，并运用不同的独立参考材料来了解事实并进行验证。然而，当前的趋势是尽量减少客观询问，更多地从面对面的面谈中获取事实和印象。不过，我们目前的主要尝试是在作为主要信息提供者的案主和其他可靠来源之间保持平衡，并鼓励案主参与到这些调查中。

　　在某种意义上，"接案"可以被视为社会调查的第一阶段。但在另一种情况下，如我们在最后一章中所述，接案是整个个案工作过程中的一个微观世界。我们带着兴趣和关注聆听案主讲述自身处境的故事；我们处理请求，去了解它所指向的方向，以及确定它是否适合我们的机构；我们向案主解释我们需要了解的内容，以便能够理解案主的问题；我们协助案主熟悉我们的服务、限制和方法，关注案主的反应并作出回应。通过各种方式，我们使他感到更加舒适，并且基于我们的专业角色，与他建立更好的"联系"。我们关注他的主要困境，初步评估他所需要和期待的治疗类型，以及确定他愿意接受帮助的程度。在探究的过程中，案主不一定会一直与同一个工作者相处（经常会有接案后分配另一位工作者的情况），因此深化介入进程和加强关系尤为重要。仔细阅读所记录的材料，可以避免工作者和案主对同一信息的重复讨论。

## 一、研究过程的工具和技术

探究的主要方式包括与案主面谈，详细了解他处境中的关键因素，选择案主的经济、文化、社会环境方面进行接触，如他的家庭、工作、教育、宗教、娱乐组织、医疗以及社会机构和部门（若存在的话）。记录和文件起着不可或缺的作用，测验和测试是重要的工具。"附属"资料是指案主自己或其直接家庭成员之外的部分。因此，在个案工作流程中，社会调查依赖于在适宜的时机，以共享的经验熟练地处理案主和他的家庭关系，同时在一般情况下会征求他们的同意。

在接案时，我们坦诚地为案主准备后续的流程，并帮助他积极地参与到下一步骤中。我们并不过分担心询问特定的相关问题或提出进一步咨询，因为案主希望我们理解他和他的问题，并且如果我们能快速地理解他的困难，他也会感到满意。尽管案主可能会在某些方面表现出不情愿或有所阻抗，但在大多数情况下，他都能积极地应对工作者的真诚关注和适当探究。在开始时，如果工作者能够很好地进行回应，对流程规划有清晰的解释，从而澄清问题，就能与案主共同处理问题。

## （一）情境与历史

从一开始，获取充分的事实材料对于增进案主对当前处境的理解、了解案主所做出的努力，以及明确案主对我们所采取措施的期望至关重要。无论是在面谈过程中还是其他时候，我们总是希望收集到与特定问题和请求相关的事实，以便详细阐述当前情境的具体细节，包括困境的直接原因和诱因。同时，我们经常会探究案主在过去是如何应对与处理这个问题中涉及的重要的他人的相关事件。研究方法的综合运用必须融入这些考虑之中。熟练掌握主要方法的工作者会根据需要进行必要调整，同时也会谨慎地寻求捷径。

个案研究作为重要组成部分，探讨了个体如何与其文化环境相互作用。当工作者和案主共同分析社会、经济、心理和文化因素对个体和家庭的意义时，诊断变得更加清晰且深入。基于这种全面理解，工作者和案主能够灵活地调整治疗计划和活动，并付诸实施。工作者也能更自由地与案主合作，满足其需求，协助其做出决策，努力实现自己的目标。了解案主对问题所采取的措施，以及他向我们寻求帮助时的处理方式，不仅能预防面谈者做出错误决策，还能提供有价值的线索，证明案主是否有能力处理当前的问题。适当的病历采集不仅对全面评估至关重要，还能防止工作者过早或错误地介入治疗。

面谈能够激励案主、教育案主、获取案主信息，并揭示出困扰案主的事情。面谈是观察个体行为的最佳方式，是获取特定环境事实的有效途径，几乎能实现对态度和感受的理解，是个体对自身情境产生独特反应的唯一途径。由于个案受到内在和外在因素的影响，个体讨论自己感受以及与自身情境相关的客观事实的能力增强了面谈的重要性。对于个案工作者来说，可能难以区分自己的所见与所闻。工作者可以不通过面谈进行观察，但无法不通过观察进行面谈。激励往往是无意识的，但案主至少允许我们通过观察其语调、态度、行为、陈述经历的举止，以及沉默、否定、投射和其他防御行为来了解其情绪。因此，面谈和同期观察能够获得更多个案信息。重复性面谈能提供可靠的数据，这是单次面谈往往无法做到的。经过专业训练的眼睛和耳朵会变得异常敏锐，不仅能注意到重要的客观情境，还能捕捉到情绪化语调的变化。在面谈中观察案主的行为，其对胜任或依赖的感觉，其恐惧和愤怒，顺从或攻击，其与工作者和机构建立关系的方式，以及自身优势与弱点的迹象，都是评估其社会功能和调适能力的方式。

实现"洞察力社会水平"的准则，部分在于掌握病历采集的艺术。正如人们在学习如何撰写长段而详细的记录之前，通常难以掌握简短精炼的记录书写。特别是当案主提供给学生零碎的资料时，如果学生无法耐心而准确地引用文化经济状况、发展中和早期童年的材料、工作和健康的个人经历、家庭和其他自然群体组织的相关细节，那么他们就无法进行有效的评估。受过专业教育的工作者，尽管在精神病学和心理学学科方面有着很好的理解，但可能与现实社会的接触较少。而那些能够巧妙安排技巧和精准性的工作者，虽然对经济情况非常了解，却可能对人格成长和发展缺乏充分的理解。在生活标准和个人与文化行为领域，对社会准则的学习必须基于折中式病历搜集的真实技能。因此，这种学习对于学生掌握病历搜集的要点，以及记录社会功能的主要过程至关重要，就像对于生物学家来说，了解血液流向的重要性一样。病历采集有两个方面或阶段：第一阶段是关于诊断和焦点的初始病历，在第一次接触中很容易获取；第二阶段是作为情绪发泄或重新体验情感经历的病历，其获取过程通常较慢，且必须融入治疗流程之中。[1]

工作者越渴望进行诊断，就会采用越多相关且简练的病历采集和社会调

---

[1] 并不一定要说明心理社会经历，因为现在已经有出版物提供了大量的案例材料。

查方法。我们循序渐进地开展面谈，从表层到深层，从过去到导致"现在"的原因，但并不会以"很久很久以前"祖父母的生活作为对话的开头。工作者可能会积极地寻找那些与案主所寻求帮助的问题相关联的特定细节，这在许多案例中都很常见。在直接的问题中，并不一定需要理解个人早期经历、家庭和群体组织以及生活通用模式的一些知识；但只要问题似乎在行为和关系方面的调适存在不足，那么通常就需要更综合的咨询。社会历史的重要性在于生活经历并非断裂和碎片化的，而是连续流动的（Cabot, 1919）[①]，我们可以从中发现因果关系。在社会问题中，工作者必须确定个体行为在当前情况下可以被视为正常反应的程度，也需要确定有多少早期塑造的主要趋势已成为生活范式或人格的一部分。

在处理情绪失衡问题时，工作者需要对生命历程中的主要事件和重要人物进行准确解释。询问的核心往往集中在家庭系统排列上，特别是在亲子关系中能够发现许多因果要素。我们应当认识到，每个人都拥有人格的有机和系统化生命经验与知识，这并不应阻碍我们获取直接事件的信息；因此我们至少应该知道解决问题的切入点。如果问题模糊且复杂，我们就必须获取更多事实来协助理解。如果问题是为了确定某些社会救助类型的资格，那么大部分探究会直接导向对当前社会环境中实践和经济事实的了解。如果问题似乎是由冲突、焦虑或建议个人参与的暗示所导致，且并不复杂，那么对"病史"问题的了解主要是为了澄清诱发因素。其他简要的历史可能是专题性的，例如，工作者可能会询问就业安置的工作历史、寻求医疗转介的健康历史，以及寻求关于移民到另一个国家建议的技术移民数据。在牢记人们通过迎接一个又一个处境来积累经验的同时，我们也不应忽略引导他们向我们寻求帮助的最重要处境。

---

[①] 卡伯特反对"灾难"或者"意外"，从历史性视角，他所认为的"意外"应该是"在很长的连续性事件中的一连串事件或者一个大事件，因此如果人们没有广泛的知识、充足的经验和智慧，就不可能理解或者改善它"。

## （二）家庭调查与观察

在多数情况下，相较于办公室环境中的观察，家庭内部的访视观察更能帮助我们深入理解个体所处的环境。人们生活在复杂的社会网络中——家庭、学校、教堂，甚至病床，他们与上司、朋友、伴侣、邻居及亲人互动。尽管与人们进行面谈面临诸多困难，这些困难并不仅仅源于不可靠性。任何曾在朋友家中共度节日的人都会发现，朋友在家中的表现可能会给人留下截然不同的新印象。家访虽非必需，但为了特定目的，它往往是无可替代的最佳方式。通常而言，问题的本质和案主的需求会直接影响研究方法的选择。例如，对于慢性病人或年幼儿童，观察他们的家庭环境往往比面谈那些虽有工作问题但自我导向良好的成人更为合适。在案主离开机构，尤其是犯罪机构之前，惯例上需要对其即将融入的家庭环境和社区进行观察评估。

对于医生而言，在日常情境中观察患者至关重要（Robinson，1939）。如果全面的社会能力评估方式至关重要，那么显然，对于社会工作者来说，采用既具差异性又具普遍性的方法来评估环境也同样重要。某些特定的家访是因接受公共救助或处于有条件释放的情况而进行的，而有些则不是。然而，访视的时间和次数应依据规章制度而非法律来确定，相关机构应在这方面拥有充分的自主权[①]。

在安置儿童时，需对儿童未来寄养家庭进行细致的调查和评估，包括社会背景、文化背景及养父母的态度。在发放补助金和安排计划性家访方面，民办机构相较于公共机构拥有更多的选择自由，但两者都应享有合理的自主权。家访可能会让案主感到尴尬，因为邻居往往会"关注"调查者。为减轻这种不适感，我们可随时向案主解释访视的原因，或由案主邀请工作者，并确定预约时间。随着救助社会化权利的逐渐推广，最终调查者将能像医生、

---

[①] 现在逐渐认为最好让法律限制基本法则——即行政规章决定流程。

县级机构工作人员或受过训练的护士一样，正常地进行家访。初级工作者常会在初期或后续调查中，进行过多仓促或计划外的家访，导致投入与产出不成正比。甚至在一段时间内，民办机构中每月进行家访的做法屡见不鲜，其通常的说法是"为了观察家庭成员间的相处情况"。但这种后续跟进的做法往往并不合法。那段时期，个案工作者不得不审查案主的每一段关系——家庭、学校、工作、教堂、社会生活，并几乎全部采用办公室面谈技术来开展所有研究作为回应方式。任何一种极端方式都难以成功，因此需在不同技术中选择最可取的手段，如与案主直接面谈、获取附属资料、接触"案主相关群体"及专家，或参考信函和记录。

在办公室环境中进行面谈具有特定优势，随着机构配备私人隔间和适宜的面谈设施逐渐普及，这一优势愈发明显。多数成年人发现，在办公室而非个人氛围中，更容易探讨深层次的忧虑。因为在这里案主的保密性将得到保证，可以免受家人和朋友的打扰，并且通常能够维持专业的目标水平。尽管没有相关规定，但严格遵守办公室计划可能意味着更关注工作者的便利性，而非案主的便利性和个案需求。

如今，人们越来越注重观察母亲与婴儿间的互动，以及家庭中家庭成员的"群体过程"，无论是游戏关系，还是学校群体中儿童间的互动，抑或是病房内病患的互动。多数情况下，在群体中观察群体行为比个人层面的面谈更有成效，但了解人格的更合适方式是通过近距离关注面对面经历中的语调、手势和行为。出于明显原因，与儿童的面谈并非仅偶然关注"历史"，而是许多与年幼儿童的面谈会结合一些有特色的计划性表演活动以辅助诊断。即便个案工作者经常在自然情境中观察儿童，如家庭、寄养家庭、学校、日间照护中心、游乐区或机构中，对于年幼儿童而言，扮演性面谈是挖掘儿童情绪和家庭问题的最佳方式。工作者的目标并非"解读"表演中所使用的符号，而是在场时，以戏剧化的方式实现直接的自我揭露，补充父母或其他成年人的描述来理解儿童。工作者擅长于这种面谈方式，通过在儿童的指示下扮演角色，进入想象之中。如同所有治疗经验一样，儿童与工作者的关系为面谈赋予了意义。

我们可以通过设置单向屏，在不需要工作者参与的情况下观察儿童的行为，从而保持观察的客观性。例如，可以在社会层面收集病史，或者可能聚焦于治疗，即通常被称作"戏剧治疗"。在这里，工作者可能会参与到竞争性游戏、飞镖游戏、枕头大战、桶里放火（在安全可控的前提下），以及娃娃家族戏剧的难题中。接纳、释放焦虑和攻击的机会、言语辨别或区分儿童情绪所扮演的角色、指出范式和帮助儿童建立联系，与其他治疗努力的目标并无二致。然而，除非工作者接受过精神疗法相关训练，否则通常更明智的做法是将对儿童的观察限制在家中、群体组织、等候室，以及其他非结构性的观察点。对于幼童而言，戏剧作为一种自然的媒介，是面谈的替代品；而对于年长的儿童，则应鼓励他们用语言表达自己的情感。我们关注有意识的感觉，而较少对动机进行诠释。

以下是一个例子[①]，工作者在机构的娱乐室中进行观察，主要目的是为了进行心理咨询。

曼纽尔（Manuel）六岁半，因无法自控且容易激动，其母亲被幼儿园转介至一个家庭机构。他父亲在他三岁时离家。今年七月，曼纽尔被幼儿园拒收，而罗马诺（Romano）女士似乎对曼纽尔被遣走一事漠不关心，她更在意的是自己无法全天照顾他。她心怀不满地带着曼纽尔来到办公室，目的不明确，更愿意通过让他离开自己来缓解自己的不适。对于安置他，她已经做过一些尝试。

这位母亲描述曼纽尔为"不受控制"，他经常从她身边逃走，导致她不得

---

[①] 案例来自一个家庭服务机构，摘选自原书第一版的部分文字。有些技术仍有存疑，但将会呈现主要的方法。关于对儿童治疗调查中的观察和戏剧更全面的讨论，参见汉密尔顿的《儿童辅导的精神治疗》(*Psychotherapy in Child Guidance*)。

不经常追赶他。曼纽尔不愿与母亲一起去公园，他从公园跑开，和年长的男孩一起玩耍。他试图表现得像他们一样勇敢，假装抽烟来"激怒"母亲。在父亲离开后，他开始变"坏"，遵从父亲，却不听母亲的话。罗马诺女士强调曼纽尔非常爱他的父亲，并且经常谈论他，但他却用难听的名字称呼她。她对儿子束手无策，担心他长大后会成为歹徒，因为她听说所有歹徒小时候都像曼纽尔一样。

罗马诺女士尝试通过个人恳求来规训他——"为妈妈而做"，并以让他上床睡觉作为惩罚。但这些似乎都没有效果，她表示这对曼纽尔并未产生什么影响。在学校，他打同学和老师，在过道中大喊大叫，并且无法参与任何活动。如果别人靠近，他会威胁他们。他在营中似乎不开心，并未参加任何活动。几周后，他（带着其他三个孩子）尝试逃离，因为他"担心妈妈会死掉"。最终，这个男孩因捣乱行为被送回家中。

今年九月，他开始就读公立学校一年级。一周后，他再次被遣送回来，因为极端不守规矩和不受控制的行为。副校长和老师控诉曼纽尔无法完整地上一堂课，他疯狂地到处乱跑，对其他孩子表现出攻击性，煽动他们也不守规矩，并且他似乎并不介意接受任何惩罚。

## （三）儿童观察

曼纽尔是一个发育正常、相貌端正的男孩，相较于同龄孩子，他身材相当高挑。当个案工作者邀请他进入面谈室时，他未表现出任何担忧或害怕的情绪，毫不犹豫地走了进来。我们建议他选择一个游戏，他随即挑选了一个包含软木塞板、锤子、彩色木片和钉子的游戏。（他并非毫无条理，也未展现出无法进行建设性玩耍的迹象）坐下后，他拿起这些玩具，并以娴熟的技巧开始操作。他态度友好，对工作者微笑，表示他喜欢这个游戏，并正在搭建某样东西。我们询问他在搭建什么，他回答说是卡车。当我们问他是否想成为卡车司机时，他兴奋地回答："是的！"但随即犹豫了一下，说他觉得自己当消防员可能更好，要等到长大一些才能成为卡车司机。我们表示赞同，并告诉他可以先去学校学习很多知识。他回应说，这个夏天他已经开始上学了。

我们进一步询问他是否喜欢上学，他摇了摇头表示不喜欢。当我们追问原因时，他耸了耸肩。我们问他是否喜欢和其他孩子一起玩，他没有直接回答，但想知道他的妈妈是否在外面等他。我们向他保证她在，但建议他可以自己去找她。他并没有立刻回答，而是说："她还在那儿。"但随后又悲伤地补充道："我的爸爸去世了。"（此时，个案工作者可能过早地触及了他焦虑的主要根源）他随即纠正说，他的父亲并没有去世，只是去了南非。我们问他想不想和爸爸在一起，他点了点头，说妈妈告诉他爸爸会回来，他们会住在一起。在整个对话过程中，他一直在敲打锤子，专注且集中地将木块拼在一起。他还邀请工作者参与游戏，让她拿着钉子，然后从她那里"采购"部分钉子。他数着自己想要的钉子，整个过程中行为得体。他似乎在游戏中玩得很开心，并再次表达了对游戏的喜爱。

他询问个案工作者是否能去他家，我表示今天不行，但可以改天再去。他说这里很好很安静，而且个案工作者可以让他一个人做事情。我好奇地问是否有其他人不想让他一个人待着，他带着情绪说："是，我的母亲一直在吼我。"当我问他为什么时，他没有回答，但继续游戏。他又问我们是否能和他一起回家，说他家里有足够的空间给个案工作者。我承诺会找一天去他家见他。实际上，我察觉到他的母亲可能并不够爱他，或许别人会对他更好一些，因此在办公室面谈中保持这种满足感可能更为合适。

这时，外面传来吵闹声和孩子的声音。他打开门看了看外面，说是一个小男孩。然后他关上门继续游戏，但注意力显然不如之前集中。他说个案工作者可能也想和那个小男孩玩。那个男孩大约三岁，比曼纽尔小得多。我表示我正在和曼纽尔玩，但如果他想让那个小男孩来也可以，他可以做任何想做的事情。他迅速说道，我可能更喜欢那个小男孩。我摇了摇头表示不会，因为我并不认识那个孩子，而且我喜欢曼纽尔。他怀疑地看着我，看起来很恼火。接着他走出房间，把那个小男孩带了进来（似乎在进一步试探工作者是否会偏袒其他孩子，从而让他失望）。

他拿走了小男孩的玩具并开始玩，但没有表现出攻击性行为。然而，他的脸色逐渐阴沉下来。另一个男孩面色平静，并不介意自己的玩具被拿走，友好地与曼纽尔交谈。曼纽尔并没有理会他，但突然变得很生气，将小男孩推出了房间。小男孩很震惊，从门外偷偷张望，但曼纽尔推上了门，我（个案工作者）并没有进行干预。曼纽尔关上门后，再次只剩下他和个案工作者。他的表情完全变了，这一段时间他不想与我交谈，只是继续玩游戏，暴力地捶打着。我注意到我们再次独处，而且如果曼纽尔不愿意，我也不会再让其他小男孩进来。

他拿着锤子，突然转向我，说道："我讨厌你，我讨厌你。"接着他表现出狂躁的行为，打碎木片，敲打软木塞板。木屑四处飞溅，他说要杀了我，还要杀掉所有人。他在面谈室里跑来跑去，把东西扔到地板上，几乎把电话都打碎了。他几次对我伸舌头，并对我叫着粗俗的名字，几乎都与性相关。我安静地坐在书桌前记录。他拿了我的铅笔扔掉，带着狰狞的表情说："你为什么不让我一个人呢？为什么不让我一个人？闭嘴、闭嘴、闭嘴！"即使我一句话都没说。他开始诅咒，并说这里是他见过最糟糕的地方，他讨厌这个房间。我告诉他，如果不想待在这里，可以找自己的母亲，并随时回去。他说他不想让我跟他一起回家，我回答说他可以自己回家。

随后，他逐渐安静下来，并重复之前的行为，疯狂地敲打木头，击碎木片。我问他回家后想做什么，会不会想和其他男孩子在公园里玩耍。他似乎再次冷静下来，说不知道，但周天会去沙滩。我继续问："你喜欢去沙滩吗？"他刚开始表示喜欢，接着又说不喜欢，因为他不喜欢下水。他再次提高音量尖叫："我不喜欢水，我讨厌大浪花！"他用手做了一个夸张的动作，表示要杀掉浪花。"我讨厌它们，因为我害怕它们。它们把我推倒，而我的妈妈还让我下水。"我表示可以理解他的感受,许多像他这么大的男孩,甚至比他大的男孩也不喜欢下水。

在面谈中,工作者是否需要如此安慰存在质疑,但面谈的紧张氛围持续累积,直至失控,显然需要精神病学层面的直接建议。工作者对儿童行为的观察表明,这是一个焦虑、具有破坏性和行为紊乱的小男孩,这一点从他母亲以及附属资料所提供的历史信息中得到了证实。事实上,这样的行为持续不断(在家中、成长营、学校等所有地方都会发生),而不仅仅局限于家中,这是一种更为严重的情况。面谈中的行为也暗示了真实的精神病理学问题。

### (四)附属资料

附属资料是通过访视、信件或电话联系教会、学校、医院、雇主、商会组织、法院、社会机构、亲属以及银行咨询部门等口头交流方式所获得的信息。相较于其他专业,社会工作更注重运用文件、个案史和机构报告,向其他领域专家咨询,并对各类资料进行全面审查。在长期实践中,社会工作倾向于采用跨专业的合作方式,秉持合作性机构理念。因为社会问题复杂多变,案主往往在同一时期需要接受多种类型的帮助,而非单一机构的服务。社会工作者认为,他们有责任确保案主在整个服务过程中针对自身问题接受最佳治疗。社会服务交换作为一种促进专业机构间信息交换的工具,有助于推动更高效的服务。

在社会调查中,工作者会坦率地向案主解释所采取的行动方式以及核实必要信息的方法与流程。专业伦理要求工作者在获取案主赞同或许可后进行合作,并直接开展机构行业内的专业咨询。通常,未经案主明确许可,不得运用其知识,但严重心理或身体疾病个案、犯罪等合理例外情况除外。即便在精神问题案件中,也应尽可能鼓励案主坦露和参与。对于儿童而言,了解即将发生的事情、需要做的准备、是否需要安置、进行心理测试或手术等至关重要。对于未成年人，获得父母许可尤为重要，且无论逃离的儿童是否愿意，都须与他们进行沟通。

在所有领域中，长期工作经验表明，将时间用于准备、解释和获取同意并非浪费。对法律上责任亲属的面谈应温和进行，且此类实践通常以常规方式执行，通常无需运用案主知识或获得其许可。然而，若未对案主的重要亲属进行细致讨论，可能导致对案主的选择性和不公平利用。一方面，我们必须尊重和保护个人隐私，小心保护所有机构间报告；若话题非案主所关心或未纳入其知识范围，则无法进行有效沟通。另一方面，我们希望案主放下防御，允许不同资源与其行为产生联结。

我们不会向案主承诺"无人知晓"，而会询问他们："我们与那些能够帮助你的人分享这个信息或计划是否可行？"若案主拒绝，我们应尽可能尊重其决定。无法保证社会调查完全无害，但我们会尽力避免不必要的不适感。这通常通过坦率讨论、询问案主接下来步骤、考虑可行选择和替代方案、在困难流程或痛苦问题中解释目的、获取跨专业或跨机构合作许可或赞同等方式实现，同时尊重案主本人及其解决问题能力。

### （五）特殊的检查和测验

个案工作者在其他领域中会寻求专家帮助，以补充自身咨询，获得更准确理解。因此，个案工作者必须知道何时何地寻求其他领域专家的帮助。社会工作者过去常急于让案主进行常规医学检查，如沃塞曼试验、"智商"测试等，以及满足医院对陈旧和无用医学报告的众多要求。然而，在知识和技巧提升后，应进行适度筛选。在适当支持下，每个人都认可定期健康检查的价值，但这并不意味着无视问题和请求，将检查作为每个社会个案调查的必要条件。在医疗机构内外，社会工作者可能联合和协调多种临床数据，以整合所需的医学和社会治疗。

在安置和收养儿童前，需对其进行全面身体检查，并在必要时进行心理检测。尽管目前儿童安置机构并未严格规范使用这些测验，他们通常会等到儿童在新环境中感到安全后再进行。曾有一段时间，发放母亲津贴时会对所有申请者进行常规检查，以确保母亲与儿童在"生理和心理上匹配"，使母亲能对孩子负责，但现已不再遵循此流程。当生理残疾是法定资格的一部分时，医学诊断尤为重要，如近期为盲人或其他失能群体提供的社会保险金。在儿童指导诊所，经常需要对儿童进行全面医学、心理学和精神病学检查，以及社会调查，但实践更具灵活性。

若要运用一系列检查和测验，必须在问题本质、案主期望、机构责任、保护性价值和资源有效性的指导下进行。对精神病儿童的前期准备通常至关重要，且需注意把握时机及关注父母和儿童对测试的反应。在过去，人们曾认为专门机构只调查不做事或只诊断不做事，但在完全理解个案工作过程的统一特性后，这种观念已改变。工作者在寻找测验[①]时，必须经常将其与治疗目标相关联。然而，遗憾的是，有时工作者会逃避将心理社会诊断作为治疗的指引。除紧急情况外，社会工作者必须仔细评估精神科医生要求检查的个案，并在咨询前形成心理社会和家庭内部诊断。与精神病学家的研讨及对适当治疗方案的决定，似乎需要更稳固的立足点作为基础。

## 二、线索与模式

许多社会服务和咨询的申请，并不像资格确认那样，要求对特定领域进行深入探究。然而，工作者常感到，这些申请方式往往基于一种模糊的或具有伪装性的问题处理方法，且多以请求的形式出现。在成人家庭服务的各种形式中，将人格问题转移到实际问题上的情况颇为常见。例如，一位老兵因无法领取赔偿金而感到失落，他身体状况糟糕，却担心医疗权威会认为他的

---

[①] 罗夏（Rorschach）测试为人格诊断提供了启发性材料，可能可以将其运用在主题统觉测试和其他投射测试中。

残疾"与服务无关"。当工作者表示愿意帮助他处理此事，协助他理算赔偿金时，他转而抱怨生活中最大的困难是与妻子的相处问题，妻子经常指责他并不支持她。而当工作者表示对谈论他妻子感兴趣时，他再次改变话题，说最担心的其实是继女，因为她身边总有男孩围绕。

精神性神经症的一个典型特征是弥漫性抱怨，这在社会个案工作中经常遇到。在初级阶段，工作者通过提供有意识和无意识的线索，尝试确定案主希望我们帮助解决的主要抱怨，并通常引导他用言语表达具体的请求，以便我们进一步讨论并收集相关事实。总之，处理个案往往需要一些基本的数据。阿道夫·迈耶（Adolph Meyer）曾告诫他的学生，要注意避免常规性病史采集所带来的风险，提醒他们关注当前"抱怨"的重要性，即患者寻求帮助的直接处境。我们将"抱怨"置于关注的核心，主要原因正如迈耶所言，它往往是"患者关注的核心"。但我们调查的是在当前情境下抱怨的具体环境。

然而，很多时候，当个人寻求社会服务时，需要直接考虑资格的确定。如果他希望转诊到医院，那么就需要获取一段时期的健康史；如果是到职业介绍所，就需要提供相关的工作史信息，以便进行适当的职业介绍；如果他需要儿童指导服务，就需要了解大量的家庭发展史；若是请求婚姻咨询，通常需要简要描述紧张的婚姻关系，并可能会收集大量关于婚姻环境的特殊数据，包括婚姻史、性调适情况以及婚姻的经济和社会事实。人们普遍认同以下观点：我们经常需要从案主当前的困难入手，开始探究或了解病史，然后将其与对问题的理解相关联。所需的心理社会数据量会随着积极干预的程度和达成诊断的困难程度而变化。尽管关于生命历程中重要阶段的专业知识和文化与经济经历的共同部分，可以为每一个单独个案中的相关询问提供指引，但对特定数据的关注和方法的选择性运用，仍取决于问题和请求的类型。

尽管总存在或多或少的模式化研究，如假释前的研究和员工雇用前的研究，工作者会调查案主将回归的环境或了解所介绍的环境。心理社会研究的两个主要标准化雏形包含众多不确定的变量：一个是社会救助的资格调查，关注个体的社会经济生活；另一个是行为紊乱或情绪失调的心理遗传学史，更侧重于生命发展和家庭关系。因为获取家庭关系的数据往往是资格要求的一部分，且个人历程中的经济和文化因素同样至关重要，所以心理社会研究需要强调上述标准化问题。

## 三、资格模式与资格数据

我们可能会说，在实际提供治疗时，通常需要满足一些条件。这些条件基于公共机构中的法定要求，构成了调查的框架[①]。在特定限制下运作的民办机构拥有更多的自由度来调整资格条件，以适应社区设施或专业趋势的变化。然而，这些变化的发生不应仅仅出于工作者的兴趣，而忽视整个社群的需求。同时，公共服务在面对文化和专业因素时，也不应反应滞后，而应及时满足资格流程变化的需求。当计划执行得过于刻板时，有时会出现这样的风险：人们无法在流程中看到案主，问题缺乏框架，或者工作者及机构表现出僵化现象。

法定要求或具有强制力的规章制度体系，使得一些特定的调查变得必要，例如确定身体残疾等级、视力残疾等级或儿童伤残等级。当资格的条件之一是定居地时，就需要调查住宅或住所；当给予补助金的条件之一是确定需求时，就需要对收入和资源进行调查；其他调查信息还包括年龄或婚姻状态等。随着居民平均收入水平的提高以及医疗照顾纳入社会保险项目，法定要求也会随时间发生变化。发展的趋势逐渐倾向于提供更自由的经济救助，不断扩大救助的覆盖面，并推进简化资格审查流程。

公共救助中的资格调查，如同所有个案工作调查一样，必须建立在与案

---

[①] 在老年救助中，存在一种将"需求"从资格要求中分离出来的趋势。但无论补助金的发展趋势如何，需求始终是资格审查的核心要素，而调查则是一个高度技术性的过程。

主及其家庭坚固而直接的关系基础之上。如果法律要求案主必须"处于困境中",那么面谈虽然不是唯一的资源评估方法,但仍然是最好的方法。特定的方法若符合社会资格调查的标准,也同样能够被工作者和案主所理解。最普遍的方式是运用申请表格、居住和住所证明、家庭访视、资源结算、收入和支出的其他测量结果、工资单或雇佣支票等。

资格数据[①]同年龄、居住情况、公民身份甚至婚姻状态相关。但在确定需求时,通常对聪明、耐心、包容和细致方面并未做过多要求,不像对社会判断的要求那么高。一方面,事实在于方法具有客观且公正性,就像案主对所得税申报表或信用调查的接受度较高。然而,对关系的技术性处理却是持续推进个案工作的主要因素。案主对申请表格或程序的任一环节可能有很多不合理且不近人情的反对或真实的抗议。无论出现哪种情况,工作者都需要在心理上进行理解并在技术上妥善处理。

在大多数机构中,如果资格准入存在相对固定的要求,例如一种机制或公共救助结构,那么使用申请表格就能实现标准化并节约时间。流程的"非个人化"意味着对案主进行公正且公平的检查。在接案阶段,申请表格无法取代案主自己的故事,但表格的问题提供了一种指引,帮助案主理解他必须满足什么条件,也因此让案主了解了机构所关注的特殊要点。申请表中的任何一个条目都必须设计用来甄别案主并澄清他的资格状态。普遍性公共救助的发展趋势提供了更广泛的保险范围,并降低了可能出现的持续性地区壁垒。但无论何时,只要有特定的要求,那么这个表格就必然包含特殊且明白易懂的行为数据。

在大型行政部门内,"资源咨询师"可能受雇于结算和评估资产、保险以及其他流动资产。然而,资产的运用属于个案工作者的预算职能范围之内。根据资格条款,假定案主必须在发放公共资金前最大化利用存款、房产、保

---

① 在联邦政府、州或者市的公共救助指南,以及1937年青年个案工作者的办公指南中,发现大多数人认同的年龄、居住、公民等文件证据。

险等相关可变现资产。这与自我维持的准则相一致，但实践中的困难可能来自两个极端观点：一是工作者可能基于他的社会价值，对经济系统和通常不足的救济比例表示不满，完全不愿意运用案主的资源，并忽视它们的存在；另一个是工作者可能对这些困弱人群采取剥夺的态度，可能会转向使用专横、严厉和强迫性的手段，强迫案主变现自己的资产。如果工作者在运用适当方式上获得鼓励，并能参与行政政策的制定，那么他对政策执行的抵抗就会减少，也能遵从合理的连贯性。到目前为止，对于公民——案主在政策制定中能够参与的程度仍未有统一标准。当然，我们也必须鼓励案主表达观点，阐述自己所能胜任的事务，并且必须时不时探究他对服务管理的反应。

我们已不再将"资源调整"作为震慑手段来使用，并且该手段的运用需要避免给案主带来任何痛苦。实际上，在熟练的工作者手中，真正的服务是调整保险和资产，并且调整保险也能惠及很多并不处于困境中的人们。家庭通过审慎使用已偿付的保险存款，可以部分或暂时实现自我支持。一般情况下，工作者需要在此了解个案工作的考虑因素，比如对政策价值的合作性分析，以及对案主环境的全面探讨。刻板的规则要求对所有资产进行清算，对于所有相关人员来说，这样的方式代价巨大。而大多数开明的管理部门对此都能达成一致共识，认为应当给予个人决策灵活性和空间。比如在健康状态不良或老年阶段，或者存在短暂性需求时，所做的决定必须以普遍性收入和正常收益能力为依据，在适当的覆盖范围内尽可能减少混乱现象的发生。在没有不合理的亏损的情况下，人们无法变现的小资源，也不应对其进行变现。权利的保护假定例外是为了那些有额外资格或特定类型的人群，但应对在任何专业公共服务领域中负责的人群的社会判断给予应有的重视。然而，例外也应遵循审阅和决策的可靠流程。可以由一名职员执行"薪酬支票"，但需要对获取就业参考和评估工作能力进行个别化和专业性的研究。公共救助不能作为收入的永久性来源，因为它与个体的自我支持或自我维持能力并不相关，并且与工作被拒相关的就业能力问题的出现也令人苦恼。

在大多数地区，自我支持的能力被视为一种潜在的"资源"，也是资格评定的一部分。我们正通过开明的工作和推广个案工作理念，逐步调整以往的强迫性做法。若因罢工或停工，案主不具备领取救济的资格，我们也不会要求案主在不合理的工作时间、不适当的薪资条件或不恰当的人员管理环境下工作。总之，个案工作者应尊重公平的劳动实践，并将其作为"工作能力"资产进行合理调配。若案主因生理或心理因素而非工业因素被拒聘，则需进行详细的医学或精神病学诊断。个案工作者对经济和社会现实的理解，以及对残疾和行为意义的理解，能够为死板的规章制度提供灵活且建设性的运用方式。工作者应向案主解释机构政策和流程，尊重案主的整体性，并理解工作者作为个体以这种方式运用能力，能够为案主和社区提供熟练且建设性的服务。即便案主的求助请求被拒绝，只要他能理解决定的依据，就不会损害其整体性和自尊需求。只有将身心医学的观点与工作、补偿金和安置服务的最佳理念相结合，才能明智地解决现代社会中的工作能力问题。

另一个社会判断的发展趋势在于，资格评定开始从评估责任转向支持特性。在未评估法律责任人支持能力的情况下，不能决定是否向一个家庭提供经济支持。我们往往难以确定父母是否能为安置在外的孩子支付费用，或年轻的工作者是否应为其父母提供支持。在公共救助领域，以及现代家庭关系法庭的社会性发展实践中，都表现出了关于支持功能的压力策略，这一策略可能无法增强物质帮助，反而会加剧困难。即使法院在这些方面拥有权威，但在其他与社会主流不相符的行为上，个案工作者必须能够区分这些冲突情况，判断哪些可以建设性地解决，哪些需要法律裁决，而哪些最好搁置。对具有法定责任亲属所负责任的合理界定，是减少强迫性行为的一个重要因素。

当年轻人，特别是年轻伴侣提出分居赡养费请求时，工作者应对心理、经济和文化因素进行审查。公共机构不应因模糊的"人格"原因提供分居赡养费，但当分居赡养费有助于产生更高的个人和社会效益时，应在行政机构的裁决下提供资助。缺乏经验的工作者可能会误判家庭经济中的复杂判断价值，将其视为资格确定中与资源动员相关的简单事项。在大多数公共救助形式中，特别是当有从业人员时，通常假定评估具有"可持续性"状态。案主必须理解持续性资格的本质，无论以何种形式进行重新认证都是必要的，因为这有助于鼓励他们负责任地参与其中。如何处理事务，在经济领域的社会调查中尤其重要。工作收入的报告规定必须合理，并应成为激励机制，促进适当的工作投入，并鼓励案主愿意配合行政政策。工作者应提前向案主说明提议和审查的时间限制，续签和终止都应基于新思考进行讨论和实际调整。

即使需求在某些方面是通过固定的按月计算总和来测量，但当资格基于需求时，"补助金少于收入"的预算赤字方法则是更精确的手段。我们注意到，在个案工作中，预算工具是客观测量方法缺失的例外情况。从家庭经济领域借鉴的技术，现已在社会工作中逐渐"自然化"。作为需求测量工具，预算方法在目前的应用中存在一定局限性，但在人均补助、救济规模以及调查者的主观判断方面已有所优化。生活成本研究[①]已常态化，为食物、衣物、租金、照明、供暖和家庭用品等方面提供了精确数据。营养师已根据年龄、性别、职业和身体状态，计算出维持生存所需的基本食物量。预算中未能精确测量需求的原因之一，可能是很少有机构在计算时考虑到基本生存所需的所有项目。当无法覆盖所需项目时，家庭必须动用食物补助或其他基本补助。

将预算作为规划是有益的，即使人们并不总能立即获得所需的拨款。大多数多变的需求，如医疗照护、基本家庭设备的更换等，无法以同样的方式进行测量，即便在某种程度上能够测量工作、疾病或教育所产生的费用。无论如何，无人能基于差异化的生活设计出标准测量工具。例如，对于木匠而言，购置一辆低价车和送儿子上高中都至关重要，因为这些涉及价值判断。从另一个角度看，预算意味着一个社群允许其公民获得的满足的本质和数量，以及它所强加的剥夺的本质和数量。因此，预算区间反映了一个社群的文化方式。

---

① 参考家政局、劳动统计局和家庭社会工作的家庭经济师研究，参见本书金钱运用的部分。

基本收入的提供，如必要的医疗照护，通常与社会安全保险和管理实践紧密相连。然而，在救助的补充形式中，无论是提供临时或偶尔的经济救助，还是关注于支付服务能力，预算仍然是最有效和可靠的测量工具，兼具实用性和心理学价值。它虽非个性化流程，但具备灵活性，并能进行个别化调适。它不仅是生活成本的测量方式，还与熟练的咨询技巧相结合，成为管理收入的极佳教育性工具。

从心理学角度看，预算也代表着案主所面对的确切现实，在某种程度上充当着测量案主反应强度的工具。它通过测量连续性和适当性，帮助确定案主自身和外部的问题。然而，必须警惕的是，不能仅依靠预算一种工具来做决定，而忽略了评估案主对其他可能更有意义经验的反应。作为公共补助资格的测试，决定需求的预算方式不再是主要手段。随着社会保险工具应用覆盖面的扩大，资格确定无疑会更多地遵循修改后的精算线，而预算的保留更多是在特殊问题上，作为一种心理—经济效能的测量工具。

社会救助权利的概念贯穿于资格确定的整个过程，工作者不应对资格要求感到尴尬。如果它们不公平、不合适或在操作中无效，就应努力去改变它们。当然，妥善地处理资格调查是一项具有挑战性甚至富有吸引力的任务，它需要调动人类的准确性、想象力、智慧、对人真诚的爱以及对人类行为的深层次理解。

## 四、心理遗传史模式

在探讨诊断史时，必须始终铭记两个核心概念：缓解与发泄。利用历史资料，旨在特定情境下深入探究家庭史及其相互关系、发展历程、健康状况、症状表现、防御机制、行为模式、态度以及充满情感的经历，从而全面理解人格的成长轨迹。这些信息对于构建心理遗传诊断至关重要。同时，如前所述，对情感经验的充分发泄是治疗过程中的一个重要方面。行为精神学不仅揭示了亲子关系的内在动力，还在"全儿童"研究中阐明了家庭排列的成因。这些关于"家庭戏剧"重要性的新见解，常常对犯罪行为和症状的研究与治疗产生深远影响。因此，关注人格发展的相关知识，使得病历收集的艺术性和新技术变得尤为必要。

儿童指导运动自其初期便强调心理遗传学方法，旨在调整行为，对人格的形成产生了深远影响。然而，完整历史发展曾一度受到质疑。部分原因在于大萧条时期（1930年前后）案件激增所带来的负担，人们因面临失业和贫穷的严峻现实而无暇他顾。另一部分原因则是对早期详尽且老套的咨询方式的反感，以及对病史和治疗中关系理解得日益清晰。通常，我们认为程式化的病历并不可靠，因为案主往往无法理解其目的，并可能有意或无意地产生抵触情绪。这些病历很少关注案主的情绪，从而抑制了治疗关系的建立。实际上，强聚焦的咨询方式促进了"关系"的建立，但对于工作者而言，良好的初始关系得益于其在接案时作为机构代表的角色。

社会工作实践中病史方面的不足，主要在于对文化情境的描述不够完整。在个案工作中，虽然人们经常认可家庭角色的重要性，但往往过分强调病理学方面，而对家庭影响中文化因素的理解则显得不足。多拉德提出，我们应经常考虑文化的"群体+1"观点，其中"1"代表我们的案主，显得尤为突出。正如人类学材料能够更好地应用于社会工作实践一样，同化过程的概念也会因此变得更加清晰（Dollard，1935）。文化多元主义主张，从接纳和享受文化差异性中所获得的丰富性，将越来越多地影响与构建人类关系相关的所有学科。我们无需通过极端方式来确认事物的根基，也不必否定规范的存在。因为每个个案都是独一无二的，必须进行个别化处理。需求是由心理、生理、文化和人际交往的整体性所共同创造的。

在个人成长与文化之间，模式与功能相互依存，相辅相成。在文化认同与不认同的情境中，我们会产生相应的情绪反应。对文化情境的普遍性理解固然重要，但更重要的是学会采集文化生命史。个体对文化的安全感是自我接纳的重要组成部分,因为每个人都会根据自己的心理需求运用其文化,从而对自己的社会地位和阶层保持敏感,并理解阻抗的重要性。这些阻抗受到家庭影响的制约,并不可避免地会被社会文化力量所调整或增强,而人们也已学会如何运用这些力量。

现在,我们再次强调收集适当的心理遗传学史的重要性,因为它能够为清晰的心理社会调查提供有力支撑。这方面的主要进步源于询问方法的改进,以及在探究问题时更加明确的焦点和目的。工作者无需收集案主的所有过去信息,或进行完整的社会调查,因为这些对于生活范式的基本实现并无明显改变。所有专业工作者都必须熟练掌握个案的心理社会概念。对于病史和社会调查来说,应将相关模式记录在记事簿中,或最好铭记于心,以免在面谈过程中重复询问。只有我们努力推动事情的进展,分类才能更好地遵循规范与刚性原则。有位医生曾这样总结:"你们已经了解了关于心脏病的所有知识,但现在你们将不再只是看到心脏病。"这是在提醒他的医学生,他们应该治疗病人,而不是仅仅对病人进行分类。

在大多数医院和诊所中,社会工作者通过预先为整个团队设计的框架来"搜集"心理社会史,其中关系、态度和行为方面的相关数据往往发挥着重要作用。工作者询问的领域通常包括现状的不满和发作史(如目前行为的持续时间、开始时间、发生地点、直接反抗的对象,以及家庭对案主现在和过去的处理方式)、事实发展(如出生、断奶、睡眠、喂食、锻炼习惯、移动能力、如厕训练等)、在幼儿园时的突出行为和事件(如玩耍、攻击、害怕、防御、特质和症状)、学校进展(如学习困难、特殊依恋、反应等)、创伤史(如生病、意外和残疾)、家庭背景、文化和经济状态(与资格调查相同的数据)以及重要的家庭关系、态度和事件(如早期与父母的分离、家庭情况、与兄弟姐妹的关系、兴趣和天赋等)。为了便利起见,在接下来的面谈中,应流畅地获取并记录这些数据作为典型范式的参考,以便确定核心发现并促进诊断性结论的形成。

如今，在大多数家庭指导诊所中，面谈时会为儿童、生活处境以及遗传学发展行为的历史情况制定大纲。对于成年人而言，如果有其他社会材料支撑的口头证据，工作者应将这些证据纳入考虑范围。对于年幼的儿童来说，观察他们当前的行为至关重要，因为戏剧面谈方式正在被广泛运用。儿童会在家庭、学校或其他对他们产生失望、害怕或其他情绪影响的情境中自我揭露。通过他们对扮演事件的选择，可能会呈现出他们在幼儿园的经历，如断奶、如厕训练、与兄弟姐妹的竞争、争取在父母心中的位置、创伤性疾病以及其他事件。并非所有儿童都能在精确治疗中拥有足够的自由发挥空间，但无论他们是否如此，工作者都会尽力从他们的父母那里获取详尽的病史。

必须记住的一点是，从父母那里获取关于儿童的过往经历，或从亲人那里了解医院病患的病历，与从个体自身获取可靠病历是有所区别的。在初始阶段，工作者应注意在协助父母讲述儿童的故事时，不要将焦点转移到他们自己身上，以便快速了解儿童和父母的关系。在从医院中的患者家属那里获取病史时，也可能会发生一种罕见的情况，即有些父母会转而关注自己其他方面的问题和冲突——他们过早地希望像"患者"一样成为"舞台中心"。如果工作者在未详细说明家庭排序的情况下过分关注主要"患者"，就无法收集到合适的心理遗传学史。保持以儿童或"患者"为中心的聚焦，仅仅意味着需要给予主要人物一段时间的重点关注和治疗，而整个调查和诊断过程应始终指向儿童或"患者"。

然而，我们允许在对话和互动中揭示相关问题，并阐明它们之间的相互作用。这并不意味着所有重要的相互关系都需要关注，而是需要从心理紊乱或患者的视角进行考量。结果性诊断可能具有临床性或人际间性，或两者兼具，但其本质目的是治疗，因此以个人问题为中心。在许多资格评估模式中，诊断的焦点在于心理社会和人际关系层面；在心理遗传学历史中，诊断的焦点始终围绕患者，人际和社会数据常被用作探究儿童或其他病患的参考。因此，材料以"患者"视角记录，若随后家庭中出现其他角色，如"父母"，则需搜集额外的病史信息。

当从成年人那里搜集病史时,我们或许能轻易地从社会情境中引出情绪,但必须等到关系深入,以及治疗态度和随之产生的移情得到释放时,工作者才能接触到更深层的情感经历。在情绪中立的情境中,案主会意识到工作者了解自己的工作,对他态度友好,想要帮助他确定资格状态,并获取合适的资源。通常,当这些信息与案主利益相关时,他们愿意提供必要的信息。当目标明显与问题相关时,他们会透露经济状况;然而,一旦涉及更亲密关系的考量,或案主认为这些事实会损害名声,他们所提供的相关信息就会减少。因此,工作者必须做好应对案主阻抗的准备。通常来说,如前所述,当面谈表现出真诚的关注和友好,并在询问难题时能够给予解释时,阻抗较少发生。但若阻抗持续存在,工作者通常需要正视它——"对你来说,告诉我这件事很难。""你可能还不确定我们之间的关系。"

提供病史是案主与机构确立自己位置的方式。有时,案主过分积极地提供自己的病史,可能是为了避免谈论当前情况,而工作者必须将他引导回当前的话题。如果案主理解我们的意图,并确信我们是真诚地想要帮助他们,他们通常不会抗拒适当的问题或相关询问。激发焦虑的过程必须在特定的时间进行,并需要特定的言语解释和脱敏处理。如果问题涉及心理关注领域,我们朝这个方向前进的步伐可能会减慢,但我们不能坐以待毙,而应通过反应性问题和言论进行辅助干预,因为案主正准备在深入的关系中为我们提供信息。通过认可他的努力,我们鼓励并帮助他。当他最终相信我们能够真正信任他,无论是好的还是坏的方面,案主都会提供更多信息,我们也不会对他所披露的任何事情表示反对。

在更明显的探究形式中,专业关系始终保持其典型的"真实性"。对社会事实的关注常常阻碍移情的发生,反之,情感性材料所揭示的本质常常促进移情现象的发生。工作者必须在很大程度上能够削弱移情,或允许它在治疗过程中,朝着所假设的角色、治疗的目标以及工作者的技巧所指示的方向发展。

最近的文章中提到一种观点："行政服务需要能力：发展和应用管理政策；通过一种秩序化的行政结构有效地执行，并在与案主的关系中运用技巧。"在儿童指导诊所中，无论是经济需求还是发展史，囊括定义明确的领域并不意味着必须以非个体性或常规性的方式对待案主，也不意味着不支持与案主的友好合作。过于敏锐地区分经济上的服务可能存在风险，例如将"临床"的公共救助、儿童安置、婚姻咨询、儿童指导等混为一谈。然而，无法清楚记住调查目标或目的，以及无法将数据与其目的紧密联系同样存在风险。另外，有一种说法是，"心理"资格形式需要引入到治疗过程中。如果个体丧失能力，那么可能会在很大程度上根据他的行为确定资格。但目前为止，除了其他暂未考虑到的因素外，人们认为应该基于案主的能力，让案主动员自己来使用服务可能更有益。然而，对于我们来说，相比在资格方面的考量，对可治疗性下的心理准备方面的困惑通常更少。

关于案主运用社区资源方面，随着案主参与度的提高、工作者坦诚表露以及案主责任感的增强，产生了引用自著名政治术语"公开契约公开达成"的政策。如果案主因疾病或体弱无法依靠自己建立资格，那么工作者将会帮助他，甚至为他处理相关事务，但通常是秉持着案主有权尽可能处理自己事务的持久信念。在所有个案工作中，关注的重点已经从提供必需品的服务或收入转向帮助案主有责任地为自己使用相关服务。在心理遗传学的研究模式中，所涵盖的领域更强调在个体成长过程中亲密家庭与个体的互动，但在资格模式中，同样需要运用社会、文化和经济方面的数据来支撑中心要点。我们现在必须通过诊断和评估过程，观察所有类型的心理社会数据如何得到诠释。

# 第八章　诊断和评估流程

要理解个案的意义，如我们在第七章所述，通过恰当的研究方法收集足够的心理和社会事实极为必要。案主环境的相关知识经常是观察和询问的主题，包括直接的和历史的情境、当前的文化和社会背景、社会病理的程度、调适范式、态度、案主的感觉，以及对一些可能发生失调领域的认知。然而，在处理特定的问题和请求时，工作者必须尽快形成关于问题本质、案主优势和有利条件的专业观点。一般来说，如果个案的早期问题已经很明显，晚期反而可能会变得不清晰，尤其是当有复杂的家庭成员参与其中时。因此，工作的开展不应晚于前几周，并需要在三到四次接触中进行调查。工作者在调查中获得的印象必须共同用来协助对问题的直接关注，并且这些构想必须仔细记录下来。目前，实践者从事件、历史和行为中产生的意义，被称作"诊断式思维"或"印象"，在其正式的记录版本中，被称为"诊断性总结"或"诊断性陈述"[①]。在必要的情况下，工作者也必须修正不正确或不完整的诊断。

---

① 关于更多这些类型的解释，参见汉密尔顿的《社会个案记录的准则》一书中，第70-76页。

## 一、并存与关联的诊断和评估

研究、诊断和治疗发生在个案的自然过程中，所产生的每个问题都需要特定的观点。然而，工作者必须牢记的是，将个案工作流程强行分成不同步骤，只是帮助我们理解整体流程本质的过渡性工具。由于生存通常比认识更重要，因此工作者必须意识到自律能力的构成因素，通过"非连续性思维"，以及对时间顺序排列的共享经验所认可的"纯粹持续"案例来直观辨认自律的组成。

诊断使我们关注案主如何理解心理社会问题；而评估则是针对案主的问题、能力和内外在资源的可用性来理解个体的功能。诊断与评估与我们更常用的术语"诊断性评估"联系密切。然而，我们应该分别对两者以互补的方式进行描述，以引出案例的含义。导向问题本质及其根源的思考过程叫作诊断——"知根知底"指的是清晰认识或完全理解，它尝试回答"这是什么问题？"如果工作者承担了治疗角色的责任，那么理解案主的问题就至关重要。从本质上来看，治疗是工作者对案主目前呈现的需求或问题本质所持有的专业观点。它既不是"案主秘密的标签化"，也不是对生活未解之谜的非控制性冒险，而是一种现实的、深思熟虑的、坦诚又科学的尝试，用于理解案主目前的需求，通常是一种人在情境中所形成的方式，包括人际间关系。

诊断和评估是一种社会感知，或者更确切地说是一种心理社会感知。为了知道寻找什么、理解在调适中的偏差和失败，学生必须掌握大量规范的社会功能知识。即便对于他们来说，通常情况下更容易说出"不正常"的定义，而不是正常的概念。他们必须了解性格结构、工作条件、家庭关系、教育、戏剧、崇拜、正扮演的角色、受拥护的角色，还有邻居、朋友和群体组织。

除非专业教育能够教导工作者所有这些基本主题，否则个案工作仅仅是一种技术，大部分时候依赖于知觉和机会主义。如果没有技术知识体系，包括在社会科学方面的完整训练，那么工作者就无法搜集常见的病史，用以确定资格或建构准确有用的诊断。

诊断和评估都是专业的观点。从案主申请那一刻开始，通过面谈邀请案主，并激发其表达对自身情境的感受。当工作者鼓励案主讲述他的故事，并自己赋予其意义时，这本身就是一种"诊断"。案主的生活经历对他和工作者都是一种结构，这也是他面对自己情境作出惯性反应的自我观点。案主基于自己的"诊断"选择机构，并且对治疗的观点先入为主，通常对所涉及的心理因素缺少认识。因此，工作者必须从案主所处的位置着手，并以案主的看法为出发点，与之共同探究问题。但工作者必须常常意识到替代案主观点的可能性，察觉到自然的阻抗，并不应该让自己过早地投入对申请者诠释的更正之中。工作者应当把对情境的主观描述称作"诊断"，除非在外行人了解时和在执行专业纪律流程中都运用同样的术语，否则人们将会对其存在困惑。了解一个人对自己问题的认识非常重要，因为这是整体意义的一部分，但专业观察者不一定都能察觉到。当案主对自身的重要情境赋予了相应的意义，并使之成为治疗的起点时，工作者开始产生接纳的感觉，并表现出专注的兴趣，他们之间的初步关系就此建立。

换句话说，无论案主的客观生活故事或他对任何阶段的主观感受如何，个案工作者都必须尝试引出完整的意义，来理解目前所呈现的不同要素。有时候，工作者除了确认案主的解释之外很少采取行动。案主说："我是一个非自愿失业的个案。"在与他探讨情况之后，工作者可能会同意他的说法。另一方面，工作者可能会将他的问题视为因职业残疾而引起的非自愿失业的复杂化，或者工作者可能会认为他经常将自己和他的雇主与同事置于困境中，从而无意中导致了自己被解雇的结果。

评估意味着接受过专业训练，拥有社会判断的能力。社会工作者致力于保障案主的生活水平、收入水平和工作条件，以及为案主提供社会保险系统的保护，同时确保案主人际关系的质量、健全的家庭生活、社会公平、公民权利、无差别待遇、建设性劳动关系，并为了共同福祉而进行团体合作。诊断关注于因果关系，评估则关注社会目标。后者存在于我们自己的生活经验中，对我们来说更具本能性，但尝试定义问题及其原因可能会出现特殊的困难。诊断的技术基于工作者对大量心理和社会科学体系的掌握；评估的技术可能更多基于自由思考并且不带个人偏见，对不同个体和行动方案都能够客观看待。这两种思考的基本训练方式，可能最能清晰地区分出专业人格。

人格评估和特性描述经常与治疗的成功或失败，以及在预后的建设性和破坏性因素相关联。尽管我们不以抽象道德意义上的"善良""健康""卑鄙"对个体进行刻画，但需要考虑其履行特定职能的能力，比如支持角色、婚姻角色、子女或父母角色。这样的判断看起来很专断，但如果工作者在人类行为和关系中开展治疗，这是无可避免的。工作者不仅需要了解限制的位置，也必须知道能中止能力和释放能量的要素。

因此，反思性思想不仅包含我们称之为诊断的描述和定义，也要考虑治疗的目的和可能性，必须包括对资源的评估，以及将案主作为完整个体的评估。对于实践者来说，所有的性格都是"可接受"的，但在任何特定的文化框架之中，特定的性格发展比其他方面看起来更有利于社会调适或取得成就。人格是一种社会行动而不是"一个物品"，并且即便世界强加一套限制和规则看起来十分令人费解，但社会仍对此所具有的重要价值观点保持一致。有一种说法是，文明往往"偏离黄金标准"，且经验持续地教导我们一些比其他行为"更优"的做法，并提出基础性和持续性假定，即人类必须有道德并具备社会性。

诊断和评估的目标是使治疗行之有效。在开始帮助他人之前，我们需要理解的是在什么领域我们可以开展治疗，以及案主对我们的期待是什么。在所有对过往史的搜集中，我们寻求意义的线索，特别关注案主对自己、对他人和对直接问题的反应，以及案主已经采取的行动和将要采取的措施。我们和他一起探究请求，并观察它的导向。如果它指向的问题不是开始时的抱怨，那么工作者必须有所觉察，因为案主不一定能够看到更深层次的问题，或希望它们被治疗。好的诊断假设能够帮助解释现象，以有限的方式进行预测，且必须包含对治疗的指示。专业诊断对于理解案主现在寻求帮助的问题或抱怨极其重要。有时也可能会出现其他复杂的因素，例如目前的问题不是核心问题，需要在之后形成针对其他问题或人群的补充性诊断等。除了上述内容，也必须在最初案主感受到困难时，对问题进行定义，并尝试评估他现在和未来处理这些困境的能力。

## 二、治疗过程

在社会诊断过程中，需要掌握的知识和技巧包括熟悉内外在经验，同时涵盖特定的逻辑概念和关系，如事实与推论、发现与诠释、理论因素与结论、个案定义与分类。这些构成了治疗过程的基础，其核心在于在可能的情况下努力帮助案主。工作者需运用诊断性思维深入分析原因，对问题进行更精确的定义。尽管案主自身可能在一定程度上加剧了社会问题的复杂性，但这并不改变诊断的目标。

描述性定义通常是诊断思维的起点，也是至关重要的环节。例如，当案主表示能与妻子和谐相处时，我们却注意到存在"婚姻分歧"的情况，这时我们便在使用描述性诊断的词汇。随后，我们会尝试探究问题的根源。在个案工作的诊断中，心理社会的完形（即整体观）至关重要，它与接下来将讨论的临床诊断密切相关。我们必须将人际诊断置于"人在情境中"的心理社会概念框架中，特别是要关注家庭内部问题的平衡与互动。

## （一）格式塔（Gestalt）诊断

每一次诊断都是一种完形，即格式塔。作为实践者，我们要对案主的求助请求作出响应，并从"治疗"案主这一事实中引申出整体性的含义。这对于个案工作者来说具有特殊性，因为我们的工作不同于律师、医生或工程师。整体完形是由个体与其情境（人在情境中）的互动形成的，是一个相互依存的整体。这些在完形中不可或缺的元素，是社会工作的代表性特征，因为社会工作的前提是社会问题的形成或触发，以及社会调适中的崩溃或失败。

工作者必须审视案主意识到的特定问题，以确定生活经验中紊乱的本质和范围。无论工作者是否已经对基本问题采取措施，掌握能够在实际层面处理困难的因素都至关重要。同时，需要让案主感受到我们的理解，这种理解有助于实现初步的融合。

人格会受到一系列刺激性情境和总体文化的影响，并对内在激励和外部刺激作出反应。因此，心理社会诊断关注整体情境，包括内部和外部，即个体与情境、个体与个体之间的关系。最简单的心理社会单位可能是一个因生理局限而无法找到合适工作的失业人员。行为问题可能代表一种家庭内部的因果关系，以及其在心理社会层面持续产生的不良影响。

如果处理的是儿童偷窃或破坏性问题，诊断的形成将尝试为这些行为赋予意义。如果需要安置儿童，就需要了解家庭所需的情境本质。如果案主失业了，那么最可能导致失业的因素是健康、人格还是就业市场？无论面对的是复杂难题，还是其他更能引起工作者兴趣的问题，工作者的重点都在于理解案主想要解决并有意陈述的问题。诊断的形成是工作者对这个问题深思熟虑的解释，主要内容包括其结构、病因学和关系元素。

个案工作大量借鉴了社会和心理科学的知识，尽管这些学科的应用仍更倾向于艺术而非科学，但我们不应假定它仅需要反复试验法。尽管个案工作单位可能永远也无法达到医学解剖学和生理学的精确程度，但在人格和社会力量领域，社会工作已经通过图表化总结，可以对个体生活历史进行深入研究。在最终意义上，人类可能仍处于未知状态，但诊断并不关注最根本的事实，而是更侧重于实用的工作假设。近年来对情感或内在因素的研究，主要通过态度、行为和言语的表达，使个案工作者能够理解存在问题的个体和问题本身。因此，"格式塔"常常通过有意识的感受、需求和请求，呈现处于情境之中的个体关系。

## （二）诊断中的因果关系

在社会现象中，由于各类因素极为复杂，因此难以确立确切的因果关系。然而，即便只能表达部分关系，也对社会发展有所裨益。例如，一个家庭陷入困境，是因为承担家庭经济责任的成员失业了；一个女孩不喜欢这个派对，是因为她的姐妹成为全场的焦点；一个学生因为学校课程与他的能力不匹配，最终选择了逃学；一个孩子嫉妒年幼的兄弟姐妹，是因为母亲把更多时间花在了他们身上。社会诊断通常具有描述性，即使怀疑或已确定还有其他因素在起作用，也需要指出明显的相互关系。因果关系可以用近似而非绝对的术语来表示。例如，工作者可能会认为，儿童的攻击性行为部分源于早期母亲对其的拒绝，而这种拒绝又是因为孕期影响了母亲的舞台生涯，进而影响了她继续舞台表演的决定，但这并不是模糊粗略的描述。

历史性因果关系像一座倒金字塔，以当前的行为或情境为顶点，而最常见的原因则位于金字塔更靠近基底的部分。如果工作者寻找的是社会性原因而非心理遗传性原因，那么他将会触及深远且特别复杂的因果关系链。比如，一个人失业是因为所在行业生产过剩，而生产过剩的原因，则可能众说纷纭，没有经济专家能达成一致。在这里，我们所说的因果关系，仅指在特定情况下，某些因素以某种方式共同作用，从而暗示它们之间存在的因果关系。

正如我们在其他地方所讨论的，我们并不是要治愈过去，但过去确实具有结构化特征。在适应层面，过去的失败常常延续至今，并可能在当前情境中发挥作用，甚至影响面谈本身。虽然对当前情况的横断面分析能提供重要线索，但在"行为问题"的案例中，周密的个人史无法被其替代。由于社会因果关系非常复杂，全面理解单个社会情境在实际操作层面并不可能实现。事实中的线索在于，尽管机体复杂，但功能可能相对简单。我们可以普遍了解社会的某些事务，但更重要的是理解个体如何运用或应对他的社会情境。如果行为确实具有目的性，那么个案工作的关键就在于深入了解案主在复杂情境下的表现。

练习诊断的学生常常在尝试区分"困难""责任"和"原因"时感到困惑。如果他们放弃程序化设计，可能会得到启发。工作者无须为每一个困难分配特定的原因，而是应以简洁灵活的诊断性陈述构建完形，将那些在时间和空间上看似连贯的问题因素串联起来。工作者还必须牢记"资产和责任"，用里士满的话来说，它们虽不是问题定义的一部分，却是评估治疗目标的原始材料。资产和责任可能具有生理性或外在特征，也可能蕴含在案主的人格之中，或者两者兼有。

处理现实问题至关重要。将案主送入养老院时，我们并不需要了解他的完整发展史，也无须受制于全面的检查，除非他的症状和抱怨有这方面的要求。在心理测量中，分数低的人也可能具备良好的社会谋生能力，并在非竞争环境下表现得当。当人们申请实际服务时，即使工作者可能意识到更深层次的问题，除非案主希望在这些领域接受治疗，否则工作者不应进行探究。案主可能会进一步阐述自己的家庭经济问题或婚姻紧张中的初始问题，并可能引出新的"患者"。例如，儿童可能会表达自己的问题或他对家庭问题的看法。这种新的完形必须将这个"患者"作为中心人物，并形成相应的诊断结果。

从第一次面谈和观察开始，诊断性思维和对目的性介入的关注就始终贯穿于个案过程中。所有诊断技巧都基于对所寻找内容和所忽视内容的了解，以及基于对后续数据发现方式的审查。对人类生活事件的任何诠释都不是终结，任何诊断也无法穷尽所有。如果工作者能与案主携手前行，共同探究案主的请求，那么所引出的事实意义将会更加清晰。当工作者询问相关问题，帮助案主推导出必要信息时，无论是告诉他当前处境、生活经验，还是协助他制定文件、同意医学检查、安排家庭或亲属探视，或在工作者和其他家庭成员之间安排面谈，工作者都必须深入理解问题和带着问题的个人。个案工作方法在操作社会要素时尤为有效，同时也能达到精神疗法的目标。

### （三）分类和诊断式陈述

我们难以对个案进行彻底的定义，也难以终结个案的处理。工作者最好在对复杂的个案数据进行解释的基础上，将其作为诊断性假设或推测。即便在深入理解问题的过程中，特别是针对遭遇问题的个体，我们会持续运用诊断性思维，但为了实现实践目标，工作者通常不会再继续形成新的诊断性结论，除非在开始阶段做出了疑似错误的假设，或情况本身发生了根本性改变。案主并不要求我们治疗他的全部人生，因此，当与我们寻求帮助的相关问题得到处理、他的不适得到缓解，或我们发现的问题过于复杂或无法解决时，我们并不一定要展开新的"诊断"。另一方面，如果工作者洞察到新情况，需要时不时地审视诊断，并开展新阶段的治疗。

工作者所感知的社会事实是一种分组，是关于个体独特特质的生活设计。每个个案都是独一无二的，但同时与具有相似属性的个案之间存在联系。工作者无法在没有规范和目标的情况下进行评估，更无法在还未分类的基础上进行描述和定义。任何具有思考能力的个体都会以某种方式进行分类。比如，人们在接受晚餐邀请时，会考虑它是否正式，并会结合其他社会价值概念，根据分类决定该场合的着装。同样地，对"失业""手足之争""分离和无家可归"以及"婚姻摩擦"的分类，能够帮助工作者整理大量的病理学知识，并为特殊个案补充相关知识。分类是诊断过程中的重要环节，其有效性在于对真实的关注，而非偶然性和相似性，其目的是理解关键意义而非全部意义。完整的诊断要求在分类中进行定义，并呈现差异化因素。虽然学生已经了解到每个案例都存在区别，但在经过有意或无意的分类后，他们容易忽略不同个案之间的差异。因此，所有诊断性思维都包含了定义和分类。

诊断术语或标签的运用，如"心脏瓣膜病"或"焦虑性神经症伴行为障碍"，在医学和精神病学中很常见，但在社会工作者服务群体中并不那么普遍。虽然特定的短语体系可能有助于问题索引，但事实证明，这样的分类并不像诊断报告那样令人满意。在一些社会工作领域，已经开始流行弱化诊断性分类的趋势，即使这些分类确实作为所储备专业知识的索引。

在"儿童指导"类型的案例中，总结主要强调家庭背景和关系、经济和社会状况、出现的症状、发展史、已完成的心理和医学测试结果、对儿童态度和行为的描述，以及在家庭、学校和其他重要场所的态度与关系。这些总结会用诊断性的段落来整理这些重要的发现。这样的段落会脱离正式的历史脉络，单独作为一种心理社会的阐述方式。社会工作者对于诊断性思维的特殊贡献在于，他们综合呈现了家庭动力情况，或将人与情境完形化，这是单独的标签或术语难以表达的。

我们的目标是定义案主所呈现的核心问题，以及他对关键性相互作用原因的感受。这些因素可能是生理、心理、经济或文化等任何方面以不同的权重构成的。在儿童的反应性行为中，由于家庭关系不可避免地存在因果联结，因此必须经常通过诊断性报告来表述这些关系。工作者必须深入理解主要病症，以及它们对社会功能的影响。他们必须熟悉神经症、精神病和性格障碍的意义，并了解精神科医生所提供的更精准的临床解释含义。

### （四）发现与诊断性总结

发现是诊断的原始素材，但它们并不等同于诊断，事实与推论是有所区别的。能够清晰区分发现与诊断至关重要，同时，区分治疗与诊断也同样重要。发现是在个案中，对关键因素进行深入分析的结果。例如，在常规的诊断总结中，可能会将发现分类列出或以标题形式展开。然而，诊断要求工作者对这些因素进行综合考量或诠释，并为整个个案赋予心理社会性的意义。当工作者以逻辑性的方式开展工作时，他们通常会认为第一步是收集数据，接着从这些数据中提取出特定的重要信息（即发现）。实际上，这些综合信息为工作者提供了对案例的意义解读（即诊断），推理的过程是持续进行的，人们可以在一个事件、一次面谈，甚至一个单独经历中的行为或态度中发现片段式的诠释性思维。

在个案的早期阶段，当工作者进行连续的面谈，或帮助案主采取必要步骤收集社会证据时，他们开始意识到在特定情境中，某些因素相较于其他因素更为重要，因此对这些因素进行合理解释的相对重要性开始变得更加清晰。对于那些已经受过严谨训练的工作者来说，当案主提供个人史或将自己与机构的功能和流程建立联系时，个体思考的典型模式、感觉和行为也开始显现。人们通常将理解个体或问题的重要事实称之为"发现"。有时工作者会以书面形式记录下他们的发现，有时则会在脑海中记住它们，但在据此进行推断时，他们需要在此过程中对比其他数据进行选择和权衡，并对特定数据给予特别关注。

整理发现的方式部分取决于我们被请求的内容。以下发现的选择主要基于尼基（Nicky）的视角，他是一名因行为问题从学校被转介过来的"患者"。

这个家庭的收入是每周 12 美元，由一个 17 岁的少年供养五口之家。他的父亲即将被驱逐出境，母亲患有慢性多发性关节炎，几乎丧失了行动能力，一个 13 岁的姐姐承担了大部分家务劳动。7 岁的尼基不受母亲待见，母亲很少表达对他的关爱。在得知父亲即将被驱逐后，他开始戏弄并攻击学校中的孩子，与姐姐打斗，并破坏家里的东西。通过对这三个孩子的生理检查发现，他们体重明显不达标且存在营养不良，而年纪较大的孩子经常阻碍尼基学习良好的行为榜样。

我们将这些因素关联起来并作出推论，可能会得出以下解释：

诊断报告：尼基，一个营养不良且受到忽视的儿童，表现出攻击性行为，部分原因是他感到自己不被需要且遭到拒绝，现在由于额外剥夺感的出现以及即将失去父亲，他的状况正在恶化。家庭面临普遍的财政压力，同时母亲在儿童照顾和家庭管理方面的角色缺失。尼基对姐姐的不满可能源于母亲赋予姐姐家务劳动权利的标志性行为。现在，表现良好的孩子都与母亲联合起来对抗他，仅仅因为他是"坏孩子"。

接下来的研究可能会揭示尼基对父亲的感受，父亲离开是因为自己表现不好，并且我们可能会发现许多惊恐或其他症状。如果是这样，我们可能会在诊断报告中增加一段，对"神经性焦虑"做出更全面的解释。我们可以让负责咨询的精神病学家审查诊断情况，并制定包括儿童和家庭在内的治疗计划。如果家庭被转介到接受经济援助的相关服务，那么最初的调查可能会更侧重于经济和资格材料、居住情况等，这些发现可能反映出选择，并且一旦得出结果性诊断，可能会在报告的最后进行强调。假设当尼基出现问题时，我们将以作为"患者"的尼基为中心形成新的结论。

我们在第七章指出了社会调查或心理遗传史模式。之后的资格调查需要制作定义需求情况的报告，作为确定补助金的基础。例如：

这是一个关于丈夫、妻子和三个年轻孩子的案例。由于丈夫晚期糖尿病导致失能，无法为家庭提供经济支持，同时母亲必须留在家中照顾孩子，且从他们自身的资产或亲戚那里已无法获得经济资源。这是一种经济完全依赖于家庭单位的情况。

这类报告之后可能会对救助补助金的类型和数量提出建议。

良好的诊断习惯会对以下问题提出建议：社会现实困难的严重程度如何？个体如何遭受困扰？特殊问题体现的是个体与环境的主要冲突，并且建议将努力调整令人不快的环境压力作为治疗的第一步。例如，在以下案例中，经济收入不足的问题是由超龄工作者在工作市场中相对难以就业的情况所导致的。

一位母亲抱怨她五岁的女儿与家里其他孩子打架，行为肆无忌惮、破坏性强、热爱挑衅且经常失去控制。调查表明，她存在饮食和如厕训练困难的迹象，在幼儿时期有场景式发作和情绪失控的情况。祖母对她很纵容，而母亲明显偏爱弟弟。这个孩子聪慧且早熟，即使在幼儿园面对难以控制的困难，但实际上她的恶劣程度并不及母亲列举的一半。祖母纵容这个孩子，并批评母亲的处理方式。这些背景资料显示，这位母亲有孩童时期被拒绝的感受，以及憎恨父母更偏爱的妹妹。即使在父亲和女儿之间存在一些依恋，父亲仍然"尝试置身事外"，而问题仍持续聚焦于母亲和女儿之间的斗争。

这可能主要被认为是行为紊乱。攻击性行为是对母亲控制压力的反应，其中带有强烈的敌对要素。这种情况在祖母出现时更加严重，因为祖母公然纵容孙女，并批判母亲的处理方式。在这里，我们了解到母亲对抗拒和同胞竞争感受的反应，现在已经转移到这个小女孩身上。儿童的行为模式是一种对抗母亲的挑衅和反抗，并且这种失望是双向的。

在个案工作中，当案主提出多重请求或抱怨，或者表现出冲突、困惑、焦虑，或者过分关注于获得"处理"等时，工作者通常有理由认为这些问题可能涉及人格功能的紊乱，而治疗的本质在于情感调适，即"疗法"。在儿童安置工作中，需要对家庭情况进行初步诊断，包括了解影响儿童的重要态度和关系，因为这些因素将在抚养安置过程中以不同形式持续显现。例如：

6岁的波比（Bobby）和5岁的萨莉（Sally）需要被安置，因为他们的母亲正在接受躁郁症住院治疗。他们的父亲难以支撑家庭，偏爱波比的同时拒绝承认萨莉是自己的孩子，但他的行为更多看似是为了逃避支付赡养费，而非真正如此认为。两个孩子都对创伤性分离表现出应激反应，并存在严重的行为问题，波比有攻击性暴发的倾向，而萨莉则拒绝进食。

这种初步诊断对每个孩子都是个性化的，并且需要进一步阐明，但在后续计划中必须充分考虑家庭的原有动力，而非忽视它。实际上，这样的诊断报告应遵循周密的家庭调查总结流程，如同在家庭指导机构中所做的那样，这样的诠释将成为最终的总结。理想情况下，工作者应在执行安置计划前，充分理解儿童的社会和心理状况。这并不意味着我们会强迫那些不愿安置孩子的父母改变决定，如同所有个案工作一样，工作者需要全面探讨请求，并认识到父母在做决定时所承担的责任感。目前，提前为父母和儿童即将经历的"分离"做好准备，同时这也是进行更有力诊断的极佳机会，而非像过去那样将安置视为突发紧急情况。

在诊断那些婚姻状况不稳定的父母时，可能形成的报告如下：

这是一对通过包办婚姻结合的年轻夫妻，出现间歇性分居情况的个案[①]。失业和与父母同住的经济压力加剧了夫妻间的摩擦，且这位男性似乎与自己的母亲紧密相连，将其视为救助和道德支持的来源。蒙特先生在婚姻中很少承担责任，他似乎是一个以自我为中心的人，将所有责备推给他人，而不是尝试解决问题。他就像一个孩子，希望得到母亲的照顾，并需要一个慈母般

---

① 这是从原书第一版中所摘录的蒙特（Monte）个案。

的妻子，但显然蒙特女士并非如此。他缺乏自信，害怕竞争，变得多疑和善妒，现在的他似乎毫无情感。他需要妻子表现出自卑和女性化的妆容，以彰显自己的男性尊严，而非出于情感考虑。在与小女儿的互动中，他扮演的角色更倾向于母性。由于他失业且无经济收入，妻子承担了赚钱养家的角色，但她似乎并不擅长处理家庭主妇和管家的事务。她偶尔需要孩子，但并不想承担全部养育职责。她并不具备母性本能——就像她小时候的玩伴莎拉（Sharah）一样。她更关注自己的工作和社交，对家庭关系很随意。孩子成了父母之间争夺的人质，目前被母亲送到祖母那里，这可能会让孩子觉得是被母亲部分地拒绝了。

另一个描述婚姻和经济影响因素的案例，被归类为"遗弃"和"不履行抚养义务"：

这位丈夫经济上极不稳定，需要依赖妻子的支持。在精神欲望的范围内，很明显他在婚姻中遇到了困难。他在社交功能上完全缺失，会遗弃和忽视自己的孩子。他酗酒且极其暴躁，不断重复这样的行为。就实际情况而言，作为一个丈夫，他毫无价值。他的妻子有强烈的依赖需求，生活中的失败激发了她强烈的自虐和自我毁灭倾向。她对最亲近的人表现出强烈的矛盾性，无法整合人格以适应当前情境。他的妻子经常行为失控，不允许自己感到焦虑。相反，她对婚姻失败的负罪感并不强烈。

与儿童忽视有关的案例，解释如下：

贝女士几乎没有展现出母性的能力。她的私生女可能已经对贝女士的出身产生了幻想，而贝女士自始至终都严重忽视了自己的孩子。在她自己的成长经历中，母亲是与女儿"搭伙"过日子的。她的父亲已去世，母亲外出工作，将她留给祖母照顾。对于第一个孩子，她重复了自己所经历的一切。她无法好好照顾自己的孩子，根源在于她抗拒面对自己的遭遇。由于她存在根本性依赖，因此无法处理自己对孩子的行为，并失去了对稳定家庭预期的信心和勇气，正如她也不允许家庭正常运作或解散（这部分是预测）。

### （五）协作性诊断

总体而言，向社会工作者寻求帮助的案主，往往存在社会调适的困难，这可能是因为他们对病态环境的简单反应，或者是家庭或其他社会情境中神经症性冲突的表现。医学和精神病学主要处理的个案，其问题形式主要表现为痛苦、症状形成以及残疾。在生理或精神疾病，或严重情绪失调的个案中，由于医生或精神病学家主导医学治疗进程，因此最终诊断通常由他们作出。在多数情况下，个案工作者会与医生或精神病学家共同商讨，并可能一起执行所需的社会诊断；在某些情况下，社会工作者可能会承担心理社会治疗的全部责任。然而，社会工作者需要具备周密而全面的专业学科知识背景，以区分哪些诊断在他们的能力范围之内，哪些超出他们的能力范围。

在个案工作中，我们始终不能将诠释置于目标性测试和测量之上。个案工作者主要通过观察和面谈来收集数据，并将生活经验结构化。虽然心理学实验室中有大量关于能力测试的研究，但它们在如何有效治疗困难群体方面仍不够明确。至今尚未有可供使用的机械化工具，能够准确测量同胞竞争或婚姻关系中的紧张程度。除了智力测试外，还有许多有价值的测量工具，特别是所谓的投射技术，如主题统觉测验和罗夏墨迹测验，它们能协助临床诊断并评估人格特征。目前，个人的墨迹测验和面谈似乎是评估潜能的最佳方法，这些潜能包括情感控制、抽象思维、从孩童式依赖中解脱出来，以及对焦虑的合理性包容等。尽管投射性测试并非临床诊断流程的全部，但仍是其中重要的一环。

专业成熟的真正标志在于了解专业的边界。随着个案工作者在观察中不断获得安全感，他们更少依赖未经证实的预测对案主进行仓促规划，或以错误的傲慢态度回避与他人分享。接受过优秀专业训练的个案工作者，能够更深思熟虑地运用自己的专家身份，从一开始就进行仔细周全的初步诊断。这并不意味着在明显的疾病面前，个案工作者不会立即寻求医疗咨询，而是大多数向社会机构揭露的问题属于社会心理层面——通过家庭和社会功能所表现出来的问题。对于这些社会工作者而言，无论是否涉及医疗咨询，他们都将继续承担心理社会诊断及治疗的主要责任。鉴于社会工作中已建立的群体性或团队性实践，机构必须配备具有不同专长的咨询工作人员。

在心理治疗中，个案工作者必须基于充分的人格动力来理解"患者"的"神经症""行为问题"和"性格障碍"等分类。许多机构鼓励个案工作者以精确思维的方式制定更具区分度的分类，并且由于精神疗法上需要继续与咨询性心理医生合作，这被视为一种进展性发展。换言之，个案工作者必须有资格制定人、情境（心理社会）和人际关系，或家庭之间的诊断，并因此必须能够参与到常见的神经症、精神病以及性格障碍的"临床"类型诊断中。对临床概念的熟悉，在家庭、儿童个案工作和儿童指导诊所中至关重要。疾病的治疗仍主要由医生负责，但治疗病患及其亲属的医疗社会问题，以及治疗社会功能紊乱的患者，必须与社会工作者和其他专业成员协同合作处理。

## 三、评估流程

诊断和评估是相互补充的过程，旨在阐释个案的意义。这两个过程在接案时即启动，并在治疗过程中随着焦点的转移而持续发挥作用。在接案时，我们根据案主"抱怨"所呈现的问题本质作出初步判断，并对问题的根源进行诊断性总结。同时，我们也要对个人的能力、接受帮助的意愿、文化因素等作出评估。

当诠释的导向不在于对问题的定义，而是分析个体如何应对问题时，结果可能更倾向于评估而非诊断。在寻求帮助时，案主重视采取步骤中的有利条件和潜在优势，这可能是对问题偏好的一种有效纠正。然而，我们必须认识到，尽管诊断和评估技巧对于个案工作流程的整体性都必不可少，但只有对案主人格进行全面评估，才能在治疗关系中实现自助。社会工作中会运用很多对个体的评估，将其视为个案意义中的重要环节，因此理解同特定社会目标相关联的临床表现十分重要。如果人们能够以精准的方式对其进行表述，就会发现诊断与评估一样，都是针对问题和情境的，而个体潜能和社会资源则是针对治疗的。

评估是一种平衡性行动过程，需要权衡有利条件和责任、优势和弱势、建设性和破坏性。从首次面谈开始，我们就会评估此个案是否适合我们机构，无论我们是否能提供所需帮助的最优资源。在评价案主解决问题的能力、可靠性，以及实际的有利条件和性格时，评估再次出现。理解个体对自己情境的感受，以及他所想要采取的纠正行动和想要成为的人，同理解社会经济环境中的因果关系一样重要。在同案主进行第一次接触以及之后，工作者所评估的是当前案主的人格功能是否胜任问题的解决、是否有合作意愿和是否能够参与解决问题，迄今为止案主处理事务的完善程度，案主所提出请求的现实程度，以及他所能承受限制、拖延和挫败的程度（不带过度紧张、侵犯和焦虑）。

作为个案流程之一的资格审查，其工作重点相较于诊断更强调评估。我们确定资格的主要问题并非"问题是什么？"，而是个体在此法规或其他条件下是否符合资格，能否获得补助或享有服务。这种对评估的强调贯穿于整个介入时期，很大程度上是对资产与责任、优势与资源的动员，以及确定案主是否符合既定条件的权衡。例如，在公共援助中，至少在初始阶段，问题解决的方式并非具有必要性，其前提假设在于公民型案主是自我导向型个体，能够申请目前已有的资助。

评估的普遍形式与对抚养家庭的选择和运用密切相关。我们不会问"问题是什么？"以及"它为什么会发生？"，而是会问"这个家庭将会如何证明自己与孩子的适配程度，或者它已经证明了多少？"对抚养家庭的评估必须满足最低的经济安全感，但并不会过多聚焦经济层面，而是更关注养育父母的主要人为因素方面——对儿童正向积极的爱、拥有"常识"（即良好的现实观念）、坚定、包容和付出的意愿。当这些父母的综合方面都较为成熟时，就能够让他们与机构一起共事。

在领养中，改进诊断和评估的方式能够加速整个过程，使我们更精确地进行判断。我们不再像之前一样，将非婚妈妈的心理和社会情况视为衡量父母功能的潜在标准，而是从看似正常的人格中，区分出精神病患者、精神性神经病患者和性格障碍人群，从而能够更好地评估继续抚养或放弃婴儿的计划是否明智。由于我们在婴儿早期阶段就能进行精准测试，因此能够更早地发现潜在的缺陷，并对儿童的态度进行评估。尽管现代文化对于非婚生育以及单身母亲的偏见已经有所减少，但这类个案的工作计划通常并不理想，只能在当前情境下选择最优方案。如果未来能够在开明和包容的文化中处理儿童和家长的心理健康问题，那么非婚生子女所面临的境况就能发生改变。这体现了评估的相对性，我们只能就既定的标准、规范、一系列的行动目标而言开展评估——即基于一个参照物的角度去看待另一个事物。

在特定情况下，依赖在个案中是正常的，退化也同样存在于意料之中。当工作者注意到阻滞时，他们只能通过参考行为标准和年龄阶段的发展来理解其意义。工作者会与精神病学家进行商讨，尝试处理偏差——无论是生理还是心理社会的问题（无论这些问题是短暂存在还是对成长有所影响）。对幼儿进行精准的诊断和评估，为提供影响广泛的预防性措施创造了无限可能。我们详细地观察儿童，包括关注他们目前和未来的行为，关注他们所应对环境的直接因素，从父母身上获得详细的病史，并据此评估成熟度以及可能的固恋或退化程度。由于儿童的发展过程极不稳定，因此评估的过程需要谨慎行事。

这是一个天赋异禀，处于青春期早期阶段的女孩，拥有敏锐的感知能力，并且具有想象力与创造力。她目前已经实现了自我的社会调适，接受了女性角色。她强烈的感官享受并非过错，相反，这是她艺术敏感性的一种强烈表现。但她也自私、虚荣和喜欢出风头，她知道自己漂亮且聪明，同时也希望每个人都认同她的优点。她未受过如何努力工作的相关训练，但她能够很快地学习和上手，任何事情对她来说都十分简单。她很肤浅，而且显然更注重外表而非效率。尽管如此，她绝对比普通人的平均水平还要优秀。她艺术性地处理自己的幼年情结，因此工作者并未发现真正的深层次问题。

对案主目前的调适或社会功能的考虑，为我们提供了关于个人问题形成的诊断性线索，但更具代表性的部分是评估流程。另外，家庭病理学（诊断）必须对成员如何在他们的问题之外发挥作用进行区分（评估）。作为一个单位的家庭系统，工作者必须评估其长处、弱势以及平衡。我们无法仅通过了解问题的类型或严重程度来制定计划，我们必须了解个体如何处理自身问题。临床准则显示，焦虑程度并不重要，重要的是人格包容焦虑的程度。因此，从自我防御的角度来感受焦虑十分重要。是特定的情境会引发焦虑，还是许多情境都会引发焦虑并使之扩散？它是来自内心，并具有明确的形式，还是它看起来随时都可能出现，而不依附于特定的问题？焦虑源于冲动的退化，从而导致了病症的形成，因此可以通过情感转移的方式消耗情感能量。神经质症状对功能发挥的影响程度存在巨大差异，但如果焦虑具有弥漫性，并对活动行为造成了持续性损害，那么此时建议对案主进行精神分析治疗。

在考虑个体反应的成熟度时，工作者会观察个体在面谈和外部世界中面对现实和处理现实的态度。主要包括案主对自己、问题、能力和成就看法的合理程度；他是否缺乏自尊心或自信心；他自我控制或主导他人的需求如何；他表现出的行为是僵化还是灵活、稳定还是冲动、可靠还是不可靠；他是否能够表达自己的感受——恰当与否，或者他看起来无法自然地表达情感。类似的观察为个体功能的发挥提供了线索。同时，我们也需要评估，就家庭的特殊文化而言，家庭的管理程度如何，即使多重因素的存在使评估愈发困难。另外，案主在家庭中的位置、状态以及角色，都是重要的考虑因素。

　　详尽的记录对于评估和诊断总结同样重要。记录案主的意愿、能力和运用治疗能力的情况，以及在接案面谈临近结束时发生的事情，通常对个案工作的介入很有帮助。在诊断性总结之后，所记录的第一次正式评估出现在预后和可治疗性的陈述中。对案主治疗进展的评估涉及对持续性的审查，可能会体现在连续性评语，以及讨论治疗过程、运用和结果的评估总结当中。关于治疗进展和结案利弊的评估，也应该被记录下来。治疗的目标始终在于尽快帮助个人回归自然的活动方式，并尽可能加强关系的建立。最终，我们会与案主共享评估结果，并且会就终止治疗的临时安排达成一致。接下来，我们必须更加详细地考虑治疗的目标和方法。

# 第九章 治疗方法

在个案工作中，治疗的目标是促使案主的社会适应或调整功能达到稳定或提升，特别是在平衡内外在力量的过程中。心理社会方法的调查和诊断同样体现了治疗目标和方法的特性。前面已经描述了个案工作方法的独特之处，主要在于有意识地、有控制地运用工作者与案主的关系，面谈过程中的技巧，社会资源的知识和运用，以及对机构政策、服务及机构间合作的运用和诠释技巧。治疗过程常受到文化、社区习俗、机遇、工作者的天赋和技巧，以及当时参与者的影响。

## 一、调适的概念

对社会工作的批评可能源于对"调适"一词的疑虑，有人认为这一概念默认要求案主接受一个残酷、剥夺和不公的社会，但这并不准确。实际上，个案工作者可以帮助案主辨别外在世界中的真实情况，无论案主或他人是否选择屈服并遵从于这种现实。如果工作者不仅关注经济事务，还同样重视其他情境，这可能会更容易理解。例如，在令人不悦的情境中，个案工作者首先会通过亲子关系，尝试调整父母对孩子的行为和态度来处理这些情境。如果这种处理方式成功，父母的压力将减轻，儿童的行为也将得到改善，可能就无须处理其他事务。若父母过于无能，或儿童的抗拒根深蒂固，则通过寄养服务提供替代家庭或机构，能确保为儿童提供更有利的环境。

尽管有时环境的根本性变化会顺利进行，儿童也能愉快地"调适"，但这种情况并不常见。如果儿童处于剥夺性情境和冲突中，需要与环境抗争，那么转变影响要素和减轻现存压力可能有助于他们更好地应对问题。然而，如果是剥夺导致的人格冲突，单纯改变外在因素并不会对案主有所帮助，因为他们的愤怒、报复和焦虑感仍然存在。此时，个案工作者可能需要尝试通过直接治疗来修正儿童的感觉。无论是儿童还是成人，如果个体无法接受自己或他人，其社会行为和态度受到影响，感觉复杂、困惑或矛盾，那么通常就需要接受心理治疗。一旦内心冲突引发明显症状，或导致严重行为紊乱，或暗示疾病过程，就需要咨询精神病学家。但如果问题并未如此扩散，或抗争过于激烈或持久，个案工作者可能需要通过"直接"治疗，帮助儿童处理家庭问题。

结合经济社会情境考虑，情况会更加清晰。当案主的需求纯属外在性，且抗争是为了在令人不悦的场景下谋求生存时，那么工作或经济救助通常能够"调适"问题。但如果与敌对世界的抗争已被案主内化，即使困难看似已被失业或其他具体情况所取代，工作也不一定会完全消除依赖，经济收益也不会减少敌意或焦虑。人格调整可以通过尝试直接治疗与环境治疗，或两者结合来实现，前提是案主自己希望改变，并且他所追求的改变，无论是治疗过程、改变情境，还是修正态度和行为模式，都将对他有所帮助，并且他愿意承担改变的责任。重新调整情绪的目标常常与接下来章节中讨论的治疗目标和治疗技术相一致。

## 二、治疗的目标和焦点

社会心理调适目标的一种表达方式认为，个案工作者致力于预防社会崩溃、保持优势、恢复社会功能、努力获得更舒适或平衡的生活经验、创造成长和发展的机会，以及提升自我导向和社会贡献的能力。个体自我维护的能力取决于自身的身体素质、同化人格、自我觉醒以及对个人发展有用的资源和机会。

心理社会目标通过以下方式努力实现：通过提供社会资源改变或优化个人情境，如儿童安置时提供经济援助、改变环境或修正学校项目；通过"环境操作"或直接面谈治疗，帮助个体在社会情境中改变其态度或行为；或者两者结合。有时，目标仅仅是为了防止情况进一步恶化，即通过心理和实际支持维持现状，保持目前的人格功能水平。社会工作者和其他群体的职责是采取以提升总体经济和优化文化条件为导向的社会行动。然而，这样的社会行动并不属于"个案工作流程"，因此这通常意味着在特殊情况下需要维持内外在力量的均衡。

个案工作者应自我审视，思考在哪个领域以及运用什么方法能最好地处理当前问题。父母可能到机构来访，抱怨儿童的偷窃倾向、儿童在学校表现迟缓，或提出让儿童做心理测验的要求，他们真正希望的是摆脱问题儿童所带来的负担。在某种程度上，工作者必须尽早协助他们着手处理他们的真实目标，而不是潜意识动机。阻抗不可避免地会阻碍这一过程，但在制定可能的治疗目标和替代方案时，我们可以采取渐进式方法。

为了使治疗发挥作用，所有治疗都必须基于详细诊断。与个体的知识、行为、动机和情境无关的大包大揽计划和机会主义方法价值有限。案主当前的大部分需求可能涉及环境、社会和经济层面，或个人及情感方面，甚至可能混合在一起。因此，差异性治疗计划的设计必须考虑心理和社会因素。个案工作者应将整体情境视为一种鲜活的人类事件，其中情感、心理、生理、经济和社会因素以不同比例相互作用。这种情况并非机构情境特有，因此治疗可能会包含或涉及所有要素。医务工作者不会单独处理生理问题，公共救助工作者处理经济问题，精神病工作者处理情感问题，各行业工作者处理各行业相关的问题；但每位工作者都关注个体，并且在每一个情境中，众多因素都在发挥作用。另一方面，工作者不会将提供的综合服务区分成经济、情感和健康等不同部分，但治疗方向将根据特定情境来确定优势和权衡因素。治疗的目标最初是解决案主的主要抱怨，而工作者需要牢记的是，这些抱怨可能与随后出现的核心问题相关联。

"聚焦"意味着根据当前的请求、诊断，以及案主有能力且愿意处理的事情来决定要采取的行动。聚焦意味着确定治疗的方向，并与案主定期审视它，因为焦点可能会由于前期并不明显的新因素而发生变化。通常，当工作者与案主建立良好关系时，就存在确定焦点的可能性；而当他们之间的关系并不融洽时，案主将不愿意协助聚焦治疗目标。

## 三、治疗的特殊手段

在治疗领域，工作者认为，应依据问题性质、治疗目的、可治疗性、机构功能及其他相关因素，恰当组合使用基本技术。例如，通过接纳缓解焦虑，树立案主信心；支持案主，并确保其理解问题，协助其进行处理；对案主所期待的特殊目标保持关注，通过共享方式盘点并运用内外资源；通过建设性阻抗提供支持，处理案主人格内心层面中相对不冲突的部分；将情境结构化，激发案主成长，增强其兴趣、天赋和才能。工作者还需着手澄清案主潜意识或部分有意识的模糊感受和态度，这些感受和态度容易扰乱案主，而澄清有助于其更好地理解自身角色。澄清的目的通常是让案主在关系中能够更多表达感受，减少不确定感带来的张力，从而在人格挣扎中激发更健康的部分。

## （一）治疗方法的分类

关于治疗方法的分类，已有诸多不同尝试，包括行政方法、赋能（领导力）方法、直接方法和间接方法，以及直接和环境相结合的方法。这些分类在社会和个人结合实现转换时有所重叠，且在不同个案中可能有所区别。在此类关系中，术语并不总是精确的。例如，"治疗"一词最为常用，但工作者也发现诸如"社会服务""助人过程"（在功能性个案工作中）和"疗法"等相关用法，尤其是"疗法"经常被视为与"治疗"同义。"治疗"一词在医学中广泛应用，但由于其同时指修复弱点的工作，因此其应用并不局限于"临床"方面。在字典中，"治疗"被定义为"以特定方式行事"和"特殊的应用过程"，这似乎适用于任何有意识控制的过程。治疗的主要属性在于，无论工作者是否运用实践、环境或心理手段，其目标都是促进更优的心理社会功能发挥或适应。另一个典型特征在于其人际性，具备多案主焦点。在医学和精神病学情境中，亲人经常"操纵"以符合主要患者的利益，即便在需要家庭治疗时对此的强调会有所变化。在家庭和儿童指导工作中，通常会就问题中的主要参与者与其他人的关系，以及他们自己的兴趣进行治疗。

治疗目标的重点可能包括：个体的心理社会目标，即对因残疾或其他问题而需要社会调适的个人（如工作、金钱或态度修正）进行治疗；个人目标，如在儿童指导中以次要或主要的家庭治疗方式解决问题；为治疗那些可能成为"患者"的家庭成员，无论他们是为了自己还是为了彼此而出现问题。每一种情况都提出不同的诊断问题，并针对特定的治疗目标提出要求。当"案主"需要单独治疗时，可能需要多名工作者共同参与。

为简化讨论，我们将主要方法分为三类：实践服务管理、环境控制和直接治疗。前两者可能运用于最小化直接治疗中（不包括面谈和关系的运用，它们是所有方法的基础），因此实践资源、修正情境、项目或新机会都可能成为改变的主要手段。在直接治疗中，通过与成人直接面谈或儿童角色扮演面谈，将重心放在关系的运用上。补充性实践服务和环境控制即使不是必需，也经常成为直接治疗中的工具、要素或阶段。通常在直接治疗中，心理社会目标的实现基于在家庭中对两个或更多相互联系的个体进行同步面谈，这些人之间关系的提升代表了主要的调适或调整区域。一般来说，由于治疗涉及案主在社会中的作用及其自身的合法满足，个案工作者不仅关注并帮助案主满足其直接需求，还致力于助力案主进行建设性社会生活，承担社群中的适当责任，激发和释放其相关能力。

### （二）实践服务管理

在治疗性个案工作中，实践服务管理是历史最悠久且最为人知的类型之一。波特·李（Porter Lee，1937）在其"行政和领导力"的分类中，首次尝试对此进行描述[①]。目前，它等同于"社会服务管理"（Schweinitz & Schweinitz，1948）[②]，最简单的描述就是，工作者协助案主选择和运用社区提供的社会资源。个案工作关系是媒介，在面谈中运用讨论、资讯和解释的手段。成熟的个体可能很少意识到关系和资源本身就是重要因素，然而，对于身体虚弱或患有疾病的案主来说，个案关系可能具有强支持性，工作者会积极在案主可及范围内引入资源。

---

① 李认为"社会治疗的行政方面，因为主要包含了对特定资源的挖掘和运用的安排，"和"治疗的领导力方面，因为它主要包含的不是对其他资源的运用，而是对工作者人格的影响，"——现在称之为案主改变的意愿和能力。需要牢记的是"方面"这一词，因为治疗很少完全是一种或另一种事情。

② "那份'工作'同临床服务不同，它的经济救助是行政性的，它聚焦于全国范围内基金所需满足的要求。在此服务中，公共救助工作者同1877年的先驱者一样发现许多相似的问题，并对新问题也表示困惑。个体和社会责任的困境如同以往一样持续反复；主要考虑如何保护作为一个社区成员的个体权利和保持主动性大门的敞开；并且自由解放安全感的目标包含了最难维持的平衡，即个体和个体所组成的社会之间的平衡。"

当案主因"性格"结构或"自我"结构薄弱而无法处理现实情况，对现实有扭曲感，经常无视环境、限制或文化习俗而表现冲动，或过于自我压抑而无法寻求满足和难以对社会做出正常贡献时，就需要制定教育性、控制性或治疗性过程。

有些人认为，只要包含实践性服务，该过程就属于个案工作（Aptekar, 1949），但我们并不认同这一观点。如我们之前所指，典型个案的形成并非单纯由于社会或内心冲突，而是心理社会相互作用的结果。所提供的服务可能通过自身机构运作，或通过两到三个机构的合作来实现。实践性资源的恰当运用包括诊断性调查、评估案主优势和资源、指向接案或其他准备的行动，以及谨慎地转介到合适的机构或部门。咨询可能会与社会服务过程并存。

通常，案主知道自己的需求，但不了解获取服务或资源的地方或手段；有时他只是模糊地知道自己想要什么，而工作者必须澄清他的需求；有时，案主有多重残疾问题而不能很好地自我表达，因此工作者必须作为案主的代表去获取必要的帮助。这是工作者以自身能力为案主提供服务的专业责任，如果可行，应将案主送到能够接受最好服务的地方，无论是政府部门还是民间机构。拥有精准而全面社区资源知识的工作者，会考虑经济因素并选择性地运用它们。

另外，案主可能正经历从一个工作者转交给另一位工作者的过程，或在不同工作者之间穿梭，却无人承担准备和转介的责任。良好运作的服务是社会工作者最重要的贡献，大部分治疗内容都关注这些实践服务。资源是"治疗"，个案工作方法则使个体能够建设性地使用这些资源。真实可行的活动范例包括给予经济救助、提供庇护所、获取法律援助或医疗照顾，以及安排成长营或康复机会。在确定最优助人资源时，需要理解文化范式和机构功能。工作者是"受托人"，不仅因为所代表的机构拥有特定资源，也因为掌握了健康和福利资源的精准知识。

即便公共救助的主要目标在于满足法律规定的需求，而非处理基于诊断所得结论，故此方法可能被认为是一种"行政性"而非"临床性"的个案工作方法，但我们并不总能对其进行清晰区分。最终，这样的问题可能取决于公共、家庭和儿童福利服务功能的演变。在社会工作中，无法迅速且严格地区分社会服务行政是自身目标，还是教育性计划或治疗性计划的一部分。实践性社会服务可能会丰富或增援其他治疗手段，运用实践服务的现实验证可能会真正成为疗法的一方面。

在社会个案方法中所带来的实践服务情况，取决于工作者进入关系的程度、个体的个别化、理解问题本质的诊断能力，以及激发独立、自助、自我觉察和案主责任感的能力，使其能够继续致力于解决问题；即便缺乏胜任能力，也能够以适当方式继续维持。即使在显而易见的简单情境中，也需要大量诊断技巧，不仅因为需求具有独特性，也因为需求经常隐藏于表面之下。人们可能会将情感需求和冲突转移到对就业、手术或机构照顾的需求上。其中存在许多陷阱，假如案主需要一份工作，并认为工作很重要，他们不会因为我们对其情感进行深层次探索而感谢我们。如果另一方面，他们需要一份工作，而我们没有意识到他们只是因为太骄傲而不愿意申请经济救助，他们只会觉得我们迟钝。如果他们需要工作，并正尝试告诉我们关于不适和失败的感觉，如果我们不能捕捉到弦外之音，那么我们所做的努力与捉弄求助者毫无区别。例如，当一个人说"我并不知道是否要拿出我小额的保险金来支持我的妻子或我的母亲"时，他可能只想寻求一些实用的建议，但他可能会这样表述："我感觉混乱，因为我母亲和妻子之间存在矛盾，请帮助我处理这个情况。"

## （三）环境控制

我们并不经常使用"控制"这一术语，因为外行有时会用它来描述工作者不被期待的尝试，即将自己的概念和计划强加给案主。而在此，我们以更积极的方式来使用这个术语。在对案主进行观察和倾听后，我们可能会运用自己对案主人格结构、范式、需求、冲突以及阻抗的理解来"调整"这些整体情况。我们可能会就哪些步骤能够帮助个体更好地处理问题提出建议；可能会与案主共同规划他的情绪、职业和娱乐活动；可能会对他所处情境的相关成员给出建议；可能会修正他的态度和处理问题的方法；或者为了实现调整性改变，我们可能会有目的地在案主身上激发相关的情感态度（Bibring，1950）。

所有旨在纠正或优化情境以减少紧张和压力的尝试，以及为了提供经验以促进成长或改变对生活经验的修正，都可以被视为对环境的控制。如前文所述，"控制"并非一种强制性的运用，只有"行政"才以权威的方式使用。我们通常通过关系和面谈来帮助案主参与到改变之中，但强调的重点在于对情境的修正。工作者可能更倾向于使用"社会治疗"或"疗法"这一术语，但无论何时，社会资源和情境安排都是主要的工具，如家政服务、成长营和群体生活、替代性家庭照顾和教育、职业及其他项目的调整。总体来说，"环境控制"这一方法术语准确地表达了工作者主要的社会性角色，或人际间的调适和交流这一功能。

工作者可能会将案主安置在一个更好的环境（如寄养家庭）中，并鼓励他参与到娱乐性或其他群体中，使他能在更友好的现实中更好地发挥作用，从而能够处理普通的生活情境（Austin, 1948）。经验本身可能会摧毁特定的态度，或创造新的态度。进步的教育强调将生活经验作为个体学习的基石，任何创造性情境以及面谈都可以激发案主的成长与改变。

娱乐可能满足个体的内在需求或渴望，特别是对于儿童和青年，它以健康的方式释放了攻击性，并满足了其对行动的需求和对内驱力的充分表达。环境控制包括安排项目以减少压力：对于残疾人，需要避免竞争性情境；对于寄予厚望的学校儿童，需要促进其成长，如通过社会情境和经验提供新的激励和宣泄途径。提供补充性尝试可以通过安排体验的方式实现，操纵也可能提供实用资源，但社会服务行政可能无法与环境操纵相比，尤其因为修正其他人对主要案主的态度是治疗模式的一部分[①]。对于这些人际间的调适，父母、教师、伴侣可能是态度修正的重要目标群体。如果亲属只是边缘性地参与到案主的问题中，并且咨询受限于特定的情况，那么可能需要尝试进行初步的态度修正。我们经常在医疗和精神病情境中看到这些尝试，不仅在社会项目的实施中，也在修正主要"患者"的负面态度时。对学校教师来说，他们的诉求是处理心理紊乱的儿童行为；对于雇主、朋友或亲属来说，他们的诉求聚焦于案主的行为，通常需要进行单独面谈或最多几次联系。父母的次要参与，即便确实出于实际目的，但我们必须牢记，情感上的决定性态度并不会轻易改变。

因为个案工作经常涉及伴侣、父母、儿童以及其他不同家庭序列的成员，所以在治疗中大量运用面谈来改变态度，可能被视为"直接"治疗，即"咨询"。在接下来的章节中，我们将讨论"咨询"指导或精神病疗法的变形。当两位工作者合作时，如父母和儿童，以及在婚姻咨询中的每一对伴侣，他们了解的是合作的本质而不是合作的细节。一方面，需要向参与者解释保密性，并仔细审视合作的条款，以确保同伴所揭露的信息不会传递给另一方。另一方面，无论在特殊还是普遍意义上，团队中不同成员间的合作可能对治疗结果具有必要性，因此必须取得患者的同意。

对案主或案主群体的面谈可能包括：使用具体计划提供帮助；在特殊方法的运用上，如发布领养等行为，应当获得案主或其家庭成员的许可；协调、解释和建议同期服务和项目，通常包括大量的情感支持。目前，工作者应尽可能鼓励案主实现自我改变，如鼓励他积极参与到资格的建立和实践服务的使用中去。但由于案主的低自尊、无能与焦虑感，通常需要工作者对其进行

---

[①] 弗洛伦斯（Florence），在《婚姻冲突的女性：一个个案工作研究》中，运用"环境性支持"这一术语囊括所有修正案主环境的步骤。不论是通过将其置于社会服务中，或者是通过诠释改变案主群体中某一方的态度以减少外在压力，或者对物理环境进行一些改变，如通过发现一处住所或者重新安排学校项目。

某些方面的介入,使案主能够处理自己的事务。有时候,仅仅减轻环境压力就足以产生效果,但通常来说,必须"提升"工作者与案主关系的质量,无论是为了实现更强的自我支持,还是引起自我觉察以实现更好的现实感知。在方法范围的一端,直接治疗的概念具有实用性。

## 四、直接治疗

"直接治疗"指的是通过一系列面谈,引出或加强支持性目标,以维持案主的情感平衡,协助案主作出建设性决定,并促进案主的成长和改变。这一术语也包括心理支持,这通常是心理社会调适性个案工作方法中的重要因素。在所有个案工作方法中,其前提假设是协助案主更敏锐地觉察情境,以及了解自己与情境的关系。然而,对社会服务觉察的管理,往往受到问题理解、资格条件,以及可用服务的政策和程序的限制。面谈技术的目的不仅限于对社会服务的管理,更在于帮助案主尽可能觉察自己在情境中应对现实因素的方式,并尽可能使其对问题的解决有所贡献。在《社会诊断》一书出版后的一段时期内,美国个案工作深受精神分析精神病学的影响,因此,其基本方法,特别是面谈技巧和关系的运用,很多源自心理分析原则的调整。工作者越倾向于心理疗法,就对工作者与案主的关系有更多的控制,导致更多的自我卷入和自我意识的提升,并将一定程度的情感调适视为目标。在个案工作、咨询和"有限"精神疗法之间划清界限十分困难,甚至可能并不必要,但可以更明确地描述特定的目标和重点。个案工作方式是心理社会性的,所以在精神疗法范围内的治疗性目的仍保留着其心理社会特点。

### (一)咨询

直接面谈治疗最常见的形式是咨询,它在一定程度上属于教育的过程。咨询以理性的方式,帮助个体解决当前情境中的问题,澄清其现实问题和冲突，讨论不同行动方案的可行性，并真正解放案主，使其能够承担做决定的职责。"咨询师"这一术语近期愈发流行，且被广泛使用，不仅被用于描述成长营中的艺术导师和游泳导师，也被用于描述指导性过程。我们在此使用这一术语，仅指那些要求专业的面谈教育、训练和经验的个体咨询。正如需要知识和技巧来帮助案主运用实践性服务改善其处境一样，也需要知识和技巧来帮助案主通过面谈作出决策或改变想法。其中的主要技术可能是对问题的澄清，以及对问题相关的感受和态度的探讨。一般来说，需要处理的是特定的社会问题，阿普捷卡里（Aptekar，1949）称之为"外化的问题"[①]，即案主已经觉察并有意处理的问题。即便是"教育性"咨询，也不是纯粹的智力训练，因为所有学习都受到情感性激励的影响。咨询与疗法的不同之处可能主要在于目标，以及所探究的意识类型，这也因此影响了案主和工作者之间的情感强度。

咨询的焦点在于必须解决的直接性社会情况——目标是在处理社会问题和进行社会调适时，支持意识层面自我的合作。比布林（Bibring，1949）指出，"澄清"是通过使患者意识到特定的态度、感觉，或者通过与主观概念的比较进行现实的澄清，允许以更客观的方式对自我和环境进行观察，以获取更好的控制。咨询可能包含提供信息、解读政策、分析问题，以及分析一系列的行动步骤。它涉及的是就现实处境进行讨论，并确定其中希望或幻想成分的比例。如果社会问题涉及另一个人，如父母、儿童、伴侣或其他亲密关系，那么除了最肤浅的方式之外，任何形式的咨询都可能转向精神疗法的方向。

在儿童指导的早期，工作者可能会认为儿童是精神病学家"临床"治疗的对象，而父母则是个案工作者就如何处理儿童问题前来"咨询"的对象。现在，家庭和儿童指导需要在诊断性理解的基础上，对家庭间的问题和治疗

---

[①] 咨询要求"进行全面的心理理解，其本质是治疗性过程，然而在肯定内在重要性的同时，需要熟练地运用结构化手段，尤其是外在问题的处理能力"。

进行理解。治疗的结束涉及焦点、目的、可治疗性和时机等问题,这些又由案主的期望和能力、机构的目标和功能、工作者的才能,以及社群的需求所决定。确实,对于不成熟的父母,一定数量的咨询在儿童照顾的基本问题方面能发挥作用,但工作者必须理解心理动力,否则可能会完全忽略父母问题的真正含义,导致儿童和父母可能因肤浅的处理而饱受折磨。简而言之,咨询虽然关注智力的理解,但不带情感的回应也无法达成真正的理解。在复杂的人际关系中,如果没有"情绪发泄",或者在工作者与案主的关系中无法重新体验到在其他地方经历过的情感,那么澄清就难以发生。当治疗的目标是改变态度和行为时,咨询与治疗性面谈相融合,以经常被认为是精神疗法的目标为导向。在此意义上,任何案主都可能成为"患者"。

## (二)治疗性面谈[①]

治疗性尝试,或所谓的"可治愈"和"治愈艺术",传统上被视为医生的职责范围,意味着治疗疾病或残疾。在医院环境中,护理学、物理治疗、职业治疗以及其他疗法都附属于医生所行使的治愈职责。然而,目前医学领域已经扩展到包含心理学和社会性要素,以及生理要素。由于解决适应不良问题的方法已经改变,因此需要拥抱社会科学和相关学科以获取新知识和技术。随着心理动力概念被同化,精神疗法不再受限于某一分科知识,医学心理学家、精神分析师、一般从业者、社会工作者、心理学家、教育工作者以及其他人类行为关注者,都必须重新审视自己的定位。

---

① "鉴于精神病学家的精神疗法与个案工作者的治疗工作在某种程度上存在重叠,无论是在精神病学还是社会工作中,过分强调或忽视各自学科特性都存在一定的风险。关于这两个学科之间的关系,虽然已有诸多讨论,但仍然存在争议。因此,那些过分关注两者相似性的人往往容易忽视其差异性,反之亦然。"(Bibring,1947)

## （三）差异化方法

工作者能够清晰地区分特定领域：临床精神病学主要处理精神病、身心失调疾病和通常会产生症状的严重精神症；精神分析以一种自容式方法处理内心冲突，其中涉及较少的社会因素；其他严重的"社会问题"项目，如失业、社会保险和类似的社会保障问题。然而，我们并不容易在"精神疗法"领域划清界限，或将其归属于单一专业。实际上，其技术体系并未被完整地"阐述清楚"。

社会功能的调适不良或适应不良，很大程度上可能是病理学环境的产物，其中福利服务和环境控制可能是适当的纠正方式。但当个人将内心冲突投射或转移到环境中，或在婚姻、亲子及其他关系中直接表现出神经质倾向或行为紊乱时，这通常表明此人需要直接的精神疗法介入。关于个案工作，如我们之前所提，在某种程度上，公民或"案主"会变成"患者"。通常，案主并不会向社会机构提出申请，希望机构帮助自己缓解"自身症状"，他可能并不认为自己已经"生病"，因此不会寻求医学治疗专家的帮助；他也不一定会去精神健康诊所，但在出现痛苦症状时更倾向于选择诊所；或者作为有"行为问题"儿童的父母，可能会将冲突投射到儿童身上，寻求治疗儿童而非他们自己。怀揣大量困惑、不悦和不安的人们来到社会机构寻求帮助，希望解决家庭问题、安置儿童，或在以心理元素为主导的情况下获得咨询服务。对于无法容忍失败或成功的神经质夫妇的婚姻，可以通过非供养、忽视子女、非婚生子女等理由，引起家庭和儿童机构的关注。创伤经历和神经质冲突与神经疾病和特定的功能性精神疾病一样，会病理性地妨碍家庭功能。

工作者可能会将工作简单地划分为以下几类：古典精神分析，通常与"精神分析"学派密切相关，无须过多定义；精神疗法，运用精神分析原则，调整特定技术；以精神分析为导向的个案工作，通过面谈和生活经历，影响个体对外部世界的关系，尝试进行情感调适。后两者在某些方面存在重叠，或者至少在某些程度上运用类似的技术[①]。所有精神疗法都必须依赖于对精神动力的理解。在任何心理治疗中，对基本概念的理解关注于人格的结构和功能，以及移情的现象，包括反移情、压抑和阻抗。在精神分析中，自由联想法是核心方法；在有限目标的精神疗法中，面谈更加渠道化并具备导向性。精神分析师的目标是通过重新调整情感，来改变和重整患者的神经质人格。在有限精神疗法中，潜意识的派生物是主要的诠释媒介。

精神疗法，源自精神分析的原则，通常被定义为深植于两人关系的过程，其主要目的是修正态度和行为，即便不通过心理性流程。这主要是一种再体验的经历，即便并不总是与对遥远过去的体验相关联。临床和动力诊断处于核心位置，且整个治疗过程由治疗师控制，并以移情关系为导向。所有"短程心理治疗"都被认为以"有限目标"为基础（Deutsch, 1949），全人格的重组并非目标，结果的改变或成长是"适应性的"而非激进，是"适当"而非根本。通常人们会选择问题区域或主题，以及相关性阻抗进行治疗，而不是动用整体性阻抗结构。运用精神疗法的精神病学家可能会添加一些附加手段，如医疗性疗法和社会性疗法；而个案工作者将经常以社会性疗法支持其治疗性尝试，并在需要时召集医疗顾问。目前，对这些调整型技术细节的研究和测试远少于对传统精神分析方法的关注。对于这些过程的澄清和改善，仍有很多工作要做。在或多或少的程度上，实践问题的解决经常包含精神因素。因为在所有个案工作中，特别当其目标是治疗性时，就必须明确定义问

---

① 当然，被公众所认可的是精神病学的许多内容并未整合精神分析原则，而且在"精神疗法"及个案工作中，包括某些思想流派在内，几乎未涉及或完全未涉及弗洛伊德的精神分析理论。然而，本书关于精神疗法的讨论是基于弗洛伊德的人格理论展开的。诸如人格的结构、潜意识的机制、防御机制的作用、成长与发展、焦虑与阻抗等概念中的精神动力方面，必须在具体情境中加以理解。在原书的第一版中，笔者如同20世纪30年代末期的许多个案工作者一样，认为精神疗法等同于精神分析。然而如今，精神疗法被认为包含了多种变体。但是，由于精神分析与精神疗法这两个术语经常被互换使用，导致我们对其含义一直存在困惑。

题，测试案主的反应和自我参与的意愿，以及确定治疗的领域，无论是仅在心理内部还是心理社会两个层面，也必须确定所期望的目标。第一个关注点是"已经做了什么？"第二个关注点是"谁最适合做这件事？"。只有能力强的实践者，才能提供兼具治疗性和专业性的恰当治疗。

有些学者认为，个案工作者和精神治疗医师即便运用精神分析原则，也必须注意到不同的精神社会适应方向或方面；而其他人认为，这些技术在"有限目标治疗"中合法地重叠。很可能的情况是，尽管所有心理治疗都基于相同的精神分析原理，但精神病学家、心理学家、社会工作者和其他人士注重和强调的重点不同。即使现在对文化因素的关注日渐增强，精神病学家仍倾向于主要将内心冲突同生理过程相关联，精神分析师更关注深层次的内心素材，而社会工作者则更聚焦外在事实。但这必然会跟随每个个案和治疗师的特殊兴趣和趋势而变化，同样也会依据一些实践者的学科、思想体系和主要考虑因素而改变。

治疗师在进行深层次治疗（精神分析）内心冲突时，由于在转移性神经官能症中需要处理非理性因素，因此负责这个任务的工作者必须受过充足且严格的技术训练。但任何有效疗法都需要大量训练，包括接受医学、精神病学或社会工作的基础教育以及培育特殊能力。现今，许多个案工作者具备足够能力，能够动态地运用面谈和生活经验，开展释放、支持、澄清和自我增能活动。但在移情管理，以及对直接或衍生性洞察力进行诠释的运用方面仍存在争议，这需要通过仔细且耐心的研究和实验来处理。

每一个渴望成为治疗师的人，都必须很好地掌握心理动力及其相关现象，无论其表达方式如何，都是为了提供治疗、掌控治疗，或将案主转介到合适的地方接受治疗。他应从人们的真实需求和问题出发，而不会忽视、恐慌或受专业间人为建立的障碍影响。专业间的磋商和合作不仅存在于精神疗法中，也存在于人类关系的科学和艺术之中，对良好的实践都极为必要。

## （四）移情

移情现象被视为将非理性的要素转移到其他关系中，尤其是将过去的关系投射到治疗师身上，这反映了潜意识动机，需要以不同的方式去理解和应对。真实情感基础上的强烈依恋、恐惧和敌意，不应与积极和消极的移情相混淆。认为未经训练的工作者能够迅速理解或轻而易举地掌握移情表现的微妙之处，是不现实的。专业的教育和督导至关重要。

尽管存在潜在或真实的移情要素，但许多工作者与案主的关系仍然建立在客观世界的事实基础之上。然而，在特定的治疗目标中，移情可能会被增强，因为改变态度或行为不可避免地需要强调情绪因素。在个案工作中，移情是在心理社会交互影响中发展起来的，它表明了特殊的关系和情境，而非仅仅聚焦于工作者与案主的关系。移情的规划旨在充分解放患者，使其能够更现实地思考和感知自己的行为和关系，为其在强烈的胜任感和自信中提供支持，并使其在社会情境中升华自我，创造性地表达自己的力量。在基本保持积极发展的有限目标疗法中，对移情情境的运用仅被保守地评价，而从未被全面分析。

接纳的态度并不意味着无条件的爱，也不意味着案主可以卸下所有不成熟的需求和敌意，或对工作者无所顾忌地表达爱或攻击的矛盾渴望。一般来说，在应用层面，移情是通过获取重要信息以及不同形式的现实检验来控制的。在治疗中，移情并非仅通过现实检验即澄清来掌控，而是更多地受案主想要实现的目标所驱动。在有限目标疗法中，关系中所感受到的经历经常与当前的情境相关联，因此也指向真实的关系，如原生家庭和抚养家庭、雇主、自然群体、教师和朋友，这些也可能会在面谈中被探讨。

移情为发泄提供了可能，是一种经历的强化，是对当前和过去情感的再体验。个体不仅会表达幼稚、敌对和扭曲的感受，还经常会在其现在和过去的行为之间，以及其行为、面谈者和外部世界之间建立联系。这些联系引发对自我意识的重要顿悟，并经常能改善态度和功能。即使没有这些关联，也可能存在通过关系体验实现的"移情疗法"（Bibring，1949），移情的价值被多维度评估。当神经质并未弥漫或深入时，以社会性疗法（环境操纵）作为支撑（甚至在不支持的情况下），这些恢复有时也显得具有很大的稳定性。在有限疗法中，虽然未对移情进行完整分析，但主要通过探讨社会材料、间歇性面谈和其他现实因素来进行控制。我们只有通过对关系中移情元素的管理，包括对反移情要素的管理，才能释放和运用感受，发挥其支持和澄清的功能。

### （五）调动情感和运用澄清

以下是一个个案记录的部分摘录，涉及一位 17 岁女孩与其母亲的冲突。在这个病态的家庭环境中，治疗的难点在于难以洞察女孩的真实感受，而非仅仅探究她们的潜意识动机。工作者并未直接激发或引出潜意识要素，而是在与现实情况相关联的过程中处理潜意识的衍生物，有时会讨论特定的防御机制。这个女孩已接受数月的治疗，并被诊断为具有神经质特征的人格障碍。

奥黛丽（Audry）比预约时间提前了十几分钟到达。她身体状况看起来很糟糕，捂着胃和头——胃不舒服，而且"头疼得厉害"。我对她的身体不适表示同情，并想知道这是否也反映了她的真实感受。奥黛丽几次否认了这一点，坚称这是生理上的疾病，并说她昨晚又和母亲一起忙到很晚才睡。当我对她的情绪差异进行评述（处理她的否定）时，她承认其中掺杂了自己的感受。她变得非常沮丧，怀疑自己无法与母亲共同生活。她不打算通过威胁来逃离，也不会再这么做，但她在等待 8 个月后，一旦自己 18 岁，就打算离开并且永远不再回来。

我问奥黛丽昨天发生了什么，她描述了昨晚的疲惫（将感受与特定现实相关联）。我让她哭了一会儿，然后谈论她今天的感受，以及母亲希望她陪同办事时的感受与昨天所表达的感受有何不同。我说我的印象是昨天奥黛丽感觉还不错，而现在她却很愤慨。可能下午和母亲在一起的时候，发生了什么让她回家时变得情绪低落、筋疲力尽。奥黛丽开始温和地反抗，然后承认确实如此。她对能够处理这些事情感到高兴，她信任母亲，当母亲说外出这件事很重要时，是奥黛丽而不是埃伦（Ellen）必须陪同。奥黛丽认为这意味着母亲已经"原谅"了她，之前离家出走让母亲伤心的事情已经过去了。她感受到母亲对她看法的改变，这是她这几周来最幸福的事情。之后她取消了与我的预约，承认确实从我这里得到了一些帮助，并且是她自己做的决定而非母亲的煽动。她处于兴奋状态，确信事情会变得很好，然后她们再次一起出门。

下午，奥黛丽停在橱窗前欣赏一些漂亮的手帕，并希望母亲能陪她一起看。母亲开始厉声说话，不耐烦地说奥黛丽"除了浪费时间一无是处"。奥黛丽强烈地感受到这种拒绝，对于母亲说出这种话的原因，她坚持自己的立场，开始觉得再次受到母亲的拒绝。她变得沉默，开始生气。当她说话时，她对我说话的语气开始与她昨天对母亲的情绪很相似。她开始退缩，看起来十分愤怒。我尝试引导她思考对母亲反应的可能解释。我对奥黛丽对我的生气反应作出评论，奥黛丽认可这种说法。当她感到受伤和对母亲生气时，这些情绪也会延伸到其他人身上。

面谈再次陷入沉默，奥黛丽开始抱怨她的头部症状，头疼越来越严重。她责怪我让她回忆起想要忘记的事情。对话的作用在哪里呢？我认为当我更多地试图让奥黛丽了解是什么让母亲的话语显得如此拒人于千里之外时，奥黛丽却误解了我的意思，以为我站在她母亲那一边。（移情被用来呈现女孩与母亲、工作者和其他人的相处方式，以辨别意识层面感受的本质，并让她将这些元素联系起来）我想知道的是，当奥黛丽从母亲那里感受到如此强烈的拒绝时，她是否有可能并没有更加同情父亲，而是像父亲一样离开家庭。在某种意义上，我对奥黛丽是否认为他们之间有相似之处感到疑惑。奥黛丽并不确定，认为这有可能，但她又觉得自己与父亲不同，因为她真正需要父母和家庭，而父亲不需要。父亲想要解脱，而她却在寻找。

之后我问了奥黛丽，她解释道自己经常希望能够有一个美好的家庭，家里有温柔且体贴的父母，彼此相爱并爱着他们的孩子，因此她曾离开过自己的家庭。我意识到这是她的期望、她的幻想，但不知道这是否是她真正的期待（聚焦于真正幻想）。我提到她最近离家的次数，特别是最后一次，当她的同事远远无法满足她的幻想时，事实上她的期待总是与现实完全相反。奥黛丽忧郁地承认了这一点，说她好像总是处于愤怒和失望之中，"要么全有，要么全无"。当她无法从母亲那里得到她想要的接纳和爱的方式时，她从一个极端转到另一个极端。她悲伤地补充道，最糟糕的是她永远无法拥有，所以她最好放弃尝试。她的母亲并不是以奥黛丽所期待的方式爱她，也不会让奥黛丽去其他地方。我说我知道她现在受到伤害，对母亲感到愤怒，甚至可能做好再次离家的准备。奥黛丽后来否认了这一点，但对前者表示认可，并且她语气强烈地说，当她与母亲和解的努力并没有带来预期的结果时，她想要做自己想做的事。

我怀疑在她愤怒的时候，她对事情的看法是否有点模糊，就像她在更兴奋的时候那样。是不是真的是她母亲反对住宿计划（处理阻抗），或者奥黛丽自己难道没有对此提出一些疑问吗？奥黛丽马上否认了这两种感受。我说我对此表示怀疑，并提醒奥黛丽，当她认为自己可以作为母亲最重要的孩子之一，和母亲在一起的时候，她是如何做好准备并将这里的预约搁置的。这似乎是她将来到这里与自己无法获得母亲的爱相关联，带着一种失败的感觉（"当我拥有它的时候，我就不需要来到这里"），因此她必须将这些联系起来。考虑到这一点，奥黛丽猜测在某种程度上我可能是对的，她能够清楚地看到这件事与预约的关系，评论道如果她来了会好得多——"那么就不会说出那些话，而世界可能会保持它的真实性。"我问她后者是什么意思，她说她猜测在大多数时候，自己都生活在一种幻想的世界里，每个人要么非常好，要么非常糟糕，而且她不认为存在介于二者之间的人。

接着她谈论了自己在寄养家庭度过的部分假期。当她妈妈工作的时候，时不时会把她放在那个家庭中寄养。她对一个6岁的孩子感到生气。这个孩子非常惹人厌，因为她被"宠坏了""试图藐视成年人"，被奥黛丽拍打。她觉得如果"允许任何人过度放纵自己的冲动或欲望，就像这个小孩一样"，是有危害性的。"这个母亲忽视孩子，没有合理养育，也没有给予持续性的指导，所导致的结果是这个孩子并不知道限制在哪里，能安全地做什么以及不能安全地做什么。她不具备分辨是非的能力。"奥黛丽确实感到"遗憾，对于这个孩子与这样的母亲一起成长的方式"。人们必须对做任何想做的事情有所顾忌，因此奥黛丽将她对这个孩子的拍打视为帮助而不是惩罚。当我问奥黛丽如何将这件事与自己相关联时，她表达了对母亲的所有抱怨。她已经被赋予了是非观，并且这些是非观已经成为她的一部分。她并不认为自己很坏，因为一个坏人即便知道什么是错的也会继续做坏事。

奥黛丽认为，她的错误在于判断力的失误，而非"坏"。因为当她行事时，她只做自己认为正确的事。她可能会意识到，在与我讨论时，她对情况的看法存在偏差，但对她而言，这是"失误"而非"坏"。她的母亲自然很生气，称之为"坏"，但奥黛丽坚信自己的观点更为合理。让奥黛丽困扰的是，当她被视为聪明时，却表现出"愚蠢"的一面。她如何能在意识到这种行为仅被归类为"愚蠢"后，仍不断重复，如离家出走。当我问奥黛丽，是否打算用如此理智化的术语来评价时，她沉思片刻，然后摇头，评论说这样太简化了问题，不是吗？尽管她能够理解，也确实希望如此，但离家出走对她和母亲的影响如此愚蠢且伤感情。

每次我们讨论这个问题，她总能看到直接原因，以及是什么引发了她如此极端的思考方式，但她无法真正理解最初的触发因素。在这点上，她感到困惑。她注意到，自己从去年六月开始就没有定期去教堂了，现在她打算恢复这一习惯，并且已经开始实施。我说，奥黛丽对引发这一切的质疑是个好的开始，这是我们非常需要理解的问题。或许它能帮助我们回溯到最初的状态，了解之前所发生的事情。于是，她详细描述了之前的宗教实践，并以她现在需要"恢复信仰"作为结尾。她不再担心去年六月发生了什么。我说我记得，奥黛丽丧失对教堂的信念，并突然决定离家是有特定原因的，是某些事件触发了她的"冲动"。我认为奥黛丽知道得比她现在愿意告诉我的要多，因为她很担心，甚至可能觉得我是一个好事者，像莱斯特·B一样。奥黛丽笑了笑，但表示同意我的看法。她说她感到担心，可能直到她感到更安全时，才会告诉我。她点头表示，她知道这很重要，并且她不可能真正忘记，也许最后她会告诉我。

在更快乐和轻松的心情下，奥黛丽再次改变说法，告诉我过去的日子里，"恶魔"如何努力控制她，让她摔碎碗碟、洒落东西等。她解释道，因为自己的愚蠢而生气，很可能会导致她对妹妹和母亲发泄情绪（工作者已指出她有意识层面的感受，而非隐藏在她想忘记事件背后的潜意识焦虑，同样的方式也可以处理移情感受）。她用手势而非言语抱怨头痛，当我鼓励她告诉我，在她如此极度低落时心中在想什么，她消极地咬着嘴唇、摇着头。我与她沉默地坐了一会儿。最后我说，我记得在早晨的电话中，她提到了其他不愉快的事情，现在阻碍她说话的另一个原因可能是她对我的愤怒，她认为我以某种方式让她低落。奥黛丽回复说，她确实有这样的感受，这是我的错，导致她无法成功地与朋友一起，享受几个小时的逃离，与朋友讨论电影、学校以及其他不重要的事情。

她没有自由，母亲经常要求她做事情，无论她在房子的哪个角落，她永远没有自己的时间。她举了一个例子来说明母亲的期待：昨晚埃伦帮妈妈卷发，奥黛丽之前也做过。母亲说："因为现在你的手很干净，所以我允许你把手放在我的头发上。当你的手脏了，就不许碰它。"接着，母亲想让奥黛丽卷发，但奥黛丽拒绝了，她也不觉得抱歉。母亲常说，她自己没有孩子们也能过得很好，但孩子们没有她却无法生活。好吧，那就让她看看是不是这样。她对埃伦和奥黛丽都说过这话，但她经常让埃伦"监视"奥黛丽（工作者在这里引出了她对母亲的需求）。

我说奥黛丽现在很生气，但这并不常见，她珍视母亲带来的安全感和保护感。通常她喜欢被母亲要求做事情，为什么现在情况不同了？这种感觉"仅仅是心情"，它会改变，而她无法解释。她已经厌倦了母亲的限制，厌倦了永远没有隐私，厌倦了母亲窥探她梳妆台上的信件和诗歌。我认为她有权拥有隐私，并且已经足够大，可以对此有所期待。"不仅仅是这样，但为什么母亲就看不到，能够表达自己的感受会让我感到更安全，而不是压抑在内心深处，而她的态度却试图强迫我这样做呢？""如果我写关于爱情，就是不好的；她愚蠢到看不到，正是我无法说出口的事情让我处于危险之中。"我说我知道奥黛丽用理智认识到了这一点，但她的感受却截然不同，并且我认为她对此仍然很犹豫。当她愤怒和伤心时，她非常害怕。

她并不认为工作者的话是字面上的意思——只是一种方式，让她知道她的愤怒很强烈。我同意奥黛丽的看法，并询问她更多关于母亲的事情。她已经察觉到今天无法与我坦诚对话的感觉，所以可能是昨晚发生的一些事情，让她再次感到不被母亲需要和爱护。奥黛丽同意确实发生了些事情——虽然是小事，但"很重要"。她想要靠近母亲，于是走到母亲躺着的沙发上依偎了一会儿（刚开始她说只是因为天气很冷，但接着表示她想要被母亲当作婴儿般对待，需要母亲的爱）。母亲却将她推开，不仅仅是身体上的推开；当她这样做时，脸上露出了真正的憎恶和排斥的表情。

我问奥黛丽，她认为母亲在想什么，以及她自己的想法是什么。她开始怀疑，因为她曾说自己准确地解读了母亲的表情，她觉得很有趣，自己想要被当作成年人对待，却又埋怨不能被允许像婴儿一样表现。我说奥黛丽对是否准确解读母亲表情的怀疑，以及她现在无法回忆自己的想法，暗示了她内心的负罪感。这个说法引起了奥黛丽的共鸣，我认为有一阵子，她将继续回忆自己的想法。但她再次自我封闭，说她无法记得，但也许有些时候她能想起来。我说她的想法仍然让她感到恐慌，而她的自我防御方式是"忘记了"，仍然对我似乎"在窥探"她感到憎恶，就像她对母亲的不满一样。奥黛丽一时反对我将自己与她的母亲联系在一起，但当我接着说这是可以理解的，并且在我们共同工作的过程中有可能发生时，她更加确信地回复说"你是对的"。

在奥黛丽离开之前，我们讨论了她刚开始时对我的反抗感受。当她母亲打电话时，她不想让母亲知道自己在我的办公室（在离家出走之后）。同时，奥黛丽说她现在的感受不同了，因为她可以看到我对她母亲撒谎，并且不可避免地，她的母亲可能已经发现了这件事，而且可能不会再让她来这里。但奥黛丽有时承认，她甚至希望如此。在大多数时候，她确实知道"我唯一的希望"是理清"她自己内心"的事情。

当需要与家庭中的未成年孩子沟通时，正如我们在这个个案中所做的那样，重要的一点是每个人必须理解沟通的本质。一般来说，如果像在这里一样，对冲动进行描述、语言化和探讨，那么冲动所带来的诱惑将会减少。在前面的面谈中，工作者可以观察到如何处理针对外部真实情境而言的特定阻抗，并探讨了特殊事件所引发的情绪："你的感受如何？"或者"你做了什么？"接着进一步探究依赖和愤恨的模式，而非仅仅停留在愤怒和无助背后更深层次的根源。这并不意味着上述对话方式是唯一的方法，或者它应该经常在这样的层次止步，但它确实阐明了一种处理情感释放的典型方式：通过控制移情关系，提供客观现实和内心感受的视角，让案主能够不以扭曲的方式看待情境中的自己。

### （六）通往洞察的诠释之路

在各类个案工作中，解释问题的表象、澄清议题、态度及意识和潜意识层面的感受，区分感受与现实，强调行为模式，对于自我觉察至关重要，这些甚至可被视为洞察力的一部分。工作者应与所有案主分享现实数据，但在分享心理问题相关数据时需谨慎，因为案主可能尚未准备好面对自己的情感动机。心理问题的深度并不总是意味着可以立即治疗。精神分析师将洞察定义为对潜意识中被压抑要素的理解，这可能导致重复的诠释过程。洞察从非一蹴而就，也难以轻易同化，单纯的智力洞察并非我们的目标。

通常，我们无法仅通过面谈技术实现洞察，但可以借鉴精神分析的方法，通过自由联想、运用象征性素材以及幻想等方式来洞悉内心。只有高度熟练的治疗师，才能理解扭曲行为背后的感受。科尔曼（Coleman，1949）对洞察做出了有趣的区分：

在精神疗法中，它再次强调关注意识层面的自我，作为协助处理痛苦内心冲突的过程。同时，它也是治疗关系中降低压力水平的有效工具。在短程精神疗法中，应尽量避免对历史根源或自我模式的深入洞察，但在长期个案工作中，洞察有其合适的位置，尽管它可能加速智力性防御的出现，从而延长治疗时间。由于理智化现实的存在，个案工作中对洞察的探究可能比精神疗法中更为有效。

作为治疗师，个案工作者应谨慎运用诠释技术，解释社会或个人因素及其相互影响。他们更多地使用澄清技术，并在移情过程中为自我提供支持，以减少防御机制的出现。除非在介入过程中遇到阻抗的负面或不正常的困难阶段，或发生特别消极的移情情况，否则应谨慎使用诠释技术。洞察力之间并无绝对区分，因为在任何疗法中，都允许患者存在不同水平的洞察力。工作者应尝试澄清并引出不同水平的自我觉察，但这些介入只有在案主做好准备的情况下才能取得良好效果。过早尝试干预防御性结构可能会被案主蔑视，或引发不满，或激起焦虑状态。

即使不通过意识层面的洞察，而是通过释放感受和修正环境，也有可能实现个体情感和行为方面的改变，特别是在幼龄儿童中。通常，自我觉察会伴随着改变而产生。诠释的时机至关重要。即使工作者不尝试进行深入处理，但在同化发生之前，也必须持续处理表层问题。

在有限目标疗法中，奥斯汀（Austin，1948）使用"经验治疗"这一术语，来定义支持的联合以及对普遍行为的诠释[①]。对生活经历进行新的导向，特别是在移情中使用语言表达时，可能会引起个体感受的改变。即使问题可能定位于潜意识层面，但大多数人都会对治疗作出反应，聚焦于人格的非冲突或健康部分。通过探索案主的意识体验、感受以及衍生性动力，并与潜意识动机建立联系，从而获得自我觉察。因此，我们难以衡量这种方法对潜意识的具体影响。

### （七）防御和阻抗

在精神疗法中，必须深入理解防御的本质，包括防御机制本身及其在治疗中表现为阻抗的运用。在有限疗法中，工作者不会引发案主超出目标范围的紧张（焦虑），也不会在防御机制运作良好时，去深入探究内心冲突的情感根源。在任何有限疗法中，患者能够意识到动力能量的程度，取决于工作者极为熟练的判断和经验。即便在帮助人们解决一些破坏性防御时，个案工作者也应谨慎地揭示那些被压抑的潜意识元素，这些元素隐藏在所有运用的防御机制之下，并且通常我们需要保持防御结构的完整性。确实，个案工作者通常关注与意识层面的自我合作并释放其优势，更强调人际间的因素，而不是将依赖和敌对的冲动因素替代关系本身。

在所有治疗性进展中，案主必须向治疗目标努力，必须参与到方案执行的每一个步骤中，并理解阻抗的现象。"阻抗"意味着使用不同防御体系来拒

---

[①] "通过运用移情，在社会现实中激发成长经历并带来改变。在一些个案中，工作者可能会选择性地运用诠释。治疗的基础主要是移情和生活情境中的积极经验。它的目标主要是（帮助案主）解开与过去人物的限制性联系，重新定向情感能量，并通过增强生活中的满足感以促进个体成长。"

绝治疗。阻抗可能源自早期的一般性阻抗、对流程的不熟悉、不愉快的机构经历，这些在治疗过程中较易处理。同时，也需要将这些阻抗与那些因自我觉察或冲动威胁到人格时所产生的焦虑而引起的阻抗区分开来。在所有个案工作中，工作者协助案主承担自我责任，但在疗法中需要产生实质性变化以克服自身阻抗，从而增强自我参与和承担责任的程度。

我们必须探讨治疗中的阻抗，并在移情中表达带有敌意的攻击性元素。对儿童而言，这一目的是语言化的；但对成人患者采取这些行动的必要性，可能经常意味着治疗至今已出现失误，且反移情正在发挥作用。能够更好地对智力层面进行诠释，可能会释放健康的自我，使患者能更清楚、更客观地看待自身角色。但在已经被同化的情况下，对潜意识压抑物质的诠释可能只会导致整体人格的更多参与。作为一种阻抗，我们难以辨识移情反应；若要处理它们，治疗师需具备高超的技术。即便在有限疗法中，我们并未尝试洞察深层次被压抑的部分，但对移情的"洞悉"能使案主理解自身意识层面的阻抗，以及在特殊生活情境下调动的防御机制，这可能会提供相当重要的帮助。

在个案工作中，有一种熟悉的调整技术似乎具有典型功效，即围绕特定的经验、情境或关系动用情感，并帮助案主更好地察觉自己的情感。由于焦虑与其情境化资源相关，因此治疗性结果通常是案主能够对此关系有所察觉，并可能观察到自己在某些方面为解决困境所做的努力。事实表明，个案工作者和小组工作者有利于解决社会问题，特别是能帮助那些异常人格患者、导致社会失败或冲突的个体和家庭等群体。美国的个案工作深受精神病学影响，特别是精神分析的发展，因此它倾向于根据专业目标调整精神分析原则。无论这样的调整是否必须被称为精神疗法或个案疗法，或仅仅是个案工作，不会改变的事实是，在对人类关系问题的治疗中，我们正增强对心理动力的运用。

个案工作者处理在社会调适、人际关系和文化环境现实方面的内心冲突问题。因此，工作者倾向于用这些术语定义问题，并经常将心理治疗与生活经历的事实相关联。在对儿童的精神治疗中，需要处理儿童自己的现实情况，特别是父母性现实情况，这通常是持续出现且不断发挥作用的。但除了医学精神病学和精神分析，我们认为在当今的社会环境中，所有治疗师倾向于独立工作，或者与合作者在主题性及非排他性层面上，对心理和社会表现得不适应进行合作。处理的基本问题通常是关乎人格组织是否能够调整、能够调整的程度，以及就患者外在的真实情境而言，通过处理患者相对健康的自我部分，对态度和行为的调整程度。

疗法中的个案工作者应尽可能发挥自己的个性优势，并致力于整合社会情境资源。但疗法本身也以工作者"接纳生活不愉快方面的能力"为基础，从而在有利的情况下，能更好地帮助案主实现自我接纳。在个案工作中，治疗目标通常是双重的，即减少环境中的压力和增强案主的压力承受能力。对个案工作者在治疗中的最低要求是，理解就生活经验而言的人格结构，并在治疗时能够在情境的中心保持动态性诊断和对个体功能进行动态评估，同时能够理解相关的病原学因素。

在家庭领域和儿童安置领域正出现明显的发展趋势，即更直接地与儿童合作与干预，这在某种程度上确实是在心理治疗的背景下推动发展的。在个案工作和小组工作中，所有关于儿童的最新概念都强调根据年龄水平调整治疗的重要性。工作者并不直接治疗婴儿、儿童和青少年等，但必须知道恋母情结时期，以及在任何年龄阶段中未处理的恋母冲突是如何在特定的年龄阶段影响被安置的儿童。儿童的发展并非在每个方面都具有一致性，有些在情感发展上比其他人缓慢，且大多数儿童的发展都是不均衡的。工作者必须理解早期的发展阶段来处理退化的现象，这经常发生在家庭分离之后。工作者也需要理解，成长中的儿童很少有时间和机会能够获得满足或有所约束。

对于成人来说，治疗可能大部分基于面谈中的语言材料；对于儿童来说，治疗则包含直接观察、了解儿童的行为，以及对生活经验进行调整。对于涉及罪未成年人的治疗，必须结构化建构情境，从而允许其释放攻击性。例如，在儿童的成长营地旁，应设有安全的游泳池，但不应禁止他们靠近。在一个具有吸引力的干草棚里，充满干草叉和令人愉快的诱惑，就不应强迫儿童一定要认真倾听并遵守徒步旅行的规则。那里应该有游乐园，备有耐用或方便替换的玩具。工作者必须尽可能宽容，几乎不进行任何限制和引发挫折；但如果限制必不可少，那么就需要确保这些限制"易于记忆"。工作者不应退缩、前后矛盾，或容易被诱惑。在戏剧面谈中，准备具有攻击性的宣泄工具至关重要，如鼓、飞镖、鞭炮等，从而使攻击有畅通的渠道。但对于年长的儿童，工作者必须尽可能对攻击进行语言化处理。如果儿童具有神经质特征，但也能在治疗中表演自我，那么他必须根据所表现的部分进行自我调整。

我们再次强调，设计面谈的作用是激发和诱发感觉。对于个案工作的流程来说，结束工作者与案主之间的关系至关重要，这一过程是通过在不断的面谈中控制移情要素来推动的。在生活经历和面谈治疗的情境中（虽然一般是在前者），个案工作者通过激发案主的关注、引出案主的态度和行为模式，运用治疗情境来释放感觉、实现自我支持，以及增强个体的自我觉察。工作者倾向于运用移情将心理能量重新导向现实渠道。我们必须理解案主如何运用防御机制，但一般来说，我们不会破坏建设性防御，也不会打扰合乎需要的家庭关系，即便这些关系处于神经质的平衡之中，除非它们对儿童产生了十分明显的影响。如果需要更彻底的治疗，那么案主应做好被转介至精神分析治疗的准备。事实上，我们已经在个案工作实践中，对将案主转介到其他地方进行治疗的准备工作建立了高度专业化的流程，并且同其他领域一样，这也要求工作者熟练掌握治疗性管理技巧。正如我们所反复强调的，疾病过程的相关证据通常表明了医疗责任与合作的重要性。

# 第十章　初级环境和次级环境

现代群体生活的趋势以部门和机构实践为导向,而非个体实践。这意味着社会工作者必须掌握与环境和功能对实践影响相关的哲学体系与学科知识。

如前面所述,功能异化只有在实践广泛通用的基础上才能得到充分发展,否则将导致碎片化和特殊化。如今,人们普遍认为,健康、教育和福利领域中的所有主要服务,包括功能维护、儿童保护以及疾病和残疾的治疗,都应以统一、结构化的公共服务形式提供给所有符合条件的个体。在公共项目中,推动社会疾病的预防和积极福利将成为越来越重要的目标。通常,民间项目会得到收费、会员会费、捐赠等资金的支持,并满足特定群体的需求。通过开明且负责任的公民的努力,可以持续推进实验性、演示性项目,初步研究、"行动研究"及其他研究。同时,也期待将公民参与民间机构委员会和理事会的传统转移到公共福利活动中。

若个案工作方法能为案主提供最佳利益,就必须将其引入公共部门和其他"边缘"福利领域。随着社会个案工作思想成为法庭、家庭、学校等"场域"的一部分,其专业知识和技巧也得到了进一步深化和扩展。因此,大约在1899年,通过儿童法庭和缓刑犯监督官,缓期处刑司法裁量权在法庭系统中得以实现,个案工作者也开始对保护功能的新意义产生兴趣。民主的个案工作方法已取代了家庭在领取补贴时必须接受"监管"的理念与方法。这并不意味着不需要进行严格的资格审查或严谨地提供社会服务，而是在这个过程中，公共救助的接受者不会因此被剥夺自我导向的正常状态。

有时，功能可能会从一个"领域"转移到另一个领域，在行政上发挥作用。在一些国家，大部分原本归属于法院的工作由社会工作者管理；而在另一些国家，则可能在更灵活的儿童福利机构中运作执行。在这些国家中，被称为"保护性"工作的部分可能会缓慢地转向家庭福利、儿童福利和公共学校领域，而不再是法庭的工作重心和矫正的重点。尽管我们可以粗略地区分不同的目标，以显示劳动力的功能性分工，但很难精确地认为公共家庭机构的职责在于提供救助，而家庭法庭的职能在于处理成人的行为问题。例如，这里负责家庭和儿童工作，而那里则开展临床指导工作等。在没有父母或婚姻行为的干扰下，经济依赖的整体问题通常属于"维持生活"的范畴，而非救济和"监督"。儿童指导和儿童与家庭工作领域越来越关注于解决青少年的行为问题，但这一过程仍然十分缓慢。在精神病学意义上，许多涉嫌犯罪的未成年人并非"有罪"，而是可以通过个案和小组工作的方法进行治疗。对于真正意义上的犯罪，法院的权威介入以及为这一棘手问题提供全面的精神治疗资源都是必不可少的。

在目前已确定的"场域"中，我们需要重点关注人为障碍，这些障碍可能由于时间的偶然因素、特殊的遗赠或个人领导者的利益而存在。作为"专业化"的基础以及实现职业成长和发展的"整合"，我们现在必须消除这些人为障碍。在初级环境中，即社会工作机构，对于最优分组的主要考虑似乎是家庭、儿童以及社区内的儿童指导服务类型。在次级环境中，社会工作的角色对于医疗、法律、教育等领域主要是辅助性的，必须被定义为跨学科的努力。为简化论述所选择的领域，都是一些看似长期、现代且重要的特定问题。

## 一、初级环境

将家庭服务和儿童照护功能视为不同"领域"是站不住脚的。即使一些家庭问题并不涉及儿童，如老年人问题、无法适应的单身成年人问题、没有孩子的婚姻不和家庭问题，但有关儿童的问题从来都与家庭相关，无论是生理层面还是心理层面。因此，对家庭的处理方法必须包含家庭咨询、儿童指导[①]、"保护性"服务以及儿童安置。现代所有的个案工作都关注亲子问题，并非传统意义上的"以儿童为中心"的个案，而是在家庭内部序列中聚焦于父母和儿童。在任何情况下，个体都可能成为"患者"，然而个案工作过程的本质强调的是人际关系，而非将这个中心人物孤立起来。并且如前面所述，在社会工作中，通常会有多于一个在接受治疗的"患者"。

## 二、家庭照顾和寄养照顾

要理解儿童，对家庭群体互动的理解至关重要（Hutchinson，1943）。心理学和医学专家在办公室与有问题的年轻人和固执的父母会面时，常常仅将父母视为"背景"，而且在儿童看来，他们往往是负面背景。持这种观点的个案工作者在治疗家庭小组时将难以发挥作用。除非父母能意识到他们对儿童的异常行为有影响，并愿意尝试改变自己的行为，否则无法采取有效的行动和干预。在形成诊断性结论时，对家庭生活的观察可能会揭示家庭的优势和责任，但这些在办公室面谈中有时会被掩盖。学会在家庭中观察儿童是困难的，因为群体可能会掩盖或加剧个体的反应。就像在教室或俱乐部中一样，在任何家庭中，都可能有一两个个体主导场景，往往是一个病弱者、"好孩

---

① "儿童指导"这一术语的起源与精神卫生门诊相连，此处对其进行引申使用。

子"或"害群之马"成为家庭舞台的中心。正如我们期望在其他任何群体中发展灵活的领导一样,我们希望在家庭中实现互惠互让,而不是对个人进行持续性控制。作为家庭主要收入来源之一的男性,通常会首先接受面谈,而且目前的趋势是,同时将这位男性视为丈夫和父亲有益于社会工作服务。亲生父亲和养父正日益成为指导和安置的重要考虑因素。

如之前所述,家庭主要面临两方面的威胁:一是家庭缺乏维系日常生活的资源;二是受到家庭成员行为的扰乱,特别是配偶或父母的行为。工作者可能会审视功能性问题,例如处理救济收入的机构与处理非支持性基础收入的机构之间存在的功能性问题。公共救助机构有少量但不可忽视的非支持性个案。然而,有些人可能会将救助金视为一种威胁,例如"拒绝工作"的俱乐部成员、拒绝履行抚养义务的父母、配偶或年轻人、工厂的失业工人、住在家中想要分居赡养费的年轻夫妇,或叛逆敌对的青少年,但他们并不会一直如此。这类问题可以在公共救助体系下,或通过家庭关系行动或其他类型的机构得到解决,但必须由受过训练且熟练的个案工作者负责处理。有时,法院对"不履行抚养义务"情况的控告并不准确,拒绝并不一定是自愿的,而是无能的结果,因此必须选择诊断和治疗相结合的公共救助路径。反之,如果不履行抚养义务和"拒绝工作"的出现,并非因为疾病、人格障碍、意外或不公平的劳动实践,那么最好将案主转介到处理"不良行为"的权威部门。

## (一)儿童福利

最初,家庭关系法庭主要关注不履行抚养义务和遗弃性案件,而青少年法庭主要处理被忽视、被抚养以及有不良行为的儿童,但近期这些法庭已开始朝向具备更广泛功能的整合性家庭关系法院发展。另一个发展趋势是将相关项目从负责健康问题救助管理的儿童法庭中移除,如残疾儿童援助项目。儿童福利始于现代,除了邻里、亲戚和机构照护提供的援助外,其他福利来源通常来自宗教方面的支持。当儿童被从一般性的济贫院和教养所接出，并被安置在孤儿院时，儿童福利迎来了转折点。契约实践停止后，人们开始将儿童安置在不需要工作报酬的家庭，而非需要工作报酬的家庭，这成了儿童福利发展史上的一个重要里程碑。当为被安置的孩子支付膳宿费的做法变得愈加普遍时，对儿童的治疗取得了惊人的进步。救助范围、保险、工时和工资的立法、对童工的控制、健康和娱乐等意味着儿童可以在家中接受适当的保护。同时，我们也更加清楚地认识到，当紊乱发生在情感关系中而非经济层面时，就必须制定寄养照顾计划。尽管福利领域对劳动分工的传统观念仍然存在，但人们普遍认为，在家中照顾孩子是"家庭"的工作，而在寄养家庭中照顾儿童则是"儿童"的工作。

我们逐渐意识到，病理性家庭常常通过儿童表现出自身的冲突。除非父母的态度发生改变，否则儿童无法获得成功的治疗。在宏观病理学和破坏性行为无法修正的个案中，如果有任何治疗的机会，那么就必须将儿童或青少年从家庭中接走。但是，让子女离开"腐化父母"（Johnson，1950）的误导性努力可能会弊大于利。当然，无论家庭存在多少资源，我们都必须尽其所能提供支持，并帮助儿童学会逐渐面对家庭情境的现实。我们将关注于诊断和差异化治疗，而不是专断和人为的机构边界。对年龄群重要性的认识，不应该导致对儿童、青少年和老年人实践的严格划分。

## （二）老年人照护

随着预期寿命的延长，人们观察到一种趋势，即将老年人的照顾视为一个独立的"领域"。由于老年期无法仅通过年龄来精准衡量，且在健康、福利和社会活动中的许多努力都有利于人类发展，因此，分段方法和分类独立项目存在劣势。对于老年人而言，许多生产性工资收入渠道往往不可行，因此社会保障系统必须为他们提供保险、赔偿金以及不同类型的救助。无论是身心残疾者的医疗所、行动自如者的机构和寄宿照顾，还是适用于能够自理人群的小型公寓安居计划，都必须确保提供合适的住所。然而，将这个群体视为一个整体，从而认识其特定需求，对于让老年人获取更好的照顾至关重要（Lawton，1943）。

个案工作方法认识到，每个个体既具有群体的共性特征，也具有各自的差异性。在家庭、医疗机构和其他环境的工作者，必须理解这些特性，因为除了特殊环境外，还有许多老年人需要关注。尽管养老院的员工在与其任务相契合的情况下，确实需要深入了解老年病学，但他们主要关注的是作为个体单位的老年人。

假设在年龄和收入水平的基础上，老年人有足够的养老金或保险金，那么当存在自然资源时，可以将其作为补充；当自然资源不存在时，他们可能会向公共救助部门申请。除了基本的救助预算外，可能会提供额外的收入、安排寄宿照顾或其他所需的社会服务。计算老年人补助金发放的收入水平，或为其他自费群体提供免费的医疗服务是可行的。实际上，由于失业补偿金、老年和健康照顾范围的扩大，对资格审查进行收入评定变得越来越容易。毫无疑问，这些进步和变化应该推动关注个人需求的个案工作服务的同步发展，也应该在提供不同形式的社会保障以及启发式的劳动管理设施补助金的情况下，促进专业方法技能的提升。

对于中年人和老年人的疾病和残疾，介入的主要目标是改善生活而非彻底治愈。听力、视力和其他能力的损伤可以通过助听器、眼镜和假牙来维持健康和舒适。同时，也需要考虑一些特殊的营养问题。在情感上，老年人常常受到无能感的困扰，感到自己不被需要或不受欢迎，已经成为一种负担。这种情况在那些优待具有侵略性和竞争性人格、身体健壮的重体力或大规模生产劳动者，而不是睿智、冷静判断和智慧群体的社会中更容易发生。老年人倾向于生活在过去，尤其是当今社会没有赋予他们足够的地位感，或者他们在创造性贡献上难以有机会或常常遇到挑战时。如果他们有机会作出相应的贡献，并且他们成熟人格的才能与价值得到认可，那么退化可能就不值一提。个性的僵化并非老年人独有,而且令人羡慕的是,许多老年人保持着比年轻人更大的包容度和灵活度。

独立儿童"领域"的支持者表示担忧,因为居家照护成本较低,寄养照护可能会在救助项目中发挥的作用有限。各地的社会工作者在立场上达成一致,认为不仅需要在家庭照顾方面为个体提供充分救助,也需要对离开家庭的成员提供持续性服务。寄宿照护成本较高,但相较于残障人士的部分花费仍然较少。任何国家的第一道防线是经济安全和家庭稳定,因此需要密切关注那些能够满足个体特殊需求的差异化项目。在大部分国家,受抚养儿童和遗属保险补助金仍然不足,更不用说退役军人福利。然而,尽管存在不足,保持缓慢提升的普遍性救助和其他保险项目能够维持大多数儿童的家庭生活。寿命预期的延长、孕产妇死亡率和工业事故率的下降,以及对疾病的良好控制,意味着需要安置的孤儿和单亲儿童数量将日趋下降,并且开始强调传统的家庭和儿童领域或亲子关系、家庭与儿童指导功能(Richman,1949)。无论如何,全社会对家庭照顾项目的需求仍然十分紧迫。

慢性病患者、老年人和儿童可能会被安排在家庭外部寄宿,因为他们可能觉得这样的方式比安置在机构中更舒服和满意;或者因为在家庭群体中存在病态关系(如精神分裂症患者或老年人的情况),当家庭成员的态度无法营造出友好的情感支持氛围时,他们可能会被安排寄宿。在这些安置所中,需要消除文化偏见,从而减少人们因亲属使用这些服务而感受到的内疚感。应该像看待寄宿学校一样,减少对机构和寄养家庭的歧视。现在普遍存在一种现象,即过分责怪父母,批判他们使用了机构照顾或寄养照护。成年子女可能会对他们允许年老亲属,特别是父母,使用机构设施而产生的潜意识对抗感到愧疚。文化的不认可和资源的匮乏强化了本能和神经质层面对使用寄养照顾的抗拒。让儿童离开家庭接受收养也存在污名化问题,但相比已婚家庭想要摆脱儿童的情况,处理未婚母亲的相关问题可能会更顺利。目前在成人安置中的需求也与儿童安置一样,期待所提供的机构护理类型更加专业化，能够提供更充裕的寄养费用，并培育更多的临时寄宿家庭提供者。

## 三、监护不当与青少年犯罪

我们必须关注青少年"犯罪"，这既是为了那些青年犯罪的相关项目，也是为了那些在病态家庭中需要被保护的儿童。关于社会对犯罪保护的全面探讨超出了本书的范围，因此我们不对此议题进行深入讨论。

对于劳动分工这一问题的历史性处理，是从监护的视角出发的。因此，如果父母或母亲死亡、残疾，或者存在反社会行为，那么儿童必须以寄养父母照顾或者法律完全责任的方式，被安置在家庭之外。福利委员和法院委员都需要对受抚养和被忽视的儿童承担责任和义务，因为根据普通法原则，国家通过其代理人，担任所有需要照顾或保护的未成年人的最终监护人（Lou，1927）。如果儿童福利有所要求，那么父母控制的自然权利可以被社区的普遍监护所取代。然而，一旦存在家庭，那么介入和接管儿童监护权的趋势就会受到调整，需要通过启动外力来改善大部分儿童在家庭的处境。在日间照护、访视管家和亲戚，以及补充性收入的协助下，许多家庭成员即便在母亲残疾的情况下，也能够居住在一起。由于为供养儿童所提供的保障已经得到扩大，更多破碎家庭获得了帮助，并且可以交替式地使用家庭、临时寄养家庭和机构服务。

在过去的一段时期内，当被送往机构的儿童提出监护照顾需求之后，他们更可能长期待在机构中，或者反之。即便儿童确实更倾向于长期地待在机构当中，这也多是由于转移性行政成本、公共补贴压力，或者设备缺乏所导致，而不是出于对儿童利益的考虑来保持机构数量稳定和床位充足。父母对孩子完全放任不管并不常见，并且整个流程比世纪初更具灵活性。当人们审视发展，在整体情境中考虑全体儿童时，在最终法律意义上，父母、代理父母、机构和社区的监护权问题都同样重要，具备临床性或诊断性要素会影响个案的处理。对于行为问题的儿童，已不再使用家庭察看期或者保护监督，因为"监护不当"的问题并不太突出。由于问题儿童与问题父母之间的关系众所周知，因此无须特别设定"忽视"这一类别，但需要在家庭、儿童福利和指导目标中有所体现。

现在，在一些法院中，"违法"被归类于"忽视"或者"不良行为"，被置于当前有空缺的任何机制类型之下。显而易见，所寻求的解决方法是对"犯罪者"进行治疗而不是惩罚。预防家庭破裂的方式是直接治疗和环境保护，如在健康支持项目中的社区计划，福利的目标是娱乐和教育。治疗的目标必须是帮助，而不是严厉指责父母和儿童。许多"忽视"和"不良行为"问题都会得到家庭服务的响应，而其余部分则需要法院处理。对于社会功能来说，权威与限制都很必要，但必须将其与惩罚区分开来，因为通常惩罚效果不佳。

对不良行为的治疗，可能被认为需要金钱、住所、文化和娱乐的机会，也需要家庭、群体和个人治疗，包括精神疗法。现在大约一半的警务工作量涉及轻微犯罪者，或者那些甚至算不上罪犯，但却是文化歧视、不完善学校和休闲设施的受害者。学校在甄别初期行为问题和病状上发挥着重要作用，同时，相比于学生在学校之外所表现的行为异常，在学校内的密集治疗主要以问题为导向，具有特定的教育意义，如迟钝、阅读和言语障碍以及其他残疾、逃学、课堂行为问题、职业适应等。儿童或青少年在学校所面临的困难从根本上来说基本来源于家庭关系，必须通过有效筛查和转介的方式，将其转介到合适的社区机构或者与之共同处理。

儿童在学校中的持续性缺席，可能是由于情绪紊乱或者学校项目的不足所导致。对于所有机构来说，应该尽可能对问题儿童采取治疗的态度。我们不能高估长期环境调适的重要性，也不能过于强调有益健康的社会与教育活动的重要性，因为在预防不良行为上的资金投入与研究仍然至关重要。

## （一）分离经历

从历史观点来看，儿童工作具有分段式的特点。接案通常发生在法院、家庭机构或特殊部门，而安置问题则在另一个机构处理。往往只有在危机爆发时，才会将儿童进行转介，而接案流程又常因不同方法派别和公私界限而变得复杂。这种分段式管理往往过分强调分离时期及之后的安置，却对家庭关注不足。因为在许多情况下，分离只是长期创伤关系和事件的高潮。有些工作者试图仅强调分离本身，对家庭场域和儿童场域进行功能性劳动分工。然而，分离在个案工作中实则是一个常见问题。

一些家庭有着清晰的归属感，并希望保持完整；而另一些家庭则因死亡、其他障碍、缺陷或在儿童安置及持家能力方面的扭曲，不希望或没有能力维持家庭的完整。当父母不具备胜任力，或不想要他们的孩子，或因极端行为问题，通常是严重残疾，导致家庭破碎与分离即将发生或已经发生时，安置过程便成了一种明确界定的功能。

另一方面，随着各场域中的个案工作者开始深入理解儿童的需求，以及在儿童指导和家庭个案工作中与父母共同进步，人们发现分离往往具有诊断上的预期性，且分离本身可以成为治疗的明确焦点。

将儿童从家庭中接走，对父母和儿童双方都是一种极其痛苦的折磨。如果其中涉及对抗，那么痛苦只会更多。因为死亡、分离以及因被拒绝而失去父母，都会让人感到恐惧和混乱。对于那些与环境有冲突的儿童来说，他们可能已经将这些冲突内化，难以在替代家庭中实现安置；也可能因自身的情感剥夺，无法合理利用寄养父母的帮助。然而，如果儿童和父母能够接受安置，那么安置通常会被证明是一种成功的治疗形式。

大量家庭的破碎是由于死亡或父母的永久性缺失，而在儿童安置中，心理介入往往微不足道。但每当父母参与其中时，工作者就必须认识到父母自身以及寄养父母所造成的问题，并必须发展家庭指导的新模式。当亲生父母和寄养父母在儿童生活中保持间歇性或并发性地发挥作用时，就必须整合安置经历，让亲生父母和寄养父母更好地参与。

在儿童指导、家庭个案工作、日间照护、成长营和儿童安置机构中的发展趋势也表明，需要父母参与到治疗中来，并充分认识他们的角色、权利、责任和感受。儿童可以在做决定以及面对困难的现实经历中发挥作用，如短暂或长期的分离。我们已经逐渐淘汰了那种指使孩子去做无意义的事情，而使他无法了解所有决定的旧策略。工作者更多地选择将儿童纳入坦诚的讨论和计划之中。即便幼小的儿童也可以面对逆境，并在得到允许的情况下承担适当的责任。

此外，强迫儿童痛苦地尝试适应优柔寡断的父母（或工作人员），无法就儿童是否要留在家中还是冲动地将其带回家中作出决定，使这些儿童一再承受分离的痛苦，这对他们来说并不公平。计划性访视，应基于对父母能力的翔实评估，必须取代试错访视。因为对于孩子来说，试错访视可能像是一种猫鼠游戏。

### （二）为安置做准备

个案工作者深知，为儿童安置做准备是一项困难、痛苦且缓慢的过程。在某些案例中，第一次面谈时就能观察到个案存在分离的趋势，但即便如此，通常也需要经过一段时期的治疗，才能让父母和儿童做好适应分离经历的准备。在探索阶段，儿童安置不仅以快节奏为特征，采用了接收儿童的危机性方法，还存在随意性的规定。因此，曾有一度，大多数受抚养子女和几乎所有问题行为儿童都被送到机构，而且很多人认为，如果有资金支持，这些儿童在寄养家庭会过得更好。当能够对父母经历进行精确诊断时，人们认识到机构适合安置一些年老群体、某些问题儿童，以及许多呈现出精神、生理和精神性神经症症状的人群。正如需要整合对寄养家庭和原生家庭的治疗一样，也需要整合机构照顾过程和寄养家庭阶段，因为从不同时期儿童的利益出发，可能需要将其从一个地方转移到另一个地方。

在社会个案工作发展的早期，工作者常劝说父母不要采取行动，同样，在安置的准备阶段也没有明确的目标。但一旦父母下定决心，就要帮助他们和儿童理解这一决定的意义。一些个案工作者认为，无法真正让任何人做好安置的准备，他们总是要经历分离。在这种观点下，治疗完全关注安置经历本身，以及处理儿童和父母在运用安置机构项目时所产生的情感问题。确实，治疗必须就分离经历进行澄清并畅通沟通渠道，就像家庭维护是一个持续性的过程和服务一样。但当孩子们在离开家庭之前，通过工作者的帮助表达了对自己家庭的一些感受时，安置就不再是一种难以承受的负担。分离发生于安置之后，且并非单一事件，而是一系列相互交织的真实的心理家庭关系、前后矛盾、威胁性分离与和解的过程。实际上，从心理学的角度来看，真正的分离可能永远无法实现。

由于亲情纽带在成长经验中极为重要，人们很容易发现，比起安置缺乏安全感的儿童，更容易安置一个充满爱意且具备安全感的儿童。被拒绝的儿童在心理上依恋于使他产生挫败感的关系，带着痛苦的渴望，必须为安置做好准备。通常被安置出去的儿童需要接受一段直接治疗，也需要环境治疗。将儿童安置出去的父母也需要获得协助，以解决当前的内疚问题，因为父母和孩子都存在内外在的现实处境，他们对分离经历和安置都存在许多幻想。时机十分重要，虽然时间明显十分有限，但工作者必须牢记父母和孩子都需要时间来适应痛苦的现实。工作者并不能控制局势，他们需要详细区分哪些策略是以可能的失败来威胁父母，以及哪些方式是提前以客观的说法探讨一系列行动的结果。为了使儿童得到成功安置，工作者就必须理解每个儿童，且至少使其能够在一定程度上接纳如此痛苦流程的必要性。只有对这些方面进行处理，才有可能使儿童积极参与到对寄养家庭的适应之中，并实现自己的成长和发展。

如果微妙的情感因素和非宏观病理学问题正在威胁家庭生活，那么工作者可能需要延长探索性调查阶段。在父母表现出允许发生真正分离的态度之前，他们对安置的需求可能在早前就已显而易见。从儿童、机构和社区的角度来看，替代性方案的成本很高。如果在威胁性经历发生之前，已经对儿童和父母之间的冲突进行了部分处理，那么有时候就可以避免替代的发生。儿童和父母对安置的准备，如准备接受指导或需要精神科医生的帮助，都是重要的个案工作流程，通常确实需要准备的时间。现在大家都明白，为什么更容易安置被关爱的儿童，或者在另一个极端上，安置与父母有矛盾、完全被拒绝的儿童十分困难。

最初，大多数父母会表现出受文化态度影响而产生的愧疚感，因此他们期待归还安置的儿童。但对请求以及想象结果的谨慎考虑，可能会对所表达意图的矛盾心理有所澄清。由于所有父母对拥有一个行为不良的儿童，或者对想要放弃自己的孩子存在一定程度的焦虑、愧疚或者羞耻感，工作者必须为他们的拒绝接受做好准备，包括主动防御、替代、反向形成、合理化、投射、压抑等心理防御机制。所有责备经常被置于儿童或社会情境之上。如果工作者能够意识到这些趋向，就可以对困难有所预期，在分离前处理一些情绪，并允许父母在安置过程中进行表达，释放对寄养父母或者对儿童的负面情绪。帮助寄养父母理解亲生父母的负面态度远远不够，我们必须通过非常艰难的经历，去积极地接纳、维护和支持父母。如果父母非常矛盾并表示强烈反对，那么他们会更愿意接受机构照顾而非寄养照顾。允许父母表达并接纳情绪，并不仅仅意味着在任何治疗中，工作者都应该解释他们的潜意识动机。重复性安置所代表的并不是对寄养家庭评估不够完整，而是就未解决的父母关系所产生的儿童心理问题诊断得不够全面。

工作者不能表现出儿童安置或儿童指导专家好像能以某种神奇的方式治愈孩子。任何在情感上有贡献的父母，都被鼓励参与到治疗过程中。只要这个参与过程持续，且一旦情感和其他因素能够实现合理的均衡，那么他们就能把孩子带回家中。治疗必须不仅以足够的资源和安排为导向，也需要处理安置本身对父母和儿童所引发的情感性问题。儿童工作者花费无限的时间和耐心寻找合适的家庭，结果有时候会发现儿童和父母都不能建设性地应对和运用这些美好的家庭。相关经历的失败表明，工作者需要与儿童自己的家长一起完成更谨慎的工作，无关乎他们必须安置或者无须被允许安置自己的孩子，而是在于帮助他们理解安置经历的情况和事实。此外，工作者需要在儿童和机构之间保持持续的接触，也需要从接案到离开都维持儿童和父母之间的联系，这些方式到现在都十分适用。但由于原生家庭是情感和拒绝开始的地方，对情绪问题的调查需要从这里开始。一部分是期望儿童能够对寄养父母的经历有所运用，一部分是为了在任何适当的时机，让儿童做好回归自己家庭的准备。

儿童安置已经经历了一种就群体关系而言的有趣循环。在某一时期，问题儿童被送往机构中适应群体生活，而备受宠爱的"好"儿童被安置在寄养家庭中。在某种程度上，当寄养家庭完全免费或者几乎不需要支付膳食费时，安置具有社会性吸引力的儿童是一种实用的解决方案。接着，当人们意识到"正常"儿童能够更容易地适应群体生活压力，并且问题儿童经常需要在替代性寄养家庭中得到个体化支持时，就可以教导这些家庭以相应的方式对待这些困难儿童。后来人们发现，对于一些被深度拒绝的问题儿童来说，他们本身就不可能适应寄养父母的服务，因为这些儿童无法放弃自己的父母，无论他们的亲生父母如何不友善。如果他们的寄养父母越完美，那么就越可能会激发更多冲突。对于一些这样的儿童，如同残疾儿童一样，对机构服务的使用能够降低他们在亲密关系上的压力，那么无论是亲子关系还是兄弟姐妹关系，对于他们来说都可能会更容易接受。简而言之，社会工作者需要同时理解儿童运用父母和家庭经验的能力以及使用群体经历的能力，并且原生家庭、寄养家庭和机构性群体的治疗之间可以有效地相互补充。

## 四、次要环境

在有限的篇幅内，我们无法全面展现教会、劳工、工业等领域中的各个方面，且个案工作往往附属于其他专业目标。以学校系统中的个案工作为例，其理论和实践操作与其他机构并无本质区别。在此，我们仅选取法律和医学专业作为例证，因为这两个领域中多学科方法的发展和原则，可广泛应用于更广泛的领域。一般而言，在儿童福利领域，会运用许多法律和准法律行为来保护和照顾儿童，但如前面所述，我们必须将讨论范围限制在法庭环境的正式方面。

传统上，群体一直赋予法院在维护和保留家庭自由和权利方面的决定性角色，如保护个人免受自身伤害或保护群体免受个人伤害。接下来，我们将探讨法律权威在一些突出方面所发挥的作用。

### （一）家庭关系法庭

家庭关系法庭的审判权[①]并非用于确立救助资格，而是用于确立抚养责任。当公共救助机构采用可比预算体系作为衡量亲属责任需求和灵活性的方法，且法庭尊重这种方法时，两个机构之间的互动将更为有效。在评估生活标准时，确定所期待的抚养/扶养/赡养方式或可靠亲属可能是一个受文化因素影响的难题。现代家庭关系法庭基于非犯罪性原则，其目标是通过影响收入行为来诠释社会对家庭的利益，这与通过解决资金资源匮乏的公共救助方

---

① 工作者可能会从地方法院、治安法庭或者在农村地区的治安法官那里，听到对婚姻不和或者其他公开行为的抱怨。在这些地方个案工作服务往往能够发挥作用，因此当我们在家庭关系领域开展个案工作服务时，不论家庭法庭或者青年法庭是否已经发展了完整的社会化行政机制，都需要对它们的功能进行对比。人们通常并不会将家庭法庭视为一个独立机构，但经常会将其作为城市法院中的家庭关系部分。

式相似。通常，家庭法庭可能会强制亲属抚养/扶养/赡养他们在法律上负有责任的家庭成员，其对文化标准的响应性确实能更好地促使父母抚养未成年子女，丈夫扶养妻子，而非反之。在处理负有偿付责任的祖父母的案件时，法院倾向于采取宽容态度，并可能对此进行补充说明。当申请人是已成年的子女或失业的成年子女的父母时，任何纯粹的法律主义方法都是徒劳的。如今，法官经常处理不带个案工作益处的抚养请求，整个流程逐渐渗透着与经济领域行为意义相关的个案实践与概念。

强制抚养/扶养/赡养可能只会使家庭中潜在的敌意凝固，但教育性鼓励可能引导人们承担起正常成人的责任。通常，我们发现抚养/扶养问题是丈夫和妻子或儿童和家长之间惩罚性态度的隐藏。对于不抚养/扶养/赡养的抱怨，可能包含不同层面的行为问题，如对儿童的拒绝、对父母的厌恶、对饮酒的抗议，有时还被视为女性在家务方面的掌控驱动，或是对成人责任的逃避，或对某些成员的深层次依赖。在法庭场景中，案主可能会像在其他地方一样，将自己的困难投射到其他人或其他因素上，而不是正视自我导向的可能性和自我的内在改变。家庭法庭处理的案件往往已达到需要进行个案工作方法治疗的晚期阶段，且必须启动法律程序。因此，我们开始理解权力运用的"临床"原则和动力原则。

为了社会的利益，相关权力部门可能会对某些群体限制自由并实施其他制裁。如今在权力部门中产生的个案工作相关问题，与公共救助个案工作中产生的问题几乎相同。解决权力环境问题的方法在于扩展和调适专业知识和技能，而非缩减。个案工作者对家庭场景的逐项分析，有助于产生家庭生活"解剖学"知识所必需的数据，这已成为权力机构运用方法的一部分。在个案工作中，运用权威的核心要素包括：对超我缺点（不良行为和性格障碍）本质的临床性理解；在必要时定义治疗必须取得进展的限制范围；工作人员作为服务提供方，必须真心喜欢案主，并对他们提升渴望和能力充满信心；对自己和对案主一样公平并审慎诚实。工作者不应与行为不良者串通，就像他不应过度介入案主的神经症中一样。随着案主学会信任这种关系，由此产生的建设性认同可能会增强案主人格中的意识。

在其他方面，如前面所述，监护不当的情况遵循同样的方法，即将儿童的问题视为家庭紊乱"症状"的一部分，并处理父母的态度等。大多数父母在确定法定责任时（不论是通过医院还是法院权威），通常不会再遭遇困难，相比之下，确定儿童的自愿安置地可能更为困难，而且这样的流程通常包含同样的动力。工作者必须随时与父母一起逐步处理这些决定。当前尝试让特定的孩子和父母共同参与法庭听证会的做法，确实值得进一步研究，以确保将分离视为客观事实，而非父母的拒绝。工作者很少运用个人权威，因此在处理精神疾病或无法应对的社会情况，包括通过承诺进行安置的个案时，如果能够熟练运用权威对客观现实进行干预，那么可能会减少父母的愧疚感和儿童的痛苦。限制和沮丧必然来自情境，而"规则"并非源自工作者。惩罚很少具有建设性，但如果必须运用惩罚，那么情境就需要具备相应的规则，且群体可能会参与制定和执行这些规则。通常这样能够更好地理解，当个体对他人权益进行侵犯时，可能会对其进行某种程度的客观惩罚。一般认为，工作者的惩罚动机对于任何有利结果来说都必须足够成熟，但实际上，人们还未充分研究惩罚的"治疗性"运用。

具有神经症人格的人，如成人"犯罪者"，无法通过意志努力放弃反社会行为，也无法符合社会标准，且其生活经历无法为自己的制裁做好准备。在权力性场景下，个案工作者必须从犯罪者行为的意义出发，就像医疗社会工作者会从疾病的意义着手一样。工作者必须理解防御机制，并将关系作为新的经历进行动态性运用，在此过程中，案主能够表达情感、减少恐惧，并因此减少通过敌对性攻击而产生的冲突释放。以此个案工作为基础，法院工作者能够继续帮助案主把握其所处情境的事实，在有利的情况下，帮助案主将其行为视为对自身恢复的促进或阻碍，并通过关系本身的支持，畅通其努力获得提升的社会机会渠道。

"犯罪者"属于对社会表现出对抗冲突的群体，可根据他们的行为或性格障碍进行普遍诊断性分类（Eisler，1949）。这些人具有低自我和弱意识结构，且在处理自己的冲动和生活需求上能力有限。如果缺乏足够的帮助和指导，行为障碍者就无法学会处理他们的本能希望。正如儿童通常"从某人"那里学习一样，缓刑官、法庭社会工作者和其他具有保护性功能的人士，必须充分理解行为动力，以及如何将谨慎、自恋且充满敌意的儿童带入治疗关系中。正如在所有儿童工作中一样，工作者必须接纳与理解，而不是参与犯罪或受其欺骗。所有儿童都难以承受沮丧，他们通常是自爱的，并且相信自己拥有神奇的无限力量。事实上，不是惩戒，而是青少年的现实情况、认同的流动性、成长的潜能以及遵循现代治疗的再教育和重新整合，为青少年点亮希望、筑梦未来。

少数人对于指导很抵触，当出现严重的忽视和病态时，就需要社区通过法院、社会工作者或其他官员的权威性介入。个案工作者偶尔需要求助于起诉，或将强制性承诺作为控制方法，但强迫性流程的运用并不属于"个案工作"的一般范围，且这样的职责通常由特定调查者，或具备保护性、恢复或其他准警务职能的工作者承担。但目前改善病态情境的路径大多是通过提供有保障的收入、社会机构的教育性咨询，以及农场代理或营养学家对健康问题和家庭咨询的关注。

家庭个案工作的"场域"，以及缓刑及假释的主要区别（Crystal，1949）[①]在于，案主作为直接的申请者或转介者，可能会自愿接受或拒绝所提出的治疗。而缓刑办公室的"案主"没有这种选择，但在情境中存在的权威事实并不必然意味着一种权威的关系。社会工作的特点是在机构和部门中持续性地

---

① "当缓刑官已经接受缓刑官和案主共同确定的社会事实，并且此社会事实不需要由他纠正时，缓刑官感到十分轻松。在缓刑官和缓刑者之间存在一个共同联结，并且在这个联结和区域中，有可能会运用个案工作的基本概念，其中包含了工作者的非批判态度，理解案主的整体人格，案主以及工作者的共同努力参与，以及接纳来到民办机构寻求帮助案主的个体选择。"

推进实践，并在工作者的工作中存在着政策和限制。权威是社会事实的一部分，缓刑官不仅需要接纳，也需要学习以积极而非消极的方式运用权威来帮助案主，同样，也可以将其他流程整合到个案工作中。

在受到严重虐待或被忽视的儿童个案中，当对儿童的承诺未获得父母同意，或当需要废除普通特权或合法权利时，法院是权威和保护的天然工具。如同在救济中，由于法定过程已完成社会化，那么偏见也会随之减少。资格可能以对"权威"的需要为基础，就像救助的资格基于对金钱的需要一样。不需要运用权威的个案将被转介到社区的公共或私立家庭，或儿童机构。这意味着，"非官方"个案或那些可以在法庭之外进行调解的个案可能会被转介到其他地方，且法庭可能会继续保留其职能，以防出现不合作、不服从或不胜任的情况。即便法院能够发展自己的"调解"服务，但如果能很好地处理福利领域的劳动分工，那么在大多数群体中并不一定需要此服务。在很多情况下，所谓的"保护性"工作揭示的是家庭力量的缺失，而非反社会范式。

法院判决至关重要，且具有重要的警务职能，但很少有充分理由将密集治疗的任务分配给警察局。儿童往往不是请求帮助的独立申请者，而是由父母、监护人和其他保护部门陪同前往机构寻求帮助。带有攻击性以及不良行为的儿童在寻求帮助前，必须面对并接受治疗，且熟练的工作者必须投入治疗中。训练有素的工作者建设性地行使警务职能的方式主要是参与观察、巡逻、检查、收集证据（家庭或邻里病状、帮派和个体犯罪、法律约束等），解读法律，以及理解控告儿童犯罪的成年人等。警察部门的义务是保护社会，现正以一种急救的方式延伸到最初始的犯罪预防中，即不以威胁或惩罚的方式逮捕罪犯，并对其进行适当的转介。对于十六岁以上的辍学青少年，需要特别关注和处理他们的不规律作息、性行为、街头斗殴、伤害和偷窃行为。

在这个过程中，工作者可能会动用不同类型的官方和非官方机构服务，因此这些机构之间必将更加频繁地共同合作。能力筛查和转介服务比控制或惩罚更为有效，正如不论是处理父母还是青少年的严重精神病和神经症，还是真实犯罪，都需要资源（医疗和社会资源、调查的科学资源和治疗资源），并且最重要的是预防。

### （二）医学和精神病学环境

在社会工作实践中，最早且最明确提出的"次要"环境是医院和诊所。这一环境的核心特征是与社会工作者的医生合作，以及共同关注治疗的目标和方法。因此，在综合性的讨论中，这部分内容会涵盖医学和精神病学的目标，以及社会工作在此领域中的专业能力。本书初步认为精神病学是一种"渗透"学科（Bartlett, Beckman, 1949），它贯穿于所有治疗及帮助性职业之中。医学本身也逐渐被精神病学的观点所渗透，如今，全科医生应具备的素质不仅包括对精神病理学的理解，还包含对正常人格和情绪反应的学习。

### （三）作为患者的个体

当个案工作在医学支撑下开始实践时，必须明确特殊的重点，因为机构的目标、人员配备及考虑主要以医学为目的，而非实现社会照顾。无论是在医疗机构内外，技能完善的个案工作者都必须理解症状的意义，从人格内部把握疾病的过程，了解残疾对社会功能的影响，并熟悉疾病中焦虑和依赖的典型表现。年轻的医生需要通过学会"将患者视为个体"来平衡其医学训练，而个案工作者则需要学会"将个体视为患者"。在严格的医务环境下，强调疾病和残疾意味着需要深化对身心合一的理解，加强对主要病理学症状、生理和心理过程及治疗的认识，同时评估维持或重获健康的可能性，并提供关于疾病和公共卫生的康复期、特殊治疗、晚期照护、沟通以及社区方面的服务。

美国医务社会工作始于1905年，它持续就社会残疾和残障对疾病的意义进行解释。从1918年正式开始（尽管之前有更早的先例），这一贡献通过精神病学社会工作得到强化，并结合20世纪最新建立的儿童指导运动，传播到所有个案工作领域。患者对疾病的焦虑、如何运用疾病满足人格需求、发挥自我角色以抵抗疾病并与之共存、运用疾病控制家庭关系，以及亲属如何在帮助患者和相似群体适应残疾时发挥可能的支持性或阻碍性角色，正逐渐成为个案工作的核心知识和技术。我们同样必须以生物（身体和精神）——社会的视角来看待心理社会个案（Cockerill, 1948）。

在所有的医学专业中，精神病学在考虑社会文化情况时最难与患者整体剥离开来。医学院校直到最近才开始强调社会和文化影响的重要性，并且通常介绍它们所存在的不足，但在儿童指导精神病学家以及许多个体医学实践者中，已经更加重视人际环境和更广泛的社会与文化影响。在发展性环境中，处理儿童行为问题的人员开始将儿童置于整体情境中。心理社会环境，特别是早期的家庭与父母环境，已逐渐成为重要的行为决定因素。在精神卫生介绍中，人们更注重强调情绪性或概念性环境，而非仅仅是物理性环境，无论是在医院内部还是外部环境。相比于医学，个案工作更容易受到精神病学主要观点的影响，特别是"动力"或精神分析心理治疗的观点。因此，任何接受过官方授权社会工作学院教育与训练的个案工作者，不仅具备操纵社会环境因素的知识和技术，也能够理解患者对身心疾病的情绪性反应，并着手实践。此外，工作者还需要学习许多特定知识，如心脏疾病、结核病、糖尿病、癌症，或躁郁症、精神分裂症和其他精神病的照护和治疗。只有了解这些特定知识，个案工作治疗才能完全适应医疗问题和目标。

个案工作者不仅必须联合患者人格的健康部分以对抗疾病或神经质，还需要开展新评估，聚焦于了解自我如何被削弱，以及依赖需求如何因疾病而加重。他们必须能够接受退化行为，而不是被反移情所吸引，陷入同情认同、逃避或退缩。工作者必须从新视角重新理解因失去而导致的创伤效应，如一个依靠工资为生者遭遇残疾、公共救助对象面临失业、对身体自恋、现实和想象中的残缺，以及因焦虑所导致的过度活动或无法活动。关系本身需要与临床考虑相适应，例如，对情绪支持的运用通常是一种重要工具，能够使患者不至于承受过多挫败感来接受残疾这一事实，并教导患者承担责任，积极参与医学治疗和项目服务。在精神分裂症患者身上，个案工作者需要不断检测患者移情脆弱而幼稚的本质以及他们的需求，因为他们担心受到拒绝。我们也必须理解偏执者如何倾向于操纵他人使之相互对抗，需要学习阻抗的脆弱本质，并了解其他相关变量。在个案工作中，如何将受伤的自我与现实利益连接起来，以及如何实现社会化和升华发展，如何保护和防御，这些原则和努力与其他领域都相似，仍需要根据医疗治疗目标持续调整方法。个案工作的时机也通常需要考虑医学层面的相关因素，并且在许多情况下，我们无法将其调整为常规化的一周一次或一周两次的面谈，而必须考虑入院治疗、出院规定和疾病本身的严重程度来进行调整。

慢性或间歇性残疾患者的亲属可能承担了家庭照顾的责任。如果他们能够释放并坦率地面对自己的恼怒感受以及照顾患者所承受的压力，那么他们在家庭中确实需要参与并承担相关协助工作。很多时候，家庭成员会因为对患者产生负面情绪而感到负罪，并倾向于用不良结果来压制这些情绪。通过解释与诠释，工作者能够说服亲属对患者表现得更加积极和现实，对患者或自己的期待应切合实际。若将疾病与坏事相提并论，可能会增加机构中负有被拒感的儿童的额外负担。我们可能会从对患病儿童的过度照顾、保护或抱怨治疗以及其他伪装中，发现问题行为儿童的父母的愧疚感和挫败感。家庭中因经济剥夺而产生的费用负担，可能会导致家庭成员对命运产生难以压抑的愤怒。如果工作者没有及时进行疏导和处理，那么所产生的结果甚至可能会毁灭整个家庭生活。工作者在不同情境中与儿童亲属交往后意识到，要治疗一个儿童，但父母存在潜意识层面的反对，这是非常困难的。

### （四）临床团队和社会工作角色

治疗不能被过度部门化。无论我们将护士、社会工作者和技术员的服务视为"附属"还是"合作"，方法的整合都必须以患者照护为目的。在治疗个案时，需要与医生保持相同的聚焦和目标，因此该过程也部分具有医疗或精神治疗情境的独特性。个案工作者对医疗或精神治疗团队的主要贡献在于其专业能力。笔者认为，未来在某一天，在教育部门、法院和医疗机构中，专业人员将统称为"社会工作者"，而不是"缓刑犯监督官"，或者带有连接符号而冗长笨拙的"学校""精神治疗"或"医务"社会工作者。工作者一旦进入临床领域，机构与部门团队合作的理念就已经在其训练中得到同化，并打算基于此进行明确的聚焦并发挥独特贡献。早期的工作者精通于处理环境性条件，但现代教育体系下的毕业生已经大量学习了疾病和康复的生理和病理因素。即便如此，社会工作者对医学团队的主要贡献仍在于在研究和治疗中强调心理社会和家庭要素，他接近"患者群体"的方式，始终以患者的需要和康复为导向。在传染性疾病的个案和心理遗传学问题中存在一些例外情况，它们可能会涉及整个家庭单位，并且有时会将家属作为主要的治疗对象，但通常来说，照顾的主要焦点是医学患者。

在医院环境中，工作者有责任帮助患者为焦虑的经历提前做好准备，这些经历包括复杂的治疗和检查、不熟悉的流程和让人害怕的术语。在很多情况下，他不仅负责搜集医学或发展性病史，还包括社会史，同时承担调查所有家庭和社会背景的主要责任。这些信息能够形成对重要因素和相互关系的动态描述，用于诊断、治疗、出院和跟踪。尽管搜集社会史在精神病学环境下可能不像早些时期那样常规化，但大部分是在接案或接收过程中，评估案主身上的直接社会压力，并对医院或临床角色进行解读。工作者也可能将申请者引介至其他适合的医疗或社会场所，但在医疗情境中，工作者很少需要承担接收过程的责任，除非个案是由医生转介而来，或者此任务可能分配给特殊的诊所和服务。身心史或精神病学史更关注症状、病理学和疾病的发作与反应等，而不是处理心理社会要点，而社会工作所强调的重点不在于细节，而在于对关系的熟练运用，以获得尽可能不失真的描述。在所有情境下，工作者与案主在前期接触时需要对相关历史进行搜集，面谈的技巧决定了时机、顺序和对某些数据的推迟，并影响了案主与工作者及机构的关系。

为了参与医疗计划和继续进行治疗，工作者的角色会根据问题的本质而发生变化。通常，社会工作者能更深入地参与到慢性残疾、身体和情感问题的个案中，而非急性病或简单手术的个案，除非出现某些特殊情况，例如，他可能会在个案中母亲住院时，积极参与到家政的紧急计划、康复安排中去。传统上，工作者的主要责任在于患者群体内部（Garrett, 1949）[①]，以尝试调适亲属对主要患者的态度。现在，随着家庭照护项目的开创，以及对亲属建构性或破坏性角色的认识更为清晰，医生和精神病学家得以通过选择性面谈，更自由地参与到这样的家庭关系中；反之，社会工作者可能会选择同患者进行选择性或周期性面谈。就团队成员问题进行特定的面谈，并不比重点和目标更重要。尽管制定医学诊断的临床和心理遗传学诊断基本上是医生的责任，但现代动力诊断可能会对社会工作者的贡献提出要求，因为从一开始，工作者就在观察人格的社会功能，刺激、支持并建立自我力量。目前，必须在康复中运用社区资源、就业、安置、经济救助，以及其他服务，这恰恰是个案工作者的考虑；但如果工作者想要帮助案主适应残疾和社会情境的相关事实，那么所有社会工作者必须首先理解焦虑、依赖和防御性结构。

---

[①] 早期尝试解决钟摆问题是对劳动分工的尝试，将所有外在因素分配给个案工作者解决，所有内在因素分配给精神病学家处理。因此，早期在儿童指导诊所的工作是以精神病学的工作思想作为基础，儿童问题可能会被精神病学家搁置，而个案工作者可能主要处理环境性因素。这一情况发生的原因之一，在于儿童的主要环境性因素是母亲。人们很早就发现的是，虽然可以控制环境的其他方面如住房和娱乐环境，但却难以"操纵"母亲。

无论社会工作者是否在医疗机构，都必须参与"精神疗法"的说法仍然存在争议，并且似乎已经成为语义学上的问题。实际上，当工作人员具备从业资格时，他们会从事各种类型的心理治疗。有些群体会基于生物心理动力学和接受治疗的个人需要，将精神疗法的实践限制在纯粹的医疗事业内部，以实现情绪健康的提升。在这个观点中，"精神病学家监督下的辅助性专业服务可能包含了心理治疗方面的努力"。其他人可能会将精神疗法限制于对"潜意识的系统化探究"，此观点似乎将其等同于精神分析。尽管如此，包括作者在内的其他人仍认为，精神分析原则可能会与有着不同精神治疗目标的其他疗法相适应。

由于最基本的移情是精神疗法中的主要动力，对其运用并非仅限于指导医生之中；如果所有在医务情境中的专业人员都共同享有治疗性态度，并建立相互信任的关系，那么患者更有可能从中得到改善。除此之外，个案工作者必须参与到治疗项目中，其中包括释放、建议、支持、环境操控、澄清，以及一定程度的残疾觉察和残疾意义探讨。在大多数有限目标精神疗法中，工作者通过意识或可能成为意识的心理衍生物，来处理欲望的潜意识感受、敌对的攻击以及依赖。对死亡和无能的担心，像其他恐惧一样折磨着患者；但如果能够让他们充分表达这些担心，并且将其与项目、情境和家庭互动的现实联系起来，那么有时候就能够降低这些焦虑。另一方面，像精神病患者一样，当案主的非理性冲动靠近表面并即将冲破表面时，工作者必须知道如何帮助患者压制这些冲动并继续生活。

不论是在医疗机构的内部还是外部，精神疗法必须在与精神病学有责任关系的情况下进行，但这并不妨碍那些已经具备资格并做好准备的个案工作者开展适当的活动。在有治疗功能的社会机构中，精神病医师担任职员。然而，在医疗环境或社会机构中，或者在一个医疗机构和另一个机构之间开展心理治疗实践时，功能分化的性质确实会有所不同。在医疗情境下，"团队"通常以医生为领导，并且即便在精神病学家、护士、技师和社会工作者之间对疗法的某些方面拥有授权或进行相互共享，那么这些情况的发生也是为了合作，使不同的角色功能愈发明确，即医院社会工作者的最大价值在于他掌握了社会治疗方面的知识。

在社会机构中，所有治疗由个案工作者执行，通常最开始由案主申请社会服务；但如果精神疗法允许，工作者可以帮助案主认识自己的安置情况，并分享现在已经出现的治疗问题和目标。接着，案主可能被转介到医疗机构或者精神分析学家处接受治疗，或者可能会在机构内部接受来自具备资质的社会工作者的治疗。神经质平衡中的个案，与在许多不安定家庭中没有急性症状形成（除了将儿童视为"病症"）的个案一样，这些神经性人格通常以社会问题为代表来表达他们的冲突（长期以来一直是社会工作的范畴），即使没有其他理由，出于实际考虑也必须由社会机构继续处理。现在在很多家庭机构和儿童指导诊所中，我们也经常能够见到对家庭关系问题治疗提出直接申请的情况。工作者在治疗时必须筛查出案主的精神疾病、心身疾病和严重的精神神经机能病，并将其通常转介到医疗部门。在职或待命的精神科顾问在诊断中担当着不可或缺的角色。

即使当个案工作者与主要患者的接触很少时，若为了促进医疗和精神治疗，工作者也必须参与到治疗性层面。并且如果有必要，工作者在与患者家属共事时，必须持续性地使用特定的治疗性技术来鼓励患者成长，减少焦虑和挫折，改变对患者的不利态度，并促进营造精神健康的氛围。对患者提供辅助治疗方面的支持，使工作者作为代表对亲属进行治疗具有合理性。这时，亲属可能会被转介到精神病学家处（机构内或外），或者可能在特殊的情况下，亲属会接受工作者和主要负责的精神病学家或医生的联合会诊。当家庭在接受个案工作服务的同时，也接受心理分析和其他治疗时，合作的作用能够处理特殊的情况；但这些合作者似乎并不会以处理不可逾越的障碍为目标，且正愈发熟练地掌握和控制社会调适和精神治疗技术。正如鲍尔·费德恩博士（Paul Federn）[1]所指出的："弗洛伊德的工作对于处理人类思维和人格特质科学学科中所有常见任务都有重要贡献，它造福全人类。"

在任何情境中，个案工作者最关心的是案主将神经症冲突投射或转移到其情境中的个人或环境上。任何形式有限精神疗法的目标，并不主要是通过洞察来改变患者的神经质人格，而是运用以澄清为目标的移情实现自我增强，激发患者的充分参与来操纵外在环境。社会工作者在面谈性治疗中不仅处理案主对情境的反应，还处理环境中的事实本身。工作者主要通过在病房或诊所的面谈，在家庭、学校、工作场所的访视，或与其他机构的磋商获取知识，并将这些特定的知识和技能融入医疗或精神病学计划的诊断和结论之中。无论工作者的主要工具是直接治疗还是社会治疗，诠释都与重要的经验相关联，这种重要经历包括以维持或强化自我为目标的事件、态度和行为。

## 五、资格与角色

鉴于心理学在医学和社会工作领域的不断发展，我们不能永久地限定每个实践者的职责和角色，正如我们不希望医生仅局限于心理生物学领域，而忽视社会因素的重要性。然而，强调多学科合作意味着需要明确各自的贡献，而非削弱各自的作用。我们认识到，要有效治疗疾病或对行为产生治疗性影响，必须大量储备相关学科以及物理和社会科学的知识与技能。因此，在医学情境中行之有效的合作准则，同样适用于法院、学校和其他机构。

显然，在社会机构中，与精神病学家的合作对于辅助诊断、制定治疗性目标以及提供其他咨询至关重要。值得注意的是，精神病学家并非在"督导"工作者，而是提供专业咨询。开展精神治疗的工作者必须接受集中而广泛的督导，作为高级训练的一部分，并且这种咨询必须持续有效。社会工作专业

---

[1] 来自于《犯罪者的探照灯》的致辞，向奥古斯特·艾克霍恩（August Aichhorn）致敬。

的学生在实地工作中接受督导，以准备吸收和同化心理知识，并学会如何在面谈中运用自我。如果社会工作者无法在医院中提供最优服务，那么精神病学的咨询也无法发挥最佳作用。因此，各专业的培训学校应设置补充性课程，以增进对整体人类行为的理解，并发展人际沟通的语言和技术。在非医疗环境中，主要通过机构的标准与政策、高质量的实践与督导、专业化素质以及定期聘用精神科医生来提供保障。

社会工作中的私人实践问题复杂多样，无法在此详细探讨。但在福利领域，如同其他专业一样，机构、部门和团体的实践形式似乎正在稳步增长。这可能会促使社会工作从典型的机构实践转向更多个体性实践。当然，工作的薪酬和条件应足以吸引并留住高水平的社会工作者。同样明显的是，如果精神疗法以个体性实践存在，那么工作者必须接受严格且详尽的训练，必须严格规定许可资格并建立准入机制。民间机构的合理收费、团体成员资格和保险计划与健康和工业领域相类似，未来发展趋势充满希望。

当前专业教育的主要任务是将社会工作的典型流程与更宏观的社会福利目标相结合。这需要在核心技术学科（如个案工作、小组工作、社区工作、行政和研究）与社会科学中的实质性知识（包括哲学、历史以及密切相关的专业如医学、法律和教育）之间找到有效平衡。现今社会工作的发展趋势是摒弃领域专业化的狭隘视角，而广泛考虑社会工作的通用基础。虽然专业化已在学校得到深入研究，但培训服务项目本身正使社会工作更多地朝行政、督导和高级实务方向发展，其中的治疗性强调只是众多可能性之一。随着当前收益的巩固，可能会产生其他专业化方式。毫无疑问，博士阶段的专业教育必须变得更加通用，更加强调视角、价值以及研究对方法和共同知识库的贡献。

## 六、总结

在前面的章节中，我们已尝试展示个案工作如何以典型方法关注个体对不断变化环境的适应。尽管科学是否能在最终的宪法层面、经济层面或其他决定论上达成一致尚存疑问，但实事求是地说，社会过程因其无限变化因素而显得相对不确定。灵活性、变化和运动是社会互动的本质。社会工作者密切关注的行为是人类有机体尝试适应的核心。尽管我们无法捕捉完整的因果解释，因为它们由无数组成部分构成，但通过行为，我们可能对个体及其文化产生真实但有限的理解。正如梅（May，1936）所指出，"人类问题无法被有效地分类以匹配科学的传统分区，而生物科学则倾向于忽略个体的文化和社会科学方面"。

个案工作者运用心理决定性因素的相关知识来激励案主做出更有创造性的选择；帮助他们承担对自己、家庭和社区的社会责任；减轻压力和焦虑；修正自我责备的行为和无能感；在真实的经济和文化环境中，通过理解和支持，减少案主在社会关系中的攻击性、焦虑、僵化和投射行为。个案工作研究的未来在于进行理论检验，研究神经质人格认同对群体和社区经验运用能力的影响，或者在谋生、家务和其他活动中的焦虑—敌意模式。实验性、精神分析心理学以及统计性和个案研究发现表明，如果学科的发展旨在最大化其贡献，那么社会科学不能再以平行且单独的学科发展方式进行推进。对家庭和其他初级单位的深入研究证实，这可能与对国家和政治运动中群体认同的理解相关联。

正如社会工作有时所遭受的指责那样，我们不应通过自偿性测试来评估其价值。社会工作的目的和历史基础仍在于在人际关系中培养爱而非敌意。只有当社会工作的目标得到接纳而非否定时，它才能释放出创造性能量。政治民主只有基于公民福利才能生存，但这种福利不能直接发放或传递，而必须通过全体民众的开明参与来逐步实现。的确，社会工作仍致力于提供福利"商品"——如救助、儿童寄养、机构照护、娱乐和邻里活动等，但这并非其唯一目的。它深切关注项目、社会计划和社会变革，这些可以促进更好的社会秩序，但这也并非其全部贡献。劳动力在工业中的参与、员工在管理部门中的参与、群体在自身教育中的参与、社区在社会计划中的参与，以及可靠与负责的力量在社会行动中的参与——只有当这些群体能够自我决定、相互合作并实施利他行为时，才具有建设性。这些运动相互依存、共生发展，其根本在于个体通过家庭与群体环境的社会化过程逐步形成健全的人格与社会角色，从而推动社会的和谐与进步。

# 参考文献

ABBOTT E, 1940. *Public Assistance*: *American Principles and Policies* [M]. Chicago: Russell & Russell.

ABBOTT G, 1938. *The Child and the State* [M]. Chicago: University of Chicago Press.

ACKERMAN N W, 1937. Constructive and Destructive Tendencies in Children [J]. *The Journal of Nervous and Mental Disease* (7): 301-319.

ACKERMAN N W, 1940. Technique of Therapy [J]. *American Journal of Orthopsychiatry* (10): 665-680.

ACKERMAN N W, 1944a. Dynamic Patterns in Group Psychotherapy [J]. *Psychiatry* (7): 341-348.

ACKERMAN N W, 1944b. Psychotherapy and Giving Love [J]. *Psychiatry* (7): 129-138.

ACKERMAN N W, 1945. What Constitutes Intensive Psychotherapy in a Child Guidance Clinic? [J]. *American Journal of Orthopsychiatry* (15): 711-720.

ADDISS L, GUILFORD E, 1937. Home Economics Service in Family Agencies [J]. *The Family* (18): 16-19.

AICHHORN A, 1935. *Wayward Youth* [M]. New York: Viking Press.

ALEXANDER F, FRENCH T M, 1946. *Psychoanalytic Therapy* [M]. New York: The Ronald Press Company.

ALEXANDER F, HEALY W, 1935. *Roots of Crime* [M]. New York: Alfred A. Knopf.

ALEXANDER F, STAUB H, 1931. *The CriminaL, the Judge, and the Public* [M]. New York: MacMillan.

APTEKAR H, 1949. The Use of Private Psychiatrists by a Social Agency [J]. *Jewish Social Service Quarterly*:381-394.

AUSTIN L N, 1948. Trends in Differential Treatment in Social Casework [J]. *The Journal of Social Casework* (29): 203-211.

BARTLETT H M, 1940. *Some Aspects of Social Casework in a Medical Setting* [M]. Chicago: American Association of Medical Social Workers.

BARTLETT, H M, BECKMAN, W W, 1949. Teaching of Social and Environmental Factors in Medicine [Z]. *American Association of Medical Social Workers' Bulletin*.

BENEDICT R, 1934. *Patterns of Culture* [M]. Boston: Houghton Mifflin company.

BERGSON, H L, 1911. *Creative Evolution* [M]. New York: Macmillan.

BERNARD V W, 1944. Psychodynamics of Unmarried Motherhood in Early Adolescence [J]. *The Nervous Child* (4): 26-45.

BETTELHEIM B, SYLVESTER E, 1947. Therapeutic Influence of the Group on the Individual [J]. *American Journal of Orthopsychiatry* (17): 684-692.

BIBRING E, 1949. Psychotherapy and Casework [J]. *Journal of Social Casework* (30): 219-259.

BIBRING G L, 1949. Psychiatry and Social Work [J]. *Journal of Social Casework* (30): 203-211.

BIBRING G L, 1950. Psychiatric Principles in Casework [J]. *Principles and Techniques in Social Casework*: 370-379.

BIBRING G L, MICHAELS J J, 1947. Psychiatry and Social Work [J]. *The Journal of Social Casework* (30).

BOWERS S, 1949. The Nature and Definition of Social Casework [J]. *Journal of Social Casework* (30): 311-317, 369-375.

BROWN E L, 1938. *Social Work as a Profession* [M]. New York: Russell Sage Foundation.

BROWNING G, 1948. Public Administration and Human Welfare [J]. *The Social Service Review* (22): 10-19.

BRUNO F J, 1936. *The theory of Social Work* [M]. New York: Heath And Company.

BRUNO F J, 1948. *Trends in Social Work* [M]. New York: Columbia University Press.

BUHLER C, 1933. *The Social Behavior of Children* [M] //MURCHISON C. A Handbook of Child Psychology. Russell & Russell/Atheneum Publishers.

BUHLER C, 1935. *From Birth to Maturity* [M]. London: Kegan PauL, Trench, Trubner & Co.

BURNS E M, 1949. *The American Social Security System* [M]. Boston: Houghton And Mifflin.

CABOT R C, 1919. *Doctor and Social Worker* [M]. Boston: Houghton Mifflin Harcourt.

COCKERILL E, 1948. Casework and the New Emphasis on an Old Concept in Medicine [J]. *Proceedings of National Conference of Social Work*: 284-292.

COLCORD J C, 1939. *Your Community: Its Provision for Health, Education,*

*Safety, and Welfare* [M]. New York: Russell Sage Foundation.

COLEMAN J V, 1947a. Psychiatric Consultation in Case Work Agencies [J]. *American Journal of Orthopsychiatry* (17): 533-539.

COLEMAN J V, 1947b. The Teaching of Basic Psychotherapy [J]. *American Journal of Orthopsychiatry* (17): 622-627.

COLEMAN J V, 1949. Distinguishing between Psychotherapy and Casework [J]. *Social Casework* (30): 244-251.

COYLE G, 1948. *Group Work with American Youth* [M]. New York: Harper & Row Publishing.

CRYSTAL D, 1949. Family Casework in Probation [J]. *Federal Probation* (13): 47-53.

DAWLEY A, 1937. Professional Skills in Intake Service [C] //Proceedings of the National Conference of Social Work, Chicago: The University OF Chicago Press: 255-265.

DAY F R, 1935. *A Study of Case Work Practice* [M]. Diagnostic and Treatment Processes in Family Social Work, Family Welfare Association of AmericA, New York: The Association: 14-25.

DAY F R, 1936. Social Case Work and Social Adjustment [J]. *The Family* (17): 197-204.

DE SCHWEINITZ E, DE SCHWEINITZ K, 1948. The Contribution of Social Work to the Administration of Public Assistance [J]. *Social Work Journal* (29): 108-113, 153-162.

DE SCHWEINITZ K, 1948. *People and Process in Social Security* [M]. Washington: American Council on Education.

DEUTSCH F, 1949. *Applied Psychoanalysis* [M]. New York: Grune & Stratton.

DEUTSCH H, 1944. *The Psychology of Women, 2 vols* [M]. New York: Grune

& Stratton.

DEWEY J, 1935. *Liberalism and Social Action* [M]. New York: G.P. Putnam.

DEWEY J, 1938. *Experience and Education* [M]. New York: Free Press.

DOLLARD J, 1935. *Criteria for the Life History* [M]. New Haven: Institute of Human Relations.

DUNBAR F, 1943. *Psychosomatic Medicine* [M]. New York: Norton.

DUNBAR, F, 1938. *Emotions and Bodily Changes. 2d ed* [M]. New York: Columbia University Press.

EISLER K R, 1949. *Searchlights on Delinquency* [M]. New York: International Universities Press.

ENGLISH O S, PEARSON G H J, 1945. *Emotional Problems of Living* [M]. New York: W. W. Norton.

Family Service Association of AmericA, 1945. *Primary Behavior Disorder in Children--Two Case Studies, by Staff Members, Jewish Board of Guardians* [M]. New York: Family Service Association of America.

Family Service Association of AmericA, 1946. *Personalized Care for the Aged Client* [M]. New York: Family Service Association of America.

Family Service Association of AmericA, 1947. *Developing Insight in Initial Interviews, by Alice L. Voiland, Martha Lou Gundelach, and Mildred Croner* [M]. New York: Family Service Association of America..

Family Service Association of AmericA, 1949a. *Techniques of Helping Children* [M]. New York: Family Service Association of America..

Family Service Association of AmericA, 1949b. *Family Counseling-Practice and Teaching, by Frances Taussig, M. Robert Gomberg, Frances T. Levinson* [M]. New York: Family Service Association of America..

Family Service Association of AmericA, 1950. *Practice of Casework in Public*

*Agencies* [M]. New York: Family Service Association of America.

Family Service Association of AmericA, 1950a. *Diagnosis and Treatment of Marital Problems* [M]. New York: Family Service Association of America..

Family Service Association of AmericA, 1950b. *A Comparison of Diagnostic and Functional Casework Concepts* [M]. New York: Family Service Association of America..

FENICHEL O, 1945. *Psychoanalytic Theory of Neurosis* [M]. New York: W W Norton & Co.

FINLAYSON A D, 1937. The Diagnostic Process in Continuing Treatment [J]. *The Family* (18): 228-233.

FITCH J A. 1939. *Social Action* [M] //The Social Work Year Book: 398-401.

FRENCH L M, 1940. *Psychiatric Social Work* [M]. New York: The Commonwealth fund.

FRENCH T M, Ralph O, 1944. *Psychoanalytic Orientation in Case Work* [M]. Family Service Association of America.

FREUD A, 1932. Child Analysis [J]. *The Survey Graphic* (68): 389-399, 414-415.

FREUD A, 1937. *The Ego and the Mechanisms of Defence* [M]. London: Hogarth Press.

FREUD A, 1946. *The Psycho-analytical Treatment of Children* [M]. London: Imago Publishing Co.

FREUD S, 1924. *Collected Papers. 4 vols* [M]. London: The Hogarth Press.

FREUD S, 1935. *A General Introduction to Psychoanalysis* [M]. New York: Horach Liveright Publisher.

FREUD S, 1938. *The Basic Writings of Sigmund Freud* [M]. New York: Modern Library.

FREUD S, 1927. *The Ego and the Id* [M]. London: The Hogarth Press.

FUTTERMAN S, 1946. *Ego Strengths and Therapy* [Z]. Newsletter A.A.P.S.W.

GARRETT A, 1943. *Interviewing: Its Principles and Methods* [M]. New York: Family Service Association of America.

GARRETT A, 1949. Historical Survey of the Evolution of Casework [J]. *Social Casework* (30): 219-229.

GREENACRE P, 1945. The Biological Economy of Birth [J]. *The Psychoanalytic Study of the Child* (1): 31-51.

HAMILTON G, 1928. *Contribution of Social Case Work to Modern Life* [M] // RICH M E. Family Life Today Boston: Houghton Mifflin Company: 193-207.

HAMILTON G, 1937. Basic Concepts in Social Case Work [J]. *The Family* (18): 147-156.

HAMILTON G, 1938. Case Work in Old Age Assistance, Case Work with the Aged [J]. *Family Welfare Association of America*: 1-7.

HAMILTON G, 1946. *Principles of Social Case Recording* [M]. New York: Columbia University Press.

HAMILTON G, 1947. *Psychotherapy in Child Guidance* [M]. New York: Columbia University Press.

HAMILTON G, 1949. Helping People——the Growth of a Profession [Z]. *Anniversary Papers of the New York School of Social Work and the Community Service Society of New York*.

HEALEY W, 1936. *AUGUSTA B. New Light on Delinquency and Its Treatment* [M]. New Haven: Yale University Press.

HEYMAN M M, 1949. Some methods in direct casework treatment of the schizophrenic [J]. *Journal of Psychiatric Social Work* (19): 18-24.

HOLLIS F, 1938. Individualized Service to Families in the Private Agency [J]. *The Family* (19): 181-187.

HOLLIS F, 1939. *Social Case Work in Practice: Six Case Studies* [M]. New York: Family Welfare Association of America.

HOLLIS F, 1939. Some Contributions of Therapy to Generalized Case Work Practice [J]. *The Family* (15): 328-334.

HOLLIS F, 1949. *The Techniques of Casework* [M]. Principles and Techniques in Social Casework, New York: Literary Licensing, LLC: 412-426.

HOLLIS F, 1949. *Women in Marital Conflict; a Casework Study* [M]. New York: Family Service Association.

HOWARD D, 1947. The Changing Role of Public Assistance [C]. *Proceedings of National Conference of Social Work*: 154-162.

HUNT J M, 1947. Measuring the Effects of Social Casework [J]. *Transactions of the New York Academy of Sciences* (9): 78-88.

HUNT J M, 1948. Measuring Movement in Casework [J]. *Journal of Social Casework* (29): 343-351.

HUNT J M, Margaret B, Leonard S K, 1950. A Field-test of the Movement Scale [J]. *Journal of Social Casework* (31): 267-277.

HUTCHINSON D, 1943. *In Quest of Foster Parents* [M]. New York: Columbia University Press.

ISAACS S, 1933. *Social Development in Young Children* [M]. New York: Routledge.

JOHNSON A, 1950. A Contribution to Treatment of Superego Defect [J]. *Social Casework* (21): 135-145.

JOSSELYN I M, 1948. The Caseworker as Therapist [J]. *The Journal of Social Casework* (29): 351-355.

KARDINER A, 1936. The Role of Economic Security in the Adaptation of the Individual [J]. *The Family* (17): 187-197.

KARDINER A, 1937. Influence of Culture on Behavior [J]. *Social Work Today* (4): 13-16.

KARDINER A, 1939. *The individual and his society* [M]. New York: Columbia University Press.

KING E S, 1939.*Social Service Exchanges* [M]. Social Work Year Book，New York: Oxford University Press: 422-424.

KLEIN P A, 1938. *A Social Study of Pittsburgh* [M].New York:Columbia University Press.

KLEIN P, 1939. *Social Welfare Planning* [M]. Social Work Year Book，New York: Oxford University: 424-430.

KLUCKHOLN C, MURRAY H A, 1948. *Personality in Nature, Society, and Culture* [M]. New York: Alfred A. Knopf.

KNOEPFMACHER L, 1946. Child Guidance Work Based on Psychoanalytic Concepts [J]. *The Nervous Child* (5): 178-198.

KOEHLER W, 1929. *Gestalt-Psychology* [M].New York: Liveright.

LAWTON G, 1943. *New Goals for Old Age* [M]. New York: Columbia University Press.

LAWTON G, 1946. *Aging Successfully* [M]. New York: Columbia University Press.

LEE P R, 1937. *Social Work as Cause and Function and Other Papers* [M]. New York: New York School of Social Work.

LEE P R, 1929. KENWORTHY M E. *Mental Hygiene and Social Work* [M]. New York: Commonwealth Fund.

LEVY D M, 1937. Attitude Therapy [J]. *American Journal of Orthopsychiatry*

(7): 103-113.

LEVY D M, 1939. Release Therapy [J]. *American Journal of Orthopsychiatry* (9): 713-736.

LEWIS N, OACELLA B L, 1945. *Modern Trends in Child Psychiatry* [M]. New York: International Universities Press.

LIEBERMAN J, 1938. *New Trends In Group Work* [M]. New York: Association Press.

LINDEMAN E C, 1936. *Social Discovery* [M]. New York: Republic Publishing Company.

LINDEMAN E C, 1945. *Social Education* [M]. New York: New Republic, Inc.

LIPPMAN H S, 1939. Child Analysis [J]. *American Journal of Orthopsychiatry* (9): 707-712.

LIPPMAN H S, 1945. Treatment of Juvenile Delinquents [C]. *Proceedings of National Conference of Social Work*: 314-323.

LITTLE R, 1949. Diagnostic recording [J]. *Social Casework* (30): 15-19.

LOU H H, 1927. *Juvenile courts in the United States* [M]. Chapel Hill: University of North Carolina Press.

LOWREY L G, 1937. Objectives in Social Case Work [J]. *The Family* (18): 263-268.

LOWREY L G, 1938. Current Concepts in Social Case Work [J]. *Social Service Review* (7): 365-373, 571-597.

LOWREY L G, 1950. *Psychiatry for Social Workers*, 2ed [M]. New York: Columbia University Press.

MAEDER L R M A, 1941. Diagnostic Criteria-The Concept of Normal and Abnormal [J]. *The Family* (12): 171-179.

MARCUS G F, 1929. *Some Aspects of Relief in Family Casework* [M]. New

York, Literary Licensing, LLC.

MARCUS G F, 1938. Social Case Work and Mental Health [J]. *The Family* (19): 99-105.

MAY M, 1936. Is There a Science of Human Relations? [J]. *The Family* (17): 139-144.

MCLEAN H V, 1946. Psychodynamic Factors in Racial Relations [J]. *The Annals of the American Academy of Political and Social Science* (244): 159-166.

MENNINGER K A, 1938. *Man against Himself* [M]. New York: Harcourt Brace And Company.

MENNINGER K A, 1945. *The Human Mind*, New York: Alfred A. Knopf.

MILLAR M W, 1939. Common and Specialized Services in Family and Children's Agencies [J]. *The Family* (20): 222-228.

MILLSPAUGH A C, 1935. *Public Welfare Organization* [M]. Washington: Brookings Institution.

MOWRER O H, CLYDE K, 1944. *Dynamic Theory of Personality* [M] // HUNT, J M. Personality and The Behavior Disorders.

NEUMANN F, 1945. The Use of Psychiatric Consultation by a Case Work Agency [J]. *The Family* (26): 216-220.

NEUSTAEDER E, 1930. The Integration of Economic and Psychological Factors in Family Case Work [C]. *Proceedings of the National Conference of Social Work*: 198-216.

NEWSTETTER W I, 1935. What is Social Group Work [C]. *Proceedings of the National Conference of Social Work*: 291-299.

PEABODY F W, 1928. *The Care of the Patient* [M]. Cambridge: Harvard University Press.

PERLMAN H H, 1949. Generic Aspects of Specific Casework Settings [J]. *Social Service Review* (23): 293-301.

PLANT J S, 1937. *Personality and Cultural Pattern* [M]. New York: Commonwealth Fund.

PRAY K L M, 1938. *New Emphases in Education for Public Social Work* [M] //ROSA W. Method and Skill in Public Assistance: 88-100.

PRAY K L M, 1945. The Place of Social Casework in the Treatment of Delinquency [J]. *The Social Service Review* (19): 235-248.

Principles and Techniques in Social Casework, 1950. *Selected Articles* [M] // Social Casework, New York: Praeger.

RENNIE T A C, 1948. *Mental Health in Modern Society* [M], New York: Commonwealth Fund.

REYNOLDS B C, 1934. Between Client and Community [J]. *Smith College Studies in Social Work* (1): 128.

REYNOLDS B C, 1938. Rethinking Social Case Work [J]. *Social Work Today* (5): 5-8.

RICHMAN L, 1949. New Needs and New Approaches in Foster Care [J]. *Jewish Social Service Quarterly*: 308-318.

RICHMOND M E, 1917. *Social Diagnosis* [M]. New York: Russell Sage Foundation.

RICHMOND M E, 1922. *What is Social Case Work?* [M]. New York: Russell Sage Foundation.

RICHMOND M E, 1930. *The Long View* [M]. New York: Russell Sage Foundation.

ROBINSON G C, 1939. *The Patient as a Person* [M]. New York: The Commonwealth Fund.

ROSS H, JOHNSON A M, 1946. The Growing Science of Casework [J]. Journal of Social Casework (27): 273-278.

RSDL F, 1943. Group Psychological Elements in Discipline Problems [J]. *American Journal of Orthopsychiatry* (13): 77-81.

RSDL F, 1944. Diagnostic Group Work [J]. *American Journal of Orthopsychiatry* (14): 53-67.

RSDL F, 1948. Resistance in Therapy Groups [J]. *Human Relations* (1): 307-320.

SCHMIDL F, 1949. On Contact with the Second Partner in Marriage Counseling [J]. *Journal of Social Casework* (30): 30-36.

SIMCOX B, 1947. The Social Service Exchange, Parts I-II [J]. *Journal of Social Casework* (28): 331-337, 388-395.

SLAVSON S R, 1938. The Group in Development and in Therapy [C]. *Proceedings of the National Conference of Social Work*: 339-349.

SLAVSON S R, 1943. *An Introduction to Group Therapy* [M]. New York: Commonwealth Fund.

SLAVSON S R, 1946. *Recreation and the Total Personality* [M]. New York: Association Press.

Social Case Work. 1928. Generic and Specific [R]. A Report of the Milford Conference, American Association of Social Workers, New York.

SOUTHARD E E, JARRETT M, 1922. *The Kingdom of Evils* [M]. New York: Macmillan.

STEVENSON G S, 1936. Problems of Growth in Family Case Work [J]. *Social Service Review* (5): 424-36.

STEVENSON G S, SMITH G, 1934. *Child Guidance Clinics* [M]. New York: The Commonwealth Fund.

SYTZ F, 1946. The Unit of Attention in the Case Work Process [J]. *Journal of Social Casework* (17): 135-139.

TAFT J, 1937. The Relation of Function to Process in Social Case Work [J]. *Journal of Social Work Process* (3): 1-18.

TAFT J, 1939. Function and Process in Psychiatric Social Work [Z]. Newsletter 4 (American Association of Psychiatric Social Workers): 3-10.

THORNTON J, 1937. *The Social Component in Medical Care* [M]. New York: Columbia University Press.

THURSTON H, 1930. *The Dependent Child* [M]. New York: Columbia University Press.

TOUNG L R, 1947. Helping an Unmarried Mother to Make a Decision about Her Baby [J]. *The Journal of Social Casework* (28): 27-34.

TOUNG L R, 1950. Placement from the Child's Point of View [J]. *Journal of Social Casework* (31): 250-55.

TOWLE C, 1936. Factors in Treatment [C]. *The Proceedings of the National Conference of Social Work*: 179-191.

TOWLE C, 1941. The Underlying Skills of Casework Today [C]. *The Proceedings of the National Conference of Social Work*: 254-266.

TOWLE C, 1945. Common Human Needs [Z]. Social Security Board, Bureau of Public Assistance, United States Government Printing Office, Washington, D.C..

TOWLE C, 1946. Social Casework in Modern Society [J]. *Social Service Review* (20): 165-179.

TOWLE C, 1948. Helping the Client to Use His Capacities and Resources [C]. *The Proceedings of the National Conference of Social Work*: 259-270.

United States Children's Bureau, 1927. Handbook for the Use of Boards of

Directors, Superintendents, and Staffs of Institutions for Dependent Children [Z]. *Publication No.170.*

United States Children's Bureau, 1933. The ABC of Foster Family Care for Children [Z]. *Publication No. 216.*

United States Children's Bureau, 1946. Public Social Services to Children, A Decade of Progress, 1935-45 [R]. *Child Welfare Report No.1, April.*

United States Children's Bureau, 1947. Child Welfare Moves Forward [R]. *Child Welfare Report No.2, February.*

United States Children's Bureau, 1947. Children's Services in the Public Welfare Agency [R]. *Child Welfare Report No.3, May.*

VAN OPHUIJSEN, J H W, 1939. Therapeutic Criteria in Social Agencies [J]. *American Journal of Orthopsychiatry* (9): 410-420.

VAN OPHUIJSEN, J H W, 1945. Primary Conduct Disturbances: Their Diagnosis and Treatment [M] //Nolan D C L, Bernard L P. Modern Trends in Child Psychiatry. New York: International Universities: 35-42.

WAELDER R, 1941. Scientific Approach to Social Casework [J]. *The Family* (22): 179-185.

WAJDYK B E A, 1938, Davis R. *The Sustaining Type of Case Work* [M]. New York: Family Welfare Association of America.

WALLER W, 1936. Social Problems and the Mores [J]. *American Sociological Review* (1): 922-933.

WARNER A G, QUEEN S A, HAPER E B, 1930. *American Charities and Social Work. Rev. ed.* [M]. New York: Thomas Y. Crowell Co.

WARNER W L, LUNT P S, 1941. *The Social Life of a Modern Community* [M]. New Haven: Yale University Press.

WEBB S B W, 1929. *English Local Government* [M]. New York: the University of Michigan.

WEISS E, ENGLISH O S, 1943. *Psychosomatic Medicine* [M]. New York: W. B. Saunders Company.

White House Conference on Child Health and Protection, 1930. *United States Government Printing Office* [Z]. White House Conference on Child Health and Protection.

White House Conference on Child Health and Protection, 1932. Delinquent Child. *Report of the Committee on Socially Handicapped* [Z]. Section IV, Committee C-2.

White House Conference on Child Health and Protection, 1933. *The Handicapped Child, Report of the Committee on Physically and Mentally Handicapped* [Z]. Section IV, Committee B.

White House Conference on Child Health and Protection, 1940. *Children in a Democracy, 1939-40* [Z]. General Report adopted by the Conference.

WILSON G, RYLAND G, 1949. *Social Group Work Practice* [M]. New York: Houghton Mifflin Company.

YOUNG E F, 1937. *The Case Worker's Desk Manual* [Z]. Los Angeles, Calif.

ZILBOORG G, 1939. Sociology and the Psychoanalytic Method [J]. *American Journal of Sociology*: 341-355.